Dieses Buch macht Sie nicht jünger. Die Seiten, wenn auch von vorzüglicher Papierqualität, sind nicht etwa beschichtet mit einer revolutionären Anti-Aging-Creme, so dass Sie sich mit dem vorliegenden Werk einfach die Falten aus dem Gesicht wischen können. Auch den Bastelbogen für eine Zeitmaschine suchen Sie in »Je oller, je doller« vergebens. Was Sie stattdessen finden: Antworten. Antworten auf all die Fragen, die jeden von uns beim verunsicherten, leicht zittrigen Schlurfen über die Schwelle zum Altwerden quälen: Früher mochte ich Metallica – muss ich jetzt Silbereisen hören? Wie gefährlich ist eine Überdosis Granufink? Warum habe ich nicht mehr ein Gedächtnis wie ein Elefant – fange aber langsam an, so viel zu wiegen?

Bill Mockridge, Jahrgang 1947, ist Comedian, Kabarettist, Schauspieler, Regisseur und Drehbuchautor. Den gebürtigen Kanadier verschlug es 1968 nach Deutschland, wo er vor über vierzig Jahren das erste Mal auf deutschen Theaterbühnen stand. Der Gründer des renommierten »Springmaus Improvisationstheaters« erobert mit eigenen Soloprogrammen die deutschen Comedy- und Kabarettbühnen. Bill Mockridge – u.a. bekannt als Erich Schiller aus der »Lindenstraße« – lebt mit seiner Frau und ihren gemeinsamen sechs Söhnen in Bonn.

Weitere Informationen, auch zu E-Book-Ausgaben,
finden Sie bei www.fischerverlage.de

Bill Mockridge
mit Lars Lindigkeit und Markus Paßlick

# Je oller, je doller

## So vergreisen Sie richtig

FISCHER Taschenbuch

FSC
www.fsc.org
MIX
Papier aus verantwortungsvollen Quellen
FSC® C006701

FISCHER Taschenbuch

Erschienen bei FISCHER Taschenbuch,
Frankfurt am Main, Mai 2013


Autor: Bill Mockridge (www.bill-mockridge.de)
Kontakt: www.hpr.de
Unter Mitarbeit von Markus Paßlick und Lars Lindigkeit
Illustrationen: Bernhard Prinz
Druck und Bindung: CPI – Ebner & Spiegel, Ulm
Printed in Germany

ISBN 978-3-596-19319-6

# Inhalt

# Vorwort
# Oder: Wie ist das passiert?

Er lauert in dir seit deiner Geburt. Doch er ist ein Meister im Warten. Heimlich und still begleitet er deine ersten Schritte, hält sich versteckt während deiner Schulzeit. Mit Mitte zwanzig, auf deinem geistigen und körperlichen Höhepunkt, hat er es geschafft, dass du ihn für ein erfundenes Fabelwesen wie Bigfoot oder Nessie hältst. Doch du irrst. Tief in dir drinnen wartet er darauf zuzuschlagen – Tag für Tag, Jahr für Jahr, geduldig wie ein Zen-Meister. Er weiß: Seine Stunde wird kommen. Mit ungefähr vierzig beginnt er, seinen zukünftigen Herrschaftssitz in dir einzurichten. Viel kriegst du davon zunächst nicht mit: ein seltsames Knacken beim Aufstehen, ein kurzer, stechender Schmerz im Rücken, ein ab und zu verschwommener Blick. Du wunderst dich, hakst es aber schnell wieder ab, und es geht weiter wie bisher. Die bereits begonnene Verwandlung lässt sich davon jedoch nicht aufhalten. Ich rede selbstverständlich von der einschneidendsten Veränderung im Leben eines jeden Menschen seit der Pubertät, dem Moment, in dem du eines Morgens vor dem Badezimmerspiegel erschrocken feststellst: »Hilfe, ich werde ein alter Greis!«*

Erschreckend, aber wahr: Während Sie den vorangegangenen Absatz gelesen haben, sind Sie erneut um etwa drei-

* Ich schreibe bewusst *alter* Greis, auch wenn das für manche klingen mag wie »weißer Schimmel«. Aber es gibt nun mal leider auch junge Greise, einige nicht mal dreißig Jahre alt!

ßig Sekunden gealtert. Falls Sie vorher wieder einmal Ihre verlegte Lesebrille suchen mussten, sogar deutlich mehr. Sie sehen: Es gibt kein Entrinnen vor der unweigerlichen Kontrollübernahme des in uns allen schlummernden alten Greises. Oder natürlich – zu früh gefreut, liebe Damen! – der alten Greisin. Darum dieses Buch. »Je oller, je doller!« ist eine geriatrische, tiefenpsychologische, soziologische, philosophische und medizinische Untersuchung über die geistigen und körperlichen Verfallprozesse des Menschen in Mitteleuropa unter besonderer Berücksichtigung der wirtschaftlichen und ökologischen Einflüsse des beginnenden Jahrhunderts. Einfacher ausgedrückt: Dieses Buch beschäftigt sich mit der Beantwortung der zwei elementaren Fragen. Erstens: Werde ich ein alter Greis? Beziehungsweise eine alte Greisin? Und zweitens, wenn ja: Kann ich was dagegen tun?

Um es gleich vorwegzunehmen, erstens: ja. Und zweitens: nein.

Aber halt! Das ist nur der Anfang. Denn jetzt drängt sich die Frage auf: »Kann man richtig oder falsch vergreisen?« Meine Antwort lautet: Ja, selbstverständlich. Das ist die höchste Kunst im Leben, gut zu altern! Dieses Buch wird Ihnen, wie ein guter Freund, auf der langen Reise ins Seniorenland zur Seite stehen. Als junger Mensch lebt man nach dem Motto: höher – schneller – weiter! »Je oller, je doller« verrät Ihnen, wie man auch mit alten Knochen und quietschenden Gelenken ans Ziel kommt: tiefer – langsamer – und trotzdem weiter. Der alte Greis hat nämlich einen großen Vorteil gegenüber dem ungestümen Jungspund: Er kennt die Schleichwege des Lebens.

Eine schlanke Flasche mit prickelndem Sekt sollte man frisch und jung genießen. Entweder eisgekühlt aus einem Sektkelch oder leicht gewärmt aus einem Bauchnabel. Ein schwerer Rotwein, gereift in einem dicken, runden Fass, entfaltet seine wahren Qualitäten erst nach vielen, vielen Jahren. Dieses Buch wird Ihnen helfen, diese Qualitäten in sich zu entdecken. Mit Erfahrung und etwas Glück wird man oller und oller, mit Gelassenheit und Humor aber auch jeden Tag doller und doller. Lachen Sie über sich selbst – die anderen tun es doch auch schon lange.

Aber Vorsicht, eines kann dieses Buch nämlich mit Sicherheit nicht: Es macht Sie nicht jünger. Die Seiten, wenn auch von vorzüglicher Papierqualität, sind nicht etwa beschichtet mit einer revolutionären Anti-Aging-Creme, so dass Sie sich mit dem vorliegenden Werk einfach die Falten aus dem Gesicht wischen können. Auch den Bastelbogen für eine Zeitmaschine suchen Sie in »Je oller, je doller!« vergebens. Was Sie stattdessen finden? Antworten! Antworten auf all die Fragen, die jeden von uns beim verunsicherten, leicht zittrigen Schlurfen über die Schwelle zum Altwerden quälen:

Früher mochte ich Metallica – muss ich jetzt Silbereisen hören?

Wieso begehren mich auf der Straße immer seltener Frauen – dafür immer öfter Bestatter?

Was ist »senile Bettflucht« – und wo stelle ich dafür den Asylantrag?

Wie gefährlich ist eine Überdosis Granufink?

Bedeutet »Darmspiegelung«, dass ich danach den Hintern vorne trage? Warum habe ich nicht mehr ein Gedächtnis wie ein Elefant – fange aber langsam an, so viel zu wiegen?

Wie bekomme ich die Rotweinflecken aus meinem Bauchnabel?

Dieses Buch soll Mut machen – allen sogenannten »Best-Agern« (ab fünfzig), den »Rest-Agern« (ab achtzig) oder gar »Rest-in-Peace-Agern« (der Ü-110). Nicht zu vergessen natürlich all den noch jugendlich frischen Zwanzig-, Dreißig- und Vierzigjährigen: Je früher aufgeklärt, wohin der Weg geht, desto weniger Angst vor dem späteren Coming-out als alter Greis.

So groß die Erinnerungslücken in meinem kahlen Kopf auch werden mögen: Immer werde ich mich an den Tag erinnern, als ich endlich allen Mut zusammengenommen hatte, um meine Freunde und Verwandten zu Hause im Wohnzimmer zu versammeln und ihnen zu gestehen: »Leute, ich muss euch was sagen ... Ich bin alt!« Vertrauen Sie mir: Wenn sie dich danach anschauen, dir beistehend ihre Hand auf die Schulter legen und verständnisvoll lächeln: »Ach, Bill, das wissen wir doch schon seit zehn Jahren ...« Dieses Gefühl der Befreiung ist unbeschreiblich!

Wie gesagt: Dieses Buch macht Sie nicht jünger. Aber hoffentlich ein wenig entspannter älter. Lernen Sie den Greis in sich – wann auch immer er zuschlägt – etwas besser kennen. Lernen Sie, über ihn zu lachen. Und vielleicht werden Sie dabei sogar feststellen: So übel ist der Kerl, beziehungsweise das Mädel, gar nicht.

Viel Spaß und immer eine Handbreit Kalk unterm Schädel
wünscht Ihnen
Ihr *Bill Mockridge*
– nach Diktat vergreist –

# 1.

# Willkommen in der Senioren-Zielgruppe! Oder: Mein 60. Geburtstag

Sehen wir den Tatsachen ins Auge: Wir Alten werden nicht sonderlich gemocht – und zwar von keiner Geringeren als der Natur höchstpersönlich. Die möchte nämlich gar nicht, dass wir alt werden. Von der Natur aus erreicht der Mensch mit achtzehn fast schon seinen körperlichen und geistigen Höhepunkt. Dann wird man volljährig, und wie der Begriff schon andeutet: Man hat sein volles Leben ausgeschöpft. Danach geht's nur noch bergab. Das kann ich auch beweisen: In der Steinzeit, vor vielen, vielen Jahren, ganz kurz vor der Geburt von Jopi Heesters, war der Mensch mit fünfundzwanzig schon tot. Wirklich! Heutzutage sind viele mit fünfundzwanzig immer noch dabei, sich irgendwie erst mal zu »finden«. Nicht so damals: Da wurde man mit fünfundzwanzig von *anderen* gefunden. Nämlich, ich sagte es bereits: tot in der Landschaft liegend. Vergiftet durch irgendwelche Beeren, von einem Nebenbuhler erschlagen, von einem wild gewordenen Mammut zerstampft, einem tollwütigen Säbelzahntiger zerfleischt, was weiß ich. Der Steinzeitmensch hat auf jeden Fall sehr früh die Keule für immer und ewig beiseitegelegt, nach dem Motto: Du sollst einziehen in die ewigen Jagdgründe jung, stark und sexy – und *nicht* alt, schlapp und faltig. Damit hat es die Natur nicht so, und dass wir sie inzwischen mit der modernen Medizin ziemlich hinterfotzig überlistet haben, nimmt sie uns krumm. Sie sträubt sich dagegen mit allen Mitteln. Das beste Beispiel: die Gesichter der Rolling Stones – das ist Rache pur. Das Gesicht von Mick Jagger ist inzwischen identisch mit dem Stadtplan von Timbuktu in Blindenschrift. Ja, die Natur ist eine Meisterin des Gegenschlages!

Auch mit der Selbstwahrnehmung im Alter ist das so eine Sache. Alle wollen sich mit achtzig noch wie sechzig fühlen. Umgekehrt ist das weit seltener der Fall. Umso härter treffen dich deshalb natürlich auch die Schlüsselerlebnisse, wenn das Leben dir den Wink nicht mehr nur mit dem Zaunpfahl, sondern schon mit dem ganzen Lattenzaun gibt: »Hey Alter, aufwachen – auch *du* bist jetzt ein Greis!«

Ein Beispiel: Es begab sich letzten Sommer – ich sitze in Toronto, wo ich geboren und aufgewachsen bin, in der U-Bahn. Mir gegenüber ein älterer Herr. Ich beobachte ihn eine ganze Weile und denke: »Verdammt, den Kerl kenn ich von der Schule … Aber das kann nicht sein – der ist doch viel zu alt.«

Nach langem Grübeln spreche ich ihn dennoch an. »Entschuldigung … Sie waren nicht zufällig auf dem Upper Canada College?«

Der Mann hebt seinen Blick. »War ich«, nickt er überrascht.

»Das gibt's ja nicht! Waren Sie Captain der Football-Mannschaft 1959?«

Seine Augen fangen an zu leuchten. Jetzt nickt er noch heftiger. »War ich, war ich!«

»Doug!«, breite ich zum Wiedersehen weit die Arme aus. »Doug Graham! Mensch, Douggie, altes Leder – wir kennen uns von der Schule!«

»Ja …«, entgegnet er zögerlich. Ich sehe in Dougs Augen,

wie es in seinem Kopf rattert. »Jaaaaaa, das kann gut sein … Sorry, helfen Sie mir: Welches Fach haben Sie damals unterrichtet?«

Das Bremsen der U-Bahn an der nächsten Station übertönte mein schmerzvolles Seufzen nach diesem Stich ins Herz.

Es ist also umso wichtiger, gut darauf vorbereitet zu sein. Sich selbst rechtzeitig zu hinterfragen: Bin ich wirklich schon alt – oder laufe ich mit zugedrücktem, stargetrübtem Auge noch unter »semijung«? Fragen, die uns ab einer gewissen Lebenserfahrung auf dem schon leicht schrumpeligen Buckel automatisch beschäftigen. Gut, natürlich gibt es eindeutige Symptome. Zum Beispiel, wenn sie di esennä chsten schwac hsinnigens a tz nicht lesen können – dann sollten Sie schleunigst zum Augenarzt! Oder wenn die eigene Akustikkompetenz langsam nachlässt. Wie bitte? WENN SIE SCHLECHTER **H-Ö-R-E-N**! Oder wenn man plötzlich nachts häufiger raus muss als alle Schichtarbeiter zusammen. Wollen Sie jedoch frühzeitig merken, dass bei Ihnen was im Altersbusch ist, kann ich Ihnen aus eigener Erfahrung nur einen wichtigen Tipp geben: Achten Sie auf Ihre Briefpost.

Es begab sich ausgerechnet an meinem sechzigsten Geburtstag – ein schon per se äußerst sensibles Datum in meinem Leben. Bitte nicht falsch verstehen: Ich habe grundsätzlich nichts gegen die Zahl »60«. In irgendeinem Paralleluniversum, wo mein dortiger Bankberater mir strahlend Blumen überreicht mit dem Satz »Herzlichen Glückwunsch, Herr Mockridge – zu Ihrer sechzigsten Million!«, sind die »60« und ich wahrscheinlich sogar beste Freunde. Im weit weniger attraktiven Universum, in dem dieses Buch erschienen ist, wurden mir aber leider nur strahlend Blumen überreicht mit dem Satz: »Herzlichen

Glückwunsch, Herr Mockridge – zu Ihrem 60. Geburtstag!« Und genau da liegt der Hund begraben: Es ist und bleibt ein schwieriges symbolisches Alter. Die »6« stellte optisch recht akkurat meinen in den Jahren zuvor deutlich gewachsenen Bauchumfang dar. Die »0« dahinter stand mengenmäßig für all die Dinge, die ich mir noch mühelos merken konnte. Kurz: Das Alter hatte sich körperlich wie geistig bereits mehr oder weniger höflich bei mir vorgestellt, doch ich war noch längst nicht bereit, gastfreundlich seine Hand zu schütteln. Stattdessen griff ich mir meine Geburtstagspost, suchte gezielt nach den Werbeglückwünschen. Ich hoffte, dass da was dabei wäre, was mich in meiner jugendlichen, kraftvollen Männlichkeit bestätigen würde: Post von 200-PS-Quad-Herstellern, Veranstaltern von Wildwasser-Kanufahrten, Mount-Everest-Besteigungen (natürlich *ohne* Sauerstoffmaske!) und Weltraumflügen, Anbietern von Büffelhodenfleisch – bei wem auch immer meine Daten als wirklich noch sehr, sehr rüstiger Sechzigjähriger zielgruppengenau im Computer gelandet waren.

Ich öffnete den ersten Brief und fing an zu lesen:

*Sehr geehrter Herr Mockridge,*

*herzlichen Glückwunsch zu Ihrem 60. Geburtstag! Lassen Sie sich heute richtig groß feiern – wer weiß, ob Gott Ihnen dazu noch einmal die Gelegenheit gibt. Wollen Sie die zukünftige unvermeidliche Bürde Ihrer Beerdigung tatsächlich Ihren trauernden Hinterbliebenen überlassen? Schon ein kleiner monatlicher Beitrag von 24,60 Euro schenkt Ihnen das gute Gefühl, Ihren Nachkommen einen finanziell sorglosen Neustart ermöglicht zu haben! Herr Mockridge, entscheiden Sie heute – morgen kann es schon zu spät sein!*

Eine Unverschämtheit! Da fehlte nur noch ein Päckchen »Friedhofserde!« Etwas erblasst im Gesicht schaute ich auf den Brief – dachte mir aber: Gut, das ist Zufall. Da musste es noch irgendeinen anderen Bill Mockridge hier in der Nachbarschaft geben, der heute sechzig wurde und deutlich klapperiger war als ich. Einfach falsch zugestellt, der Brief. Ich entsorgte ihn sofort zum Altpapier und widmete mich lieber dem kleinen Geburtstagspäckchen mit der liebevollen roten Schleife, das mich schon die ganze Zeit anlächelte. Ich ahnte es schon. Wahrscheinlich hat mir meine Fernsehehefrau Marie-Luise wieder einen Eierwärmer gestrickt. Ich schaute auf den Absender: nicht Mutter Beimer, sondern eine gewisse Frau Hartmann. »Hartmann, Hartmann, Hartmann …«, überlegte ich – ist das vielleicht Sabine aus der Schulzeit, die neu geheiratet hat? Gespannt schüttelte ich den Karton, doch es war nicht viel zu hören. Was da wohl drin war? Ein Überlebensmesser? Ein schönes Fläschchen zum Sammeln meines überschüssigen Testosterons? Ich riss den Päckchendeckel auf und zog zwischen kleinen Styropor-Teilchen einen Zettel heraus:

*Lieber Herr Mockridge,*

*die allerbesten Glückwünsche senden wir Ihnen heute zu Ihrem 60. Geburtstag! Wir erlauben uns heute, Ihnen unser Inko-Management vorzustellen …*

Inko-Management? Ah, eine Investmentfirma hatte an mich gedacht! Richtig so! Schließlich sollte ich mir auch mit meinen erst sechzig Jahren, wo das Alter noch so unendlich fern scheint, schon mal über meine Zukunft Gedanken machen.

*… Wir übersenden Ihnen anbei ein Probeexemplar unseres neuen, jetzt noch saugstärkeren Inko-Systems zur Ansicht …*

Hä? Ich wühlte mit der Hand durch das Styropor und zog ein längliches, weiches Etwas heraus – wie ein Wesen von einem anderen Planeten starrte ich das Ding mit den Flügeln ungläubig an.

Es war eine Herrenbinde. Die meinten wohl, ich wäre nicht ganz dicht!

Und falls Sie glauben, dass ich damit in Sachen Geburtstagspost schon die größte Schmach überstanden hatte – nein, es ging scheinbar endlos weiter: Ein Optiker bot mir plötzlich sechzig Prozent auf alle Brillen an. Ganz schön viel, Mann. Irgendjemand wollte mir, für sage und schreibe 99 Euro, »blütenweiße Zähne aus Rumänien« andrehen. »*Nur leicht gebraucht.*« Ich erhielt einen Gutschein für eine kostenlose Prostatauntersuchung. Außerdem ein Angebot für eine schnelle Probefahrt mit einem Treppenlift. War von einer großen medizinischen Praxis in Bonn auserwählt worden für das »Goldene Senioren-Kombi-Ticket« – Magen- und Darmspiegelung am selben Tag.

Während ich meine Geburtstagspost tapfer abarbeitete, wurde selbst mir klar: Es hatte sich etwas verändert. Seit heute war ich nicht mehr der, der ich früher einmal war. Ich gehörte jetzt zu einer neuen Zielgruppe – ich war nun offiziell »Senior«. Und zwar nicht wie in der Wirtschaft ein cooler »Senior Executive Consulting Manager«, der anderen knallhart ans Bein pisst – nein, nur ein einfacher »Senior«, dem man ganz offensichtlich unterstellte, dass er sich ohne das neue saugstarke Inko-Management *selbst* ans Bein pisst.

War man früher mit Vollendung des neunundvierzigsten Lebensjahres zumindest endlich wieder frei aus den

Fängen der Werbewirtschaft, lassen die einen heute nie mehr los. Man wird einfach nur weitergereicht zu den Kollegen für die *neue* Zielgruppe. Aber gut, wahrscheinlich will man uns Älteren einfach nicht den Schock zumuten, sich plötzlich wieder – Gott bewahre! – einen *eigenen* Geschmack bilden zu müssen. Den haben wir dank jahrzehntelangem Werbedauerfeuer schließlich komplett verlernt. Im Grunde stecken also ganz ehrenwerte Motive dahinter, das Konsumverhalten in unseren Kalkhirnen auch weiterhin professionell fremdzusteuern, damit wir selbst damit keine Arbeit haben. Danke, liebe Werbewirtschaft!

»Na, Schatz, wer schreibt denn alles zu deinem großen Ehrentag?«, kommt meine Frau ins Wohnzimmer. Sie sieht die Herrenbinde auf dem Tisch. »Was ist *das* denn?«

»Das?«, druckste ich herum. »Ach das … das ist … 'ne Schlafbrille! Von meiner alten Freundin Sabine.« Ich drückte mir die Binde gegen die Augen. »Guck mal, mit extra Flügeln, damit wirklich kein Licht durchkommt. Nur das Gummiband muss man noch selbst dranmachen.«

Bis heute trage ich die Inko-Herrenbinde jede Nacht im Bett neben meiner Frau über den Augen.

# 2.
## Drei Generationen und ganz viel Senf

Wir sind zwar nun schon mittendrin im Thema dieses Buches, aber damit Sie meine Ausführungen besser verstehen – oder zumindest ein bisschen nachvollziehen – können, will ich Ihnen zunächst einmal meine Familie vorstellen: Ich lebe nämlich mit drei Generationen unter einem Dach – eigentlich sogar vier, wenn man unsere Möpse Kenzo und Möppy mitzählt. Meine Frau Margie und ich haben sechs Söhne. Ich wiederhole: *sechs Söhne!* Ja, danke, wir kennen die Methoden, wie man das hätte verhindern können, wir haben sie aber ganz bewusst nicht angewandt. Nach dem sechsten Sohn dann schon, denn ich wollte nicht »der Bill mit den sieben Zwergen« werden. Dann schon lieber »Ali Billa und die vierzig Räuber«, aber dagegen legte Margie ihr Veto ein.

Unsere Söhne sind zwischen fünfzehn und siebenundzwanzig Jahre alt, also aus dem Gröbsten raus. Es gab aber Zeiten, als die Jungs so zwischen sieben und neunzehn waren, da hatten wir jeden Tag von sechs Uhr morgens bis Mitternacht das volle Programm: Von Laternenbasteln bis Kiffen war alles inbegriffen.

Der Älteste ist Nicky, er lebt inzwischen in Berlin und ist Regisseur und Künstler durch und durch. Er sieht aus wie Johnny Depp und redet oft so intellektuell und gestochen, dass ich kaum ein Wort verstehe.

Teo ist fünfundzwanzig Jahre alt, liebt Fitness und die Sonne. Er studiert International Business und redet pausenlos über Projekte, Deals und cross-mediale Marketingstrategien.

Luki ist zwei Jahre jünger und der eigentliche Komiker in unserer Familie. Das Riesentalent hat er wohl von Margie geerbt. Wie alle Männer, die auf der Bühne stehen, ist er ein bisschen eitel. Das war ich auch mal, damals, als es sich noch lohnte. Jetzt hat sich bei mir der Zeit-Nutzen-Aufwand zu stark in Richtung *Zeit* verschoben.

Vollkommen uneitel ist hingegen Lenny. Er ist mit einundzwanzig Jahren zwei Jahre jünger als Luki. Ja, Sie haben richtig gerechnet: Die ersten vier Jungs sind immer im Abstand von zwei Jahren gekommen. Bei den beiden Jüngsten haben wir jeweils ein Jahr länger gebraucht, um wieder neue Kraft zu sammeln. Lenny ist ein genialer Gitarrist und studiert Musik in Brighton.

Jeremy ist achtzehn und die coolste Sau unter der Sonne. Er ist sehr klug, jetzt schon ein erfolgreicher Schauspieler und gibt sich, je nach Stimmung, als eine Mischung aus James Dean und Klaus Kinski.

So, habe ich noch einen vergessen?

Ach, richtig: Liam ist mit fünfzehn Jahren unser Nesthäkchen und zurzeit mein wichtigster Mann, denn er kennt sich mit Computern, Apps und Smartphones aus. Ohne seine ständige Hilfe hätte ich dieses Buch auf eine Schiefertafel kratzen müssen. Liam spielt Schlagzeug und ist immer gut drauf. Er liebt seine Freunde und geile Klamotten.

Ich wiederhole noch mal für Sie: Nicky, Teo, Luki, Lenny, Jeremy und Liam. Mein ganzer Stolz! Alle sechs nennen mich »Dad«. Je nach Situation auch »DATT!«, »Dähäd?« oder »Daddy« – bei Letzterem folgen meistens Sätze wie »Das mit der Sechs in Latein hatte ich dir schon erzählt, oder?«, »Sag mal, seit wann hat dein Auto eigentlich diese fiese Beule am Kotflügel?« oder »Hatte Mama wirklich sechs Mal Sex – mit *dir*?«

Ja, Mama hatte! Mindestens!

Margie ist der wichtigste Mensch in meinen Leben: meine große Liebe. Seit dreißig Jahren. Als ich sie das erste Mal sah, war es allerdings nicht gerade die berühmte Liebe auf den ersten Blick. Ehrlich gesagt dachte ich mir damals: »Mein Gott, was für eine Knalltüte!« Ich hielt ein Casting ab, für das allererste Springmaus Improvisations-Ensemble, das ich Anfang der achtziger Jahre in Bonn gegründet hatte. Mit falsch herum angezogenem Pullover, wirrer Frisur und ein paar Rollschuhen um den Hals kam sie mit einer halben Stunde Verspätung zum Termin und erfüllte auf der Stelle die große Bühne des kleinen Theaters mit ihrer Spontaneität und Witz. Sie ist eine geborene Komikerin und wie für das Improvisationstheater geschaffen. Diese Fähigkeit zeigt sie zum Glück auch im Alltag, eine Gabe, die man in einem Haushalt mit sechs heranwachsenden Söhnen, einem herauswachsenden Mann und einer ausgewachsenen Oma gut gebrauchen kann.

Oma ist bei uns das einzige Mitglied der dritten Generation. Meine Frau wurde in Rom geboren, ihre Mutter stammt aber aus Tschechien. Oma ist sechsundachtzig Jahre alt und verkörpert bis heute die typische böhmische Gräfin, die gerne ungefragt alle Familienmitglieder belehrt und berät. Sie spricht eine Mischung aus Deutsch, Tschechisch, Italienisch, Wienerisch und Englisch, gerne auch alle Sprachen innerhalb eines Satzes. Eine bewundernswerte Frau! Sie hat nur eine Schwäche: Sie kann nichts wegschmeißen. Vielleicht liegt es daran, dass sie der Kriegsgeneration angehört, aber diese einfache Erklärung macht das Zusammenleben nicht immer einfacher. Das Mindesthaltbarkeitsdatum auf Lebensmittel ist für sie nicht mal eine grobe Empfehlung. Neulich hatte sie eine Leberwurst in unserem Kühlschrank deponiert, die beim Öffnen der Kühlschranktür strammen Schrittes auf mich zulief. Die Leberwurst war so alt, die hatte ihre lange Zeit in unserem Kühlgerät genutzt, um sich evolutionär weiterzuentwickeln. Sie verfügte inzwischen über ein Fell, sechs Augen und acht Beine. Charles Darwin hätte seine Freude an dieser Leberwurstspinne gehabt. Ich erlegte das Ding mit der Handkante und sagte zu Oma:

»Was ist das denn? Das musst du wegschmeißen, bevor es uns in sein Netz einwickelt und unser Blut aussaugt!«

»Nein, Junge!«, antwortete die erschrockene Oma und versuchte die Leberwurst zu reanimieren. »Ich habe extra nachgeschaut, die ist haltbar bis 2012!«

»Nein, Oma!«, entgegnete ich genervt. »Da ist ein Punkt zwischen der 20 und der 12, das bedeutet 20.12.! Die Wurst ist im letzten Dezember abgelaufen!«

Der Begriff »abgelaufen« bekam für mich eine ganz neue Bedeutung, als ich im Mülleimer die letzten Zuckungen ihrer Beine sah (die Beine der Leberwurst, nicht der Oma!).

Oma hat aber noch eine andere große Leidenschaft: Sie liebt Senftütchen. Diese kleinen Plastiktütchen, die mit zehn Gramm Senf gefüllt sind. Nicht mehr, nicht weniger. Wir gehen mit der Familie jeden Sonntag essen, meist gut bürgerlich. Aus drei Gründen: Für die Jungs gibt es volle Teller, für mich eine günstige Rechnung und für Oma Senftütchen. Denn Senftütchen gibt es nicht beim Edel-Italiener oder Chi-Chi-Franzosen. Senftütchen gibt es nur in Lokalen, in denen auf dem Nachbartisch ein Wimpel mit der Aufschrift »Stammtisch« steht und das Fett der Friteusen in Stalaktiten von der Decke hängt. In unserem Lieblings-Familienlokal in Bonn-Endenich, der »Harmonie«, ist das allerdings nicht so. Es ist sauber, gemütlich und erfüllt trotzdem unsere drei Voraussetzungen. Manchmal glaube ich, dass die Betreiber der »Harmonie« die Senftütchen nur noch für die Oma auf den Tisch bringen. Und die Oma greift erbarmungslos zu: Tütchen für Tütchen verschwindet in ihren Manteltaschen. Manchmal läuft sie auf dem Weg nach Hause regelrecht mit Schlagseite, weil sie die Mengen in den Manteltaschen nicht genau austariert hat. Zu Hause verschwindet sie sofort in ihrem Zimmer, um die Ausbeute genau zu begutachten. Dann öffnet sie zufrieden die große Schublade ihrer Kommode und legt die Senftütchen zu den anderen Schätzen: Salz-, Pfeffer-, Ketchup- und Mayotütchen. In rauen Mengen, man könnte ein komplettes Oktoberfest damit ausstatten.

Vor vielen Jahren habe ich sie zufällig beim Katalogisieren ihrer Schatzkammer erwischt. Ich fragte sie, am Rande der Verzweiflung: »Was um Himmels willen willst du mit den ganzen Senftütchen?«

Da schaute sie mich mit großen Augen an, als ob sie ein großes Geheimnis in sich tragen würde: »Bill, eines Tages wird dir der Senf das Leben retten!«

»Ja, wenn die Chinesen Endenich überfallen oder unser Haus von einem Tsunami bedroht wird«, wollte ich spontan antworten, aber ich ahnte, dass jedes weitere Wort meinerseits sinnlos war.

Meine eigene Mutter hatte auch eine Sammelleidenschaft: Ihre Senftütchen hießen allerdings Bonbons. Jedes Jahr im Sommer, wenn wir mit der ganzen Familie meine Mutter in Toronto besuchten, legte sie für jedes Kind *einen* Dollar und *ein* Bonbon auf ihre Kommode. Nach einem feuchten Kuss (das mögen Jungs ganz besonders) durfte jedes Kind seine fette Beute abholen. Leider ist meine Mutter 2005 gestorben, im stolzen Alter von 101 Jahren. Die letzten zehn Jahre ihres Lebens verbrachte sie in einer Seniorenresidenz, wo »nur alte Leute lebten«. Außer ihr natürlich. Meine

Mutter war bis ins hohe Alter sehr wach und fidel. Als sorgender Sohn habe ich sie zu Lebzeiten natürlich regelmäßig in Kanada angerufen. Ich werde ganz besonders ein Telefonat nicht vergessen, das ich im Vorfeld ihres hundertsten Geburtstages mit ihr führte:

»Sag mal ehrlich, Mum: Wie geht es dir?«

»Kein Problem, mein Junge! Ich bin oben licht und unten dicht, mehr brauch' ich nicht!«

Ich hoffe, das kann ich mit hundert Jahren zu meinen Jungs auch noch sagen.

Die Oma und meine Mutter haben sich immer gut verstanden. Ich muss gestehen, dass ich diese gegenseitige Zuneigung vor vielen Jahren ein einziges Mal ausgenutzt habe. Als Oma mich fragte: »Bill, wie geht es deiner Mutter? Ich habe lange nicht mehr mit ihr telefoniert.«

»Ach, eigentlich gut, wie immer. Sie hat nur ein Problem: Ihr ist doch glatt auf die alten Tage der Senf ausgegangen.«

»Bill, du dummer Junge, sag mir das doch! Ich schicke ihr einige von meinen Senftütchen.«

Wir haben dann ein Päckchen für meine Mutter gepackt, mit hundert Senftütchen (ich konnte sie von dreißig auf hundert hochhandeln). Den Empfänger habe ich erst in der Postfiliale auf das Päckchen geschrieben:

»Die Harmonie«

Absender: Anonym

# 3.

## Ich möchte älteren Menschen vertrauen

Ich erinnere mich noch ganz genau, als ich ein kleiner Junge war: Die Dinosaurier waren gerade ausgestorben (bis auf den allerletzten zähen T-Rex, der röchelte noch …), und unser Hausarzt hieß Dr. Teddy Morgan. Der hat Gott sei Dank noch nicht geröchelt. Ich habe ihn damals auf etwa einhundertzwanzig Jahre geschätzt. Er hieß nicht nur Teddy – er sah für mich auch ein bisschen so aus: wie ein fülliger, weißhaariger, trostspendender Knuddelbär. Wenn ich mal krank war, konnte ich mich darauf verlassen, dass Dr. Teddy Morgan wenig später beim Hausbesuch vor meinem Bett stehen würde. Tonlos den Radetzkymarsch pfeifend drückte er mir dann einen Holzstab auf die Zunge und ließ mich unendlich lang »AAAAAAAAH« sagen. Nachdem er mich mit seinem eiskalten Stethoskop abgehört und seinen faltigen Händen abgeklopft hatte, klappte er stets die Arzttasche zu und sagte mit ernster Miene und tiefer Stimme etwas wie: »Das sind die Masern. In vier Tagen sind die weg!«

Und wenn Dr. Teddy Morgan, der weise Onkel mit dem Stethoskop, etwas versprach, dann hielt die Natur sich da auch dran – in vier Tagen waren die weg!

Bis heute prägt mich das kindliche Urvertrauen, das Dr. Teddy Morgan mir vor vielen Jahren als kleinem Billy-Boy mitgab. Ob Ärzte, Priester oder Piloten: Ich möchte mich *älteren* Menschen anvertrauen. Heute bin ich fast fünfundsechzig Jahre alt. Und damit wahrscheinlich schon um einiges älter, als Dr. Teddy Morgan – Gott hab ihn selig – damals in Wirklichkeit war. Meine langjährige Patientenphilosophie, nur auf Mediziner mit mindestens dreißig Jahren mehr Lebensweisheit zu hören, stößt an ihre Grenzen – sofern ich nicht gerade meinen alten Hausarzt auf dem Bonner Zentralfriedhof besuche. Es führt kein Weg daran vorbei: Ich muss meine Ansprüche fürs bedingungslose Vertrauen in steinalte Menschen ein wenig herunterschrauben – zehn Jahre Altersunterschied zu Experten, denen ich nicht weniger als mein Leben anvertraue, müssen aber immer noch sein. Mindestens!

Kennt noch jemand Quincy? So einen Arzt wünsche ich mir! Natürlich so alt, wie er *heute* ist, damit es alterstechnisch wieder hinkommt. Wobei … Der hat ja Tote behandelt. Vielleicht also doch lieber nicht. Dann schon besser mein Kollege Dr. Dressler aus der »Lindenstraße«. Der ist ein super Arzt. Fünfundsiebzig Jahre alt und seit 1386 Folgen Mediziner. Dr. Dressler, der mich wie damals Teddy Morgan als kleinen Jungen vor meinem Bett mit dem eiskalten Stethoskop abhört, mit seinen faltigen Händen abklopft – und am Ende die Arzttasche zuklappt und mit ernster Miene und tiefer Stimme etwas sagt wie: »Bill, das ist die Säuferleber. In vier Tagen ist die weg!«

Übrigens: Als junger Billy-Boy hatte ich auch einen alten, stets achtsamen Busfahrer, der uns kleine Hosenscheißer jeden Morgen sicher in die Schule und wieder zurück brachte. So etwas prägt fürs Leben. Sie ahnen daher, dass es mir emotional bei Piloten nicht viel anders geht als bei Ärzten. Ja, ich möchte auch ältere Menschen als Piloten haben! Wenn ich mit meiner Familie in einer dieser Blechbüchsen mit Kranich am Heck nach Kanada fliege,

10 000 Meter hoch und 6393 Kilometer lang über den Atlantischen Ozean – dann hat der Pilot vorne im Cockpit gefälligst mindestens wie Clint Eastwood auszusehen.

Doch was krieg ich stattdessen? Jedes Mal diese smarten, blutjungen Pilotenküken mit keck hinter sich hergezogenem Flightcase, kaum älter als Justin Bieber, Bartwuchs selbst mit dem Hubble-Teleskop noch nicht sichtbar! Keiner kann mir verübeln, dass ich aus Reihe 14 dann immer rufe: »Kommt, Kinder, lasst den Vorhang da vorne schön auf! Ich will *genau* sehen, was der Pilot da macht … *Beide* Hände ans Steuer! Bist du angeschnallt? Hast du den Rückspiegel richtig eingestellt? Und immer geradeaus gucken, sonst komm ich da vorne vorbei!«

Zugegeben: Es kann andererseits auch problematisch werden. Neulich hatte ich einen Piloten ganz nach meinem Geschmack: ein Methusalem mit schneeweißem Haar, bestimmt vierzig Jahre Flugerfahrung sprühten ihm aus jeder steinalten, ausgeleierten Pore. Perfekt. Dachte ich. Bis ich beim Abheben der Maschine seine brüchige Stimme durch die Bordlautsprecher hörte:

»KZZZZRRRRRRR … Ja, schönen guten Tag … Herzlich willkommen an Bord unserer Boeing 7 äh … unserer Boeing 7 … äh, Boeing 4711! Nach, äh … nach … äh, ja … *nachher* sag ich Ihnen dann, wo's hingeht … Ich bin Ihr Kapitän, und ich heiße … Himmel, Arsch und Zwirn, mein Name muss doch hier vorne irgendwo … Wusste ich doch, hier auf meiner Brust: Kapitän, äh … Lufthansa! Und ich wünsche Ihnen einen schönen Dingsbums … ja, richtig: Flug!«

In solchen Situationen kann dir eigentlich nur noch *einer* Beistand leisten: dein Priester. Doch auch auf die Gefahr hin, dass ich endgültig wie ein Jugend-Faschist anmute: Auch *den* wünsche ich mir an und für sich lieber jenseits der fünfzig als diesseits der dreißig! Unser neuer junger Dekan in Bonn-Endenich zum Beispiel – ein super Typ, gar keine Frage –, aber ich schwöre: Der Kerl steckt noch im tiefsten Dickicht der Pubertät! Ich bezweifele in keinster Weise seine klerikale Kompetenz. Doch ganz unter uns: Was soll der mir vom Jenseits erzählen? Da bin *ich* doch schon näher dran als der!

Das bestätigen mir jedenfalls täglich meine alten Knochen, und zwar laut und deutlich. Heute Morgen nach meinem Fitnesstraining habe ich schon wieder gedacht, ich muss sterben. Ich glaube, es wird langsam Zeit, dass ich den Arzt meines Vertrauens wieder aufsuche. Wann ist endlich mein nächster Drehtag in der »Lindenstraße«?

# 4.
# Ich finde für Frauen nicht mehr statt

Seit Anbeginn unserer Existenz träumt die Menschheit von einer ganz besonderen Fähigkeit: sich unsichtbar machen zu können. Nehmen Sie Siegfried, den alten Drachenkiller, der macht im »Nibelungenlied« mit seiner Tarnkappe mal eben ganz souverän Kriemhild klar. Oder denken Sie an Hobbit Frodo mit seinem ihn verschwinden lassenden Ring. Aber jetzt halten Sie sich gut fest: Auch ich besitze eine Tarnkappe.

Im Gegensatz zu Siegfried habe ich diese nicht etwa einem Zwergenkönig abgeluchst. Und wie Frodo einfach vom Finger abstreifen kann ich mein Unsichtbar-Utensil erst recht nicht. Ich trage es nämlich nicht freiwillig. Meine Ganzkörper-Tarnkappe ist fest angewachsen, nicht ablegbar. Es ist nämlich so: Mein Alter ist meine Tarnkappe. Ja, Sie haben richtig gelesen: Das Alter macht mich unsichtbar. Nicht für *alle* wohlgemerkt – ganz im Gegenteil: Apotheker, Ärzte und Bestatter behalten mich mit jedem verstreichenden Lebensjahr sogar immer genauer im Auge. Nein, ich spreche von den Menschen, bei denen ich seit einigen Jahren nicht mehr den Paarungsinstinkt wecke, sondern maximal den Pflegeinstinkt: den Frauen.

Ich finde für Frauen nicht mehr statt.

Es ist gar nicht so lange her (bitte korrigieren Sie mich jetzt *nicht*!), da war ich ein durch Gottes gütige Hand libidogesegneter Jüngling mit vollem Haupthaar und von stattlicher Statur. Zog ich damals durch die Straßen, um mich herum schöne, junge Frauen, zogen sich unsere Blicke geradezu magisch an. Ich war der »Flirtinator« von Bonn-Endenich – ein kurzer Augenkontakt sagte mehr als tausend Worte.

Das war einmal.

Heute bin ich ein durch Gottes grausame Hand libidolimitierter alter Sack mit verschwundenem Haupthaar und von stattlicher Plauze. Wenn ich *heute* zu einer Frau auf der Straße herüberschaue – schaut sie nicht zurück. Sie – schaut – nicht – *zurück*! Ihre weiblichen Hormone steuern, dass ich für sie unsichtbar werde, ihr Gehirn mich als potentiellen Mann einfach ausblendet, um den Blick fürs Wesentliche zu schärfen: die Suche nach einem jungen, potenten Partner, der sie im Notfall mit seinen starken Fäusten verteidigen kann – und nicht wie ich, indem er seine speichelgetränkten »Dritten« rausnimmt und sie dem Angreifer ins Skrotum kneift.

Zunächst war ich angesichts dieser nicht besonders begrüßenswerten Entwicklung meiner Wirkung auf Frauen verunsichert, ja, mehr noch: Ich war erschrocken und bestürzt, fühlte mich in meiner männlichen Ehre verletzt. Schon bald jedoch erarbeitete ich Strategien und Tricks, um die Frauen doch noch auf mich aufmerksam zu machen. So stellte ich mich, als die Wirkung des reinen Blickkontaktes verblasste, neben eine junge Dame und begann, mich zu räuspern – als kurzer, aber eindeutiger akustischer Hinweis: »Hallo, schöne Frau, hier bin ich!« Ein Räusperer voll sinnlicher Erotik, mit einem Hauch Barry White aus den Untiefen meiner Kehle. Gut, zugegeben, das Räuspern geriet vielleicht etwas lang, unter Umständen auch einen

Tick zu laut und röchelnd – bei älteren Menschen ist dies nun mal nicht immer ein Ohrenschmaus. Doch es tat seinen Zweck, und allein das zählte: Die Frau drehte ihren Kopf zu mir, schaute mich an. Mehr noch: Sie strich sich das blonde Haar hinters Ohr, fing an zu lächeln. Ich lächelte zurück, in der wunderbaren Gewissheit: Ich war wieder im Geschäft! Bill is back!

Die Frau öffnete ihre vollen, zartrosa Lippen, befeuchtete sie noch einmal kurz. Dann sprach sie mich an.

»Brauchen Sie einen Arzt?«

Ihre Worte trafen mich so hart, dass ich fast *tatsächlich* einen Arzt gebraucht hätte. Doch habe ich durch dieses Erlebnis auch gelernt, meine Alterstarnkappe zu akzeptieren. Mehr noch: Ich weiß die mir auferlegte Aura des asexuellen Wesens inzwischen sogar zu genießen. Ja! Sie eröffnet mir ungeahnte Freiheiten, um die mich jeder Jüngling beneiden würde. Ein Beispiel: Seit nunmehr zwanzig Jahren bewohne ich unter dem Namen Erich Schiller einen erfüllenden TV-Zweitwohnsitz in der »Lindenstraße«. Mitunter betrete ich nichtsahnend unsere Garderobe – völlig zugekalkt in der Birne, dass heute ja wieder mal ein Hochzeitsbild für die Serie ansteht. Die Folge: Das halbe weibliche »Lindenstraßen«-Ensemble steht nackig vor mir, wie Gott es schuf. (Und zwar ohne Zweifel an einem Tag, an dem er verdammt gut drauf war.) Sobald die spärlich bekleideten Damen mich erblicken, reagieren sie jedes Mal kollektiv gleich:

*Phase 1*: Ein hochfrequentes, sich panisch bedeckendes »AAAAAAAIIIIIIIIIHHHHHH!!!!«

*Phase 2*: Ein aufatmendes, die Hüllen wieder fallenlassendes »Ach so, ist nur der Bill. Komm rein, wir dachten, du wärst einer von den Männern!«

Sicher verstehen Sie jetzt, was ich mit »ungeahnten Freiheiten« meine. Als Senior genießt du bei Frauen ähnliche

Privilegien wie ein schwuler bester Freund. Sie wissen: Von dir geht keine Gefahr aus. Du bist harmlos wie ein kastrierter alter Kater zwischen all den heißen Kätzchen. Vom Don Juan zum Knuddel-Bill – meine ganz persönliche Evolution in den Augen der Frauen. Ich akzeptiere mein Schicksal und mache das Beste daraus.

Ach so, liebe »Lindenstraßen«-Kolleginnen: Ich hab auch gar nicht hingesehen. Großes Knuddel-Bill-Ehrenwort!

# 5.
# Bestatter begehren mich

Fühlen Sie sich manchmal verfolgt? Auf offener Straße, von wildfremden Menschen? Dann stehen die Chancen nicht schlecht, dass Sie ganz gehörig einen an der paranoiden Waffel haben und demnächst mit Ihrem topmodischen Anti-Gedankenles-Alufolienhut von den Männern mit den weißen Kitteln abgeholt werden. Es sei denn ... ja, es sei denn: Sie werden alt.

Dann ist es *keine* Einbildung. Im Gegenteil, Sie beweisen guten Instinkt – schließlich sind Bestatter auf der Pirsch, immer und überall. Und das ist kein Wunder. Die Beerdigungsindustrie steckt in der Krise, und zwar tiefer als die Gräber ihrer Kunden! Schließlich lebt die Kundschaft immer länger und bleibt bis ins hohe Alter fit wie ein Turnschuh. Der einst so exklusive »Club der Dreistelligen« (die Ü-100) hat sich in den letzten Jahrzehnten vervielfacht. Da ist kein Ende in Sicht. Meine eigene Mutter wurde wie gesagt 101, die Queen Mum schaffte 102. Laut »Stern« hat unsere Generation die Aussicht, 120 zu werden! Klar, dass eine solche Entwicklung für Bestatter tödlich ist.

Oder eben nicht – genau darin liegt ja deren Problem. In der Titelgeschichte der letzten »Schöner Sterben« (das offizielle Bestatter-Fachorgan) konnte man die ungeschminkte Wahrheit schwarz auf weiß nachlesen: »Die Sterbefreudigkeit in Deutschland hat in den letzten Jahren dramatisch nachgelassen.« So schaut es aus. Der Verbandspräsident der Bundesbestatter wiederholt unermüdlich bei jeder Gelegenheit: »Unsere Devise ist Akquise!«

Darum Augen auf, Freunde: Bestatter sind die Groupies der Senioren – sie verfolgen dich überall. Kaum sehen sie dich die Straße entlangschlurfen, kommen sie auch schon gierig geifernd, mit ausgestreckten Armen auf dich zugerannt. Natürlich wollen sie genau wie Groupies von Rockstars nur das *eine* von dir: deinen Körper. Sie wollen dich mit Haut und Haaren. Und sie wollen dich kalt.

Bestatter wittern den süßlichen Geruch der Verwesung bereits Jahrzehnte vor allen anderen Menschen. Wie ein Hai, der einen einzigen kleinen Tropfen Blut im weiten Ozean riecht, wird ihr Jagdtrieb in genau dem Moment geweckt, in dem ich alter Zausel um die Ecke komme. Wenn ich dann auch noch, ein klein wenig blass um die Nase, niese, ist alles zu spät: Innerhalb weniger Sekunden bin ich umzingelt von einer Traube von Bestattern, die mit vollem Körpereinsatz um mich buhlen, als sei ich der Robbie Williams unter den potentiellen Totenstars. Einerseits fühle ich mich davon gebauchpinselt, kann mich einem gewissen Geschmeicheltsein nicht verwehren – sie wollen schließlich nicht irgendeinen 08/15-Leichnam in ihrem Sarg liegen haben, nein: Sie wollen *mich*! Andererseits nervt es manchmal auch ganz schön. In meiner Nachbarschaft in Bonn-Endenich gibt es ein ganz besonders hartnäckiges Exemplar dieser Spezies: »Herr Sannemann«, seines Zeichens überengagierter Bestatter in der dritten Generation. Bringt seit vierzig Jahren alles, was nicht bei drei noch Herzschlag hat, erfolgreich unter die Erde. Wir treffen uns oft in der Metzgerei Lüpke, wo Herr Sannemann stets genau hinter mir steht. Sein Atem formt Eiskristalle in meinem Nacken, wenn er mir mit hoher Fistelstimme ins Ohr flötet:

»Naaaaaaa, Herr Mockridge, geht's Ihnen gut?«

Ich stelle sofort klar, dass er wie immer zu früh dran ist.

»Blendend! Gut, sehr gut! Na ja, letzte Woche war mir so ein bisschen schwindelig …«

Die Augen von Herrn Sannemann fangen freudig an zu leuchten.

»Ach jaaaaaa?«

»Nein, nein – nicht, was Sie jetzt denken! Machen Sie sich keine Hoffnung. Mir geht's wieder tot … tut … *gut*! Mir geht's *total gut*!!«

Der Schweiß rinnt bereits hektoliterweise von meiner Stirn. Herr Sannemann lässt derweil nicht locker.

»Ja, und die Kinderchen?«

»Auch. Quicklebendig, kein Bedarf!«

Als ich dann endlich an der Fleischtheke dran bin und nur noch so schnell wie möglich aus dieser Metzgerei und den Fängen von Herrn Sannemann entfliehen will, fistelt dieser mir weiter ins Ohr.

»Haben Sie das von Willy Thieves gehört?«

»Nee, was ist mit dem?«

»Heute Morgen gestorben.«

»Wie – tot?«

»Ich glaube, ja. Jedenfalls liegt der bei mir im Keller und ist nicht sehr redselig.«

»Oh Gott. Das ist ja schrecklich!«

Frau Lüpke verpackt mein Gehacktes. Ich will nur noch raus hier. Kann mir die Frage aber nicht verkneifen.

»Wie kam das denn?«

»Der ist heute mit den Enkeln in den Streichelzoo gefahren. Plötzlich kippte er um, knallte auf eine Bergziege … War sofort tot.«

»Wie, die Bergziege?«

Herr Sannemann kann ein irres Kichern nicht unterdrücken. Draußen hört man keinen einzigen Vogel mehr zwitschern.

»Ja, die auch. Verrückt, oder? Wie das Leben so spielt. Morgens im Zoo, abends bei mir im Keller.«

Die ganze Zeit, während Bestatter Sannemann mit mir redet, denke ich: Er ist die ganze Zeit heimlich am Kalkulieren. Guckt an mir herunter, von oben nach unten – fehlt nur noch, dass er direkt das Maßband herausholt. Sannemann sieht schon längst nicht mehr mich, Bill Mockridge, vor sich stehen. Er sieht: Eiche rustikal, Messinggriffe, teure Innenausstattung.

»Sie schauen müde aus, Herr Mockridge …«

Ich schnappe mir mein Fleisch, gebe Frau Lüpke fast vier Euro Trinkgeld, nur um nicht noch auf mein Wechselgeld warten zu müssen.

»Es wird langsam Zeit für mich abzutreten, äh, heimzugehen, ich wurde heimgerufen, äh, ich meine: Ich muss heimgehen, ich *muss* gehen!«

»Ja, ja. Wir müssen alle gehen, machen Sie sich da mal keine Sorgen.«

»Ja, Wiedersehen, Herr Sensemann … äh, Sannemann!«

Ich stolpere an den anderen Kunden vorbei zur Tür. Als ich mich noch einmal kurz umdrehe, sehe ich Herrn Sannemann mir lächelnd mit seinen dürren, knochigen Fingern hinterherwinken.

»Wir seeeehen uns!«

So anstrengend meine unfreiwilligen Rendezvous mit Bestatter Sannemann auch sind – sie lassen mich trotzdem über die Frage nachdenken: Wie genau möchte ich eigentlich irgendwann einmal »endgelagert« werden? Normales Einbuddeln scheint ja inzwischen fast schon was für Spießer. Für Menschen, deren Angehörige beim Sandschaufeln auf der Beerdigung nur mitleidig denken: »Er war ja schon immer sehr phantasielos.« Nein, etwas Außergewöhnliches, Spektakuläres muss heutzutage her – etwas, für das man sterben könnte beziehungsweise genau dies getan hat.

Vielleicht Seebestattung? Lieber nicht – ich werde so schnell seekrank.

Meinen Körper der Wissenschaft zur Verfügung stellen? Auch nicht – am Ende erweckt man mich in einer gruseligen Gewitternacht wieder zum Leben und verkauft mich als willenloses Monster an RTL für »Schwiegertochter gesucht«.

Nein, jetzt hab ich's: Meine Asche kommt gut vermengt mit einer ordentlichen Portion Schwarzpulver in eine XXL-Sylvesterrakete – Modell »Final Countdown«. Die wird um Mitternacht von meiner Familie angezündet und zischt mit mir als Passagier durch die pechschwarze Nacht gen Himmel. Niemand redet, alle halten den Atem an – und dann, mit einem gewaltigen Knall, explodiere ich hoch oben ein allerletztes Mal. Noch stärker als damals, als Jeremy den Teppich angezündet hat. Für einen kurzen Moment ist Bonn-Endenich taghell, der Himmel erleuchtet voll brennender Lichter – ja, DAS ist ein würdiger Abgang! Alle bringen vor ehrfürchtigem Staunen nur noch Laute wie »Ooooooh!« und »Aaaaaaaah!« heraus, während meine Asche langsam herabfällt und sich wie sanfter Goldregen über die Abschied nehmende Menge legt. Und mittendrin, mit leuchtenden Augen, steht kein Geringerer als … Bestatter Reinhold Sannemann.

Ich muss ihn beim nächsten Metzgereibesuch unbedingt ansprechen, ob er auch Raketenbestattungen anbietet!

## Top 10 - Woran erkenne ich, dass ich alt werde?

**10**

***Wenn ich Frauen begegne, schaue ich ihnen als Erstes in die Augen.***

**9**

***Ich halte »Prostata« nicht mehr nur für einen lustigen Trinkspruch.***

**8**

***Ich warte ungeduldig auf die neuen Folgen von »Dallas«.***

**7**

***Ich beginne mich für die schwächsten Mitglieder unserer Gesellschaft einzusetzen - meine Augen und meine Blase.***

**6**

***Der Sensenmann sucht mein Haus bei »Google Street View«.***

**5**

***Ich weiß nicht, wie man »Hämorrhoiden« schreibt - aber ich weiß jetzt, wie sie sich anfühlen!***

**4**

***Ich halte Falschparker für krimineller als die Taliban.***

**3**

***Ich hüte mein Pillenkästchen wie Gollum seinen Schatz.***

**2**

***Ich kündige den »Playboy« und abonniere die »Apotheken-Umschau«.***

**1**

***Ich alt? So ein Quatsch!***

# 6.
# Meine Kinder machen mich alt

Es gibt Menschen, die versprechen dir hoch und heilig, dich jung zu machen. Kennen wir alle. Weltraumerprobte Anti-Aging-Hyperkomplex-Cremes, bunte Wunder-Vitaminpillen, Gesichtsfaltenunterspritzung mit deinem eigenen Gesäßfett – was auch immer es da alles geben mag. Das Ergebnis ist freilich meist bescheiden. In letzterem Fall sogar, sprechen wir ganz offen, einfach nur vom Arsch für denselbigen. Meine sechs Jungs jedoch wirken bei ihrem alten Herren weit effektiver. Leider aber genau in die entgegengesetzte Richtung. Meine Kinder machen mich alt.

Medizinische Hilfsmittel brauchen sie als echte Naturtalente nicht – das, was aus ihren Mündern kommt, reicht völlig aus. Nehmen wir nur meinen Zweitjüngsten, Jeremy: Vor einigen Jahren schaute ich mit Jeremy – damals gerade eingeschult – den wunderbaren Zeichentrickfilm »In einem Land vor unserer Zeit«. Er Kinderticket, ich Seniorenrabatt – günstiger kommst du definitiv nur noch ins Kino, wenn du dich hinten reinschmuggelst. Wir saßen also gemeinsam im »Metropol« in Bonn, ein wunderschönes altes Kino, was leider verkauft, entkernt und als neue gigantische Buchhandlung aufgebaut wurde. Nichts gegen Bücher, aber ich fand das damals sehr schade. Habe auch dagegen protestiert (erfolglos) und mich später sogar noch viele Wochen lang in die neueröffnete Buchhandlung gestellt und aus Ärger einfach stundenlang gebrüllt: »WANN

BEGINNT ENDLICH DER FILM?!« Ich war echt sauer. Da aber genau diese Buchhandlung das Buch, welches Sie gerade in den Händen halten, stapelweise verkauft, bin ich inzwischen etwas versöhnt. Jedenfalls saßen Jeremy und ich im »Damals-noch-Metropol«-Kino, zehnte Reihe Mitte, Popcorn und Nachos auf dem Schoß, die riesigen Cola-Eimer in der Hand. Jeremy staunte im Sitz neben mir mit weit offenem Mund über das, was auf der Leinwand geschah. Kurz: Es war bis zu diesem Zeitpunkt ein rundum perfekter Vater-und-Sohn-Nachmittag. Während ich mir bereits Gedanken machte, wie man so einen Kinderkiefer medizinisch korrekt wieder einrenkt, beugte sich mein Siebenjähriger plötzlich rüber und zupfte an meinem Arm.

»Dad, Dad, Dad!«, raunte Jeremy mir aufgeregt zu. »Als *du* jung warst, da gab es noch Dinosaurier, oder?«

Es gibt Momente im Leben, da stirbt man tief im Innersten ein klein wenig.

»Jeremy, als *ich* jung war«, flüsterte ich ihm ins Ohr, »da hat das Tote Meer noch gelebt!«

Ich schlürfte den letzten Schluck Cola Light durch meinen Strohhalm und sackte in meinem altmodischen Kinositz zusammen. Ich fühlte mich alt. Sehr alt.

Sie haben eingangs übrigens richtig gelesen – meine Frau und ich haben sechs Söhne (noch mal zur Erinnerung: Nick, Teo, Luke, Lenny, Jeremy und Liam). Mehr als eine halbe Fußballmannschaft. Das hat natürlich zur Folge, dass bei uns zu Hause über viele Jahre eigentlich alles vertreten war – von Pampers bis Pubertät. Das konnte man schon riechen, wenn man bei uns hereinkam: Dieses zartherbe Bouquet aus Penaten und Clearasil, das einem an der Haustür entgegenströmte, verriet alles. Achten Sie mal drauf: Wo auch immer dieser Geruch verströmt wird, schauen sich Mehrfachväter nur wissend-verschwörerisch an. Da bedarf es keiner Worte. Ganz im Gegensatz natürlich zu den endlosen Diskussionen zu Hause mit dem pubertierenden Nachwuchs. So eröffnete mir damals, in der Vor-Handy-Zeit, mein sechzehnjähriger Sohn Luke mit resoluter, just dem Stimmbruch entsprungener Stimme: »Dad, wir brauchen ISDN!«

Ich schaute ihn ratlos an. »Bitte *was* brauchen wir?«

»I-S-D-N!« Luke betonte die vier Buchstaben wie das Geheimnis zur Erleuchtung.

»Luke, weißt du überhaupt, was ISDN bedeutet? *I*st *s*owas *d*enn *n*otwendig?«

»Ey, sicher ist das notwendig! Das ist voll fett! Dann haben wir zwei Leitungen zum Telefonieren, checkst du das? *Zwei!* Eine mehr als eine!«

»Ja, ja, Luke, eins plus eins krieg ich in meiner Kalkbirne gerade noch zusammen, keine Sorge … Warum brauchen wir zwei Leitungen??«

»Oh Mann, Dad, du raffst *gar* nichts! Pass auf: Wenn wir *zwei* Leitungen haben, dann brauchst du nicht mehr zu nerven, wenn ich mit Maxi telefoniere, oder mit Tobi oder mit Jenny, die ist übrigens total verknallt in mich, genau wie die Steffi. Weil, dann haben wir ja noch eine Leitung! Eine mehr, und mit der, die übrig ist, telefonierst *du* dann. Ist doch endgeil!«

Hmm. Das klang in der Tat endgeil. Das rhetorische Meisterstück meines Sohnes überzeugte mich, noch am selben Tag ISDN zu beantragen.

Nur einen Monat später waren wir dann technisch ganz vorne mit dabei: zwei Leitungen! Nie wieder das genervte Hochgerufe Richtung Kinderzimmer: »LUKE, WARUM IST HIER BESETZT?!« Eine neue Ära im Hause Mockridge brach an. Und ich war live dabei, als ich unten den Hörer abnahm. Von oben hörte ich meinen Sohn Luke dumpf durch die Zimmertür sprechen, doch das brauchte mich nicht zu stören. Wir hatten ja jetzt schließlich ISDN. Zwei Leitungen. Eine mehr als eine.

Tut-tut-tut-tut-tut-tut!

Besetztzeichen?

»LUKE, WARUM IST HIER BESETZT?!«

»Ey Dad, kein Stress!«, kam es von oben herunter. »Ich telefonier gerade auf der einen Leitung mit Maxi und auf der anderen mit Tobi. Ist megawichtig! Und danach hab ich ein Zweiertelefonat mit Jenny und Steffi, also bleib mal locker!«

Während ich fassungslos die Treppe hochstarrte, tutete das Besetztzeichen in meinem Hörer weiter. Es hörte sich fast so an, als würde mich mein Telefon auslachen.

*Notiz an mich selbst:* Bei der Telekom anfragen, ob es auch »Doppel-ISDN« gibt. Wobei: Wenn mein Sohn Luke demnächst noch zwei weitere Freundinnen am Start hat, sind auch vier Leitungen sofort besetzt. Ein echter Teufelskreis. Und was da alles bei meinen Söhnen durch die Leitungen geschickt wird. Ich verstehe einzelne Wörter, aber keinen Zusammenhang! Ein typisches Telefonat im Hause Mockridge ist im Grunde wie modernes Theater, nur *noch* wirrer:

*Ring-Ring-Ring!*

Mein Sohn Teo eilt zum Hörer.

»Teo Mockridge am Apparat, Tag und Nacht für Sie bereit, was kann ich für Sie tun? … Hey, fett … ja, krass … ja, voll fett … ja, laber … hey, Hammer … hey, HAAAMMER … kooooooooooooooorekt! Tschö!«

Teo legt auf. Ich schaue ihn völlig ratlos an.

»Was war *das* denn eben?«

»Hä? Wieso, hast du doch gehört: Das war der Ferdy, wir treffen uns um 15 Uhr, fahren mit den 636er in die Stadt, gehen in ›Scream 4‹, danach gehen wir zu McDonald's, dann fahren wir um 19:20 Uhr mit dem 636er wieder nach

Hause, 20 Uhr mache ich Hausaufgaben, und um 23 Uhr lieg ich im Bett – ist doch voll fett!«

Ja, es stimmt: Meine Kinder machen mich alt. Aber das ist auch okay so. Das kann ich ab. Und klammheimlich frohlockend übe ich mich in Geduld – denn ich weiß: Irgendwann werden meine Söhne eigene Kinder haben. Dann machen *die* ihre Väter alt. Und Opa lehnt sich nur noch genüsslich zurück und schaut zu, ruft höchstens mal über seine zwei freien Leitungen Hinz und Kunz gleichzeitig an, um ihnen den neuesten Wahnsinn zu berichten. Das wird ein wahrer Jungbrunnen für mich. HAAAAMMER!

# 7.

## Knoten, Liften, Tackern

Das Elixier der ewigen Jugend. Man könnte Millionen damit verdienen, ach was, Milliarden! Aber eher geht ein Kamel durchs Nadelöhr oder wird der 1. FC Köln Deutscher Meister, als dass dieses Elixier Wahrheit wird. Die Natur ist grausam und zieht es durch: Wir Menschen altern, werden welk und klapprig, egal ob Mann oder Frau.

Aber einen Unterschied gibt es doch. Männer werden anders alt als Frauen. Frauen schauen zum Beispiel sehr oft und sehr ausgiebig in den Spiegel. Und sie kontrollieren sich dabei: Wie ist das Gesicht? Liegen die Haare richtig? Kann man die teuren Ohrringe auch sehen? Sitzt der Busen noch? Wie ist der Po? Ähh, nee, ach doch, geht … Und irgendwann, so um die vierzig, entdecken sie das erste graue Haar oder die erste kleine Falte. Sofort wird der halbe Douglas aufgekauft, um diesen Prozess möglichst lange aufzuhalten. Frauen sind halt klug.

Männer schauen höchstens in den Spiegel, um die Essensreste aus dem Gesicht zu entfernen oder um zu kontrollieren, ob sie überhaupt eine Hose anhaben. Dafür reicht ein kurzer Blick.

Ein Mann schaut nur ein einziges Mal sehr intensiv in den Spiegel: An seinem achtzehnten Geburtstag. Dann sieht er einen jungen, gutaussehenden Mann mit sehr vielen Haaren, wenig Bauch und vor allem sehr viel Sex-Appeal. Dieses Bild gefällt uns, diese Information brennt sich bei uns Männern auf die Festplatte. Das reicht für die nächsten vierzig Jahre.

Aber irgendwann bricht das Kartenhaus zusammen. Ich habe vor einigen Jahren den Fehler gemacht, versehentlich länger als zwei Sekunden in einen Spiegel zu schauen. Was ich da sah, gefiel mir gar nicht. Das hatte mit dem achtzehnjährigen Holzfäller-Body-Bill aus Kanada nicht mehr viel zu tun, bis auf die Spiegeleireste im Mundwinkel.

Ich ging erschrocken zu meiner Frau und fragte: »Margie, wie sehe ich denn aus?«

Sie scannte mich mit ihren Augen langsam von oben bis unten ab und antwortete: »Bill, du wolltest als junger Schauspieler immer aussehen wie Sean Connery.«

Ich dachte kurz nach: »Jaaa, ja das stimmt.«

Sie lächelte mich an: »Das hast du jetzt geschafft.«

»Aber Sean Connery ist doch ein alter, dicker Mann – mit Glatze und Bart!«

»*Eben!*«

Selbst schuld! Warum frage ich auch so doof? Na warte, irgendwann wird sie vor mir stehen, vielleicht in einem neuen Kleid, und mich fragen: »Na, Bill, wie sehe ich aus?« Und ich werde mir eine gute Antwort zurechtgelegt haben, hehehe.

Manchmal sind es aber auch die Kinder, die einem Mann einen neuen Blick auf den eigenen Körper offenbaren. Vor vielen Jahren, mein Sohn Teo war gerade fünf Jahre alt geworden, und ich war, äh, sagen wir: jünger als heute. Jedenfalls kam er aus dem Kindergarten, schaute mich genau an und sagte: »Dad, wir haben heute im Kindergarten gelernt, dass die Erwachsenen, wenn sie erwachsen sind, nicht mehr wachsen.«

Mit Stolz blickte ich auf meinen klugen Sohn: »Ja, Teo, das stimmt. Das ist der Sinn des Wortes ›Erwachsen‹: Man wächst nicht mehr.«

Teo gab sich mit der Antwort nicht zufrieden: »Aber Dad, du wächst doch noch!«

Ich lächelte milde den dummen Jungen an: »Nein, ganz bestimmt nicht. Meine Taille vielleicht, aber in die Höhe schon lange nicht mehr.«

Teo wollte auch diese klugen Worte nicht schlucken: »Doch, Dad! Guck mal da oben, dein Kopf! Der wächst noch durch deine Haare durch!«

Ich nahm einen Spiegel und habe zum ersten Mal mit eigenen Augen gesehen, dass ich am Hinterkopf langsam eine Glatze bekam. Viele Männer drehen in so einem Moment durch. Ich nahm es gelassen. Teos Taschengeld habe ich natürlich für die folgenden Wochen gestrichen.

Ich habe in der »Men's Health« – das ist diese »Brigitte« für Männer – gelesen: Wenn du vorne die Haare verlierst, bist du sexy. Wenn du hinten die Haare verlierst, bist du ein Denker. Ich verliere vorne und hinten die Haare, das heißt: Ich denke, dass ich sexy bin. Na, wenigstens einer.

Ja, ich stehe zu mir! Zu meinem Körper, wie Gott ihn schuf und was französische Winzer und mein Lieblingsitaliener daraus gemacht haben. Ja gut, es gibt schon diese Momente, in denen sich so eine Art schlechtes Gewissen in mir regt, und ich denke: Fitness wäre schon eine gute Sache, zumindest würde sie nicht schaden. Ich habe mich vor Jahren auf den Weg zu einem Fitness-Center, ach was, Fitness-Wellness-Alle-sind-super-drauf-Palast begeben. Das hatte ich mir zumindest fest vorgenommen. Ich hielt die Klinke wirklich schon in der Hand – von unserer Haustür. Da hörte ich eine kleine, aufgeregte Stimme in mir: »Bill! Bill, hör mal zu! Willst du jetzt wirklich den gesamten Körper bestrafen, für das, was alleine der Mund verbrochen hat?« Wer immer das war, er hatte recht: Ich schicke die Lippen auf das Laufband, aber ich bleibe zu Hause!

Auch diese sechzigjährigen Männer, die plötzlich durchdrehen. Wollen auf jugendlich machen. Tragen die Jeans knapp unter dem Hintern, fahren mit dem Skateboard in die Stadt und lassen sich piercen. Wie sieht das denn aus? Ein Ohrring neben dem Hörgerät, ein Nasenring im Nasenhaar-Dschungel und ein Hodenring zwischen den Knien. Oder gar ein Tattoo auf dem schlaff gewellten Unterarm.

Oh, das bin ja ich! Ja, ich muss ein Geheimnis lüften: Ich trage ein Tattoo auf dem Unterarm. Auf dem linken. Jetzt ist es raus! Aber der feine Unterschied ist, dass ich mir das blutige Bildchen im süßen Alter von fünfzehn Jahren habe stechen lassen und nicht mit bitteren sechzig.

Wollen Sie es wirklich wissen? Na gut! Das kam so: Als Jugendlicher erkundete ich regelmäßig mit meinem Kumpel Jonny May die Straßen unserer Heimatstadt Toronto. (»Ich kaufe ein O!« Bink-Bink-Bink!) Rein zufällig führte eine dieser Straßen direkt in das Rotlichtviertel. In diesem kanadischen Kiez gab es jede Menge Tattoo-Shops, und einer zog uns ganz besonders an. Eine Wand des schmuddeligen Ladens war tapeziert mit Postern, auf denen tätowierte Frauen abgebildet waren. Damit wir uns verstehen: Die Frauen trugen nur Tattoos, sonst nichts. Jonny und ich standen immer wieder mit offenen Augen und Mündern vor den Nacktaufnahmen. Wo gab es das in den fünfziger Jahren (des zwanzigsten Jahrhunderts, nicht des neunzehnten) schon zu sehen. Bei uns zu Hause jedenfalls nicht. Wir führten also, in immer kleiner werdenden Abständen, unsere Anatomiestudien in der Körperstecherei fort. Eines Tages wurde unser Gegaffe dem zwei Meter großen und drei Zentner schweren Oberchirurgen der Tintenklinik wohl zu viel. Wir waren gerade dabei, das Foto einer Frau abzuspeichern, die mit dem Schnittmuster eines Brautkleides, inklusive sechs Meter Schleppe, verziert war, als sich langsam eine riesige Pranke auf meine Schulter legte. Auch diese Hand war ausgiebig beschriftet, unter anderem mit dem Satz: »Got save the Quen«.

Als ich die Orthographie des Geschreibsels eingehend studiert hatte, wusste ich: Dieser Mann ist zu allem fähig! Es gab nur eine Rettung: »Äh, Hallo! Können wir auch ein Tattoo haben?«

Ja, wir konnten! Es gab in Kanada bestimmt ein Gesetz, dass Jugendlichen unter einundzwanzig Jahren die Verschandelung des eigenen Körpers mittels Tätowierungen verbot. Der monströse Nadelstecher hatte es aber anscheinend nicht gelesen – oder nicht verstanden. Nach eingehendem Studium der großen Vorlagenbücher entschieden wir uns für einen Puma. Der geschmeidige Räuber war das Symbol der »Puma Squadron« – der besten Bande in unserem Internat. Jonny und ich waren kurz zuvor beigetreten. Über das Aufnahmeritual darf ich laut Ehrenkodex nicht sprechen.

Auch über die Schmerzen beim eigentlichen Vorgang des Tätowierens kann ich bis heute nicht reden. Ich verspüre immer noch höllische Phantomschmerzen in meinem linken Arm, wenn ich im Zoo einen Puma sehe. Aus diesen Gründen trage ich auch ausschließlich Turnschuhe der Firmen »Adidas«, »Nike« und »Romika«.

Zum Glück hatten Jonny und ich nur eine geringe Geldsumme zur Hand, sonst hätte uns das Tattoo-Monster sicher gleich den gesamten Körper zerstochen. Ich bekam meinen Puma für drei Dollar. Das sind in Kanada heute umgerechnet drei Dollar. Jonny hatte nur zwei Dollar flüssig, dafür blieb sein Puma schwarz-weiß. Wenigstens waren wir zum Glück Mitglieder der »Puma Squadron« und nicht der »Stinktier Army« …

Ich habe Jonny vor ein paar Jahren am Flughafen in Toronto getroffen. Ich war mit meiner kompletten Familie auf der Rückreise nach Deutschland. Jonny sah fabelhaft aus, und auch er erkannte mich sofort wieder. Als meine Söhne erfuhren, dass der aus meinen Erzählungen berühmte Jonny May vor ihnen stand, ließen sie natürlich nicht locker: Sie wollten unbedingt den Zwillingsbruder meines Pumas sehen. Jonny zierte sich kurze Zeit, gab dann aber dem Druck meiner Jungs nach. Einer gegen sechs – keine Chance, ich kenne das. Er zog seine Jacke aus, krempelte den linken Ärmel seines Hemdes auf und deutete mit einem »tut mir leid-Gesicht« auf seinen haarigen Arm. Statt eines stattlichen Pumas war nur eine kleine, schrumpelige Narbe zu sehen. Auf meinen fragenden Blick antwortete er: »Meine Frau und der Vorsitzende der Barclays Bank waren dagegen.«

Einfach so weggelasert! Hätte man die Haut nicht transplantieren können? Vielleicht in ein Heim für Tiertattoos? Ich war von Jonny ein wenig enttäuscht. Meine Jungs erst recht. Klar, Jonny und ich waren jung und dumm, aber als Mann muss man doch zu seiner Geschichte stehen, auch wenn nicht alle Kapitel daraus rühmlich sind.

Zugegeben: Mein bunter Puma sieht nach fünfzig Jahren eher aus wie überfahrene Ente, aber er wird mich auch den Rest meines Lebens begleiten dürfen, obwohl das Tattoo in meinem Beruf sehr hinderlich war und ist. Ewig muss ich auf der Bühne und bei Dreharbeiten meinen linken Unterarm bedeckt halten. Wer will schon einen Faust sehen mit einer toten Ente auf dem Arm? Und ich frage mich: Wäre Erich Schiller wirklich mit Helga Beimer zusammengekommen, wenn er im Reisebüro der »Lindenstraße« zur Begrüßung mit einen halbverwesten Puma gewunken hätte?

Aber gerade in meinem Beruf sind viele Kollegen und vor allem Kolleginnen bereit, ihren Körper bearbeiten zu lassen. Da wird geliftet, da wird gerafft, gestrafft, da wird abgesogen, abgehoben, eingeschoben, da wird poliert und geschreddert – abenteuerlich!

Ich habe eine Kollegin, die ist jetzt so Mitte sechzig. Sie sieht wirklich wunderbar aus, hat mit ihrem Körper aber ein Problem: Sie möchte lieber aussehen wie Mitte dreißig. Darum fliegt sie alle zwei Jahre in die Schweiz und lässt sich raffen und straffen, an der Stirn, den Augen, um den Mund herum und was die Anatomie sonst noch zu bieten hat. Wenn ich sie nach ihrem Ausflug in die Alpen wieder treffe, dann muss ich schon sagen: Ja, sie sieht echt ein bisschen jünger aus, im Gesicht. Aber der Rest ist und bleibt einfach Mitte sechzig. Sie ist eine Mischung aus jung und alt. Eine Mixtur aus Heidi Klum und Alfred Biolek.

Wenn ich sie dann ganz offen frage: »Sag mal, hast du an dir was machen lassen?«, antwortet sie mit ihrem straffgetackerten Mund, der aussieht, als hätte sie gerade eine ganze Zitrone ausgeluscht: »Nöö, wö kömmst dö dönn dödrööf?«

Nee, nee, mir macht keiner was vor, ich bin doch nicht blind. Wenn sie die Mundwinkel heben möchte, muss der Rest des Körpers eine kurzfristige Hautspende geben. Darum hebt sie auch immer das Bein, kurz bevor sie ein Lächeln ansetzt.

Aber nicht nur Frauen sind von diesem Virus infiziert: Ein Bekannter von mir arbeitet als Tenor in der Oper in Bonn. Er ist sehr eitel, Mitte fünfzig, ein sehr netter Mann – aber auch er wollte jünger aussehen. Er heißt Dieter Schabbel, nennt sich aber Schabelle. Französisch ausgesprochen – also Schabelle, nicht Dieter. Er kam neulich ganz aufgeregt zu mir und sagte: »Bill, ich habe eine kahle Stelle hier vorne am Kopf. Ich kann doch nicht in der ersten Reihe auf der Opernbühne stehen, und alle Leute schauen auf meine kahle Stelle.«

Dabei trägt er auf der Bühne seltsamerweise immer nur Kopfbedeckungen: Er singt bei »Toska« im Extrachor und trägt dabei einen Helm bis über die Augenbrauen, bei der

»Entführung aus dem Serail« einen riesigen Turban, aber er denkt immer nur an seine kahle Stelle.

Es gibt in Bonn-Godesberg eine Spezialklinik, die hat eine bahnbrechende Methode entwickelt: Die reißen gesunde Haare samt Wurzeln aus und pflanzen sie in kahle Stellen wieder rein. Das wächst und wächst, und man bekommt in wenigen Wochen blühende Landschaften, wo vorher noch die Wüste Gobi war. Als Dieter diese Klinik aufsuchte, haben die Ärzte kurz vorher in Versuchsreihen an bulgarischen Rentnern herausgefunden, dass Schamhaare für diese Methode ganz besonders geeignet sind. Wahrscheinlich, weil die Wurzeln immer schön feucht gehalten werden, vor allem im Alter. Ich habe Dieters Sackgesicht nach dem Eingriff kaum erkannt. Also der sah aus, der saaah auuus ...

Dieter hat nach der Behandlung richtig Geschmack daran gefunden, sich zu verändern. Er wollte auch sein Gesicht glätten lassen, weil er ein paar Falten entdeckt hatte. Er ist extra nach Düsseldorf gefahren, zu dem bekannten Schönheitschirurgen Dr. Dipan Sen Gupta. Das ist, glaube ich, kein Rheinländer. Dieter hat sich nach kurzer Beratung das Gesicht liften lassen. Und er hat mir nachher die Narben gezeigt und haarklein die Operation beschrieben. Mir ist bei dem Gedanken daran heute noch schlecht: Also, die schneiden hinter den Ohren auf, ziehen die ganze faltige Haut hinter die Lauscher, legen die Haut wie eine Serviette ein, zwei Mal um und tackern das Ganze fest. Fertig ist die Mumie! Die Falten aus Dieters Gesicht waren definitiv weg, leider der Ausdruck auch.

Außerdem waren Dieters Lippen so unerträglich gespannt, dass er kaum noch singen konnte und Dr. Sen Gupta einen zweiten Eingriff für nötig hielt. In der Klinik wurden Dieter zarte, glatte Hautstreifen angenäht. Dr. Sen Gupta hatte in eigenen Versuchsreihen an tschechischen

Prostituierten herausgefunden, dass dazu die Haut in Gesäßnähe besonders geeignet ist. Aus den gespannten Lippen wurden, dank Dieters Eigenhautspende vom Hintern, riesige Karpfenlippen. Ganz wichtig: Die fischigen Lippen muss man ständig feucht halten, sonst platzen sie auf. Also züngelt Dieter nun den ganzen Tag wie eine Ringelnatter an seinen Lippen rum. Das sieht echt bescheuert aus, aber er hat es ja gewollt. Immerhinn kann er sich jetzt selbst am Arsch lecken! (Entschuldige, Dieter.)

Jeder Mensch hat sein eigenes Gesicht, und das ist wie sein Ausweis. Liften bedeutet, seinen Ausweis zu fälschen. Ich finde, man sollte einem Gesicht ansehen, dass man gelebt, gelitten, gelacht und geliebt hat. Ich sehe das Gesicht meiner Frau, ein wunderschönes Gesicht, und es wird von Jahr zu Jahr schöner. Ich kann darin lesen wie in einem Buch:

Ich sehe die ganzen Lachfalten um die Augen – das sind dreißig Jahre Springmaus. Die eine Falte an der Stirn – das ist die Geburt von unserem ältesten Sohn. Dann die beiden tiefen Furchen links und rechts vom Mund – das war die Sechs in Latein von Nicky, das hat ihr damals sehr zugesetzt. Aber genau das möchte ich in ihrem Gesicht sehen, daran erkenne ich, dass sie gelebt, gelitten, gelacht und geliebt hat.

Ein Gesicht zu liften ist wie Bücher zu verbrennen oder wie im Laptop eine Geschichte zu löschen. In dem Moment, in dem ich das schreibe, kommt meine Frau ins Arbeitszimmer und fragt mich: »Na, Bill, wie sehe ich aus?«

Sie trägt wahrscheinlich ein neues Kleid. Wie war noch mal die Antwort, die ich mir zurechtlegen wollte?

Ach ja: »Phantastisch, Margie. Einfach phantastisch!«

# 8.
## Bis(s) aufs Blut

Vor einigen Monaten sah ich meine Frau an. Das ist an sich nichts Ungewöhnliches, das kommt fast täglich vor. Doch an diesem Tag erwiderte sie meinen Augenkontakt mit ihrem berühmt-berüchtigten Gesichtsausdruck des Grauens – in der Wissenschaft bekannt als »Morbus-William-Blick«. Wenn sie den aufsetzt, hat der arme Bill nichts zu lachen. Es gibt ihn nur in Kombination mit solch unangenehmen Sätzen wie »WILLIAM, wie kommt der Fettfleck auf dein neues Hemd?« oder »WILLIAM, wieso steht dein Fahrrad in der Dusche?«

Diesmal aber war ich siegesgewiss, denn ich hatte mir nichts vorzuwerfen – glaubte ich zumindest. Ich hatte sogar ohne Aufforderung den Frühstückstisch abgeräumt: Das dreckige Geschirr in den Kühlschrank und die Butter nebst Marmelade in die Spülmaschine. Aber irgendetwas missfiel meiner Frau. Vielleicht war es die Scheibe Käse, die ich, akkurat zu einem Dreieck gefaltet, zu den anderen Servietten in die Schublade des Küchentisches gelegt hatte. Meine Frau legte den Blick des Grauens auf und presste durch kaum geöffnete Zähne jene unheilschwangeren Worte: »WILLIAM, wann warst du eigentlich zum letzten Mal bei Dr. Peters zum Check-up?«

Ich antwortete extrem gelassen: »Lass mich überlegen ... Das ist nicht so lange her. Ja, genau: Das war an dem Tag, als Dr. Peters das neue Pferd für die Hausbesuche bekam!«

»WILLIAM MOCKRIDGE!« – Vor- und Nachname: Das ist die Höchststrafe und bedeutet »Widerspruch zwecklos«!

Noch am selben Nachmittag betrat ich die Praxis von Dr. Peters – in unserem Viertel der Arzt, dem die Senioren vertrauen. Er stammt aus der Eifel, spricht aber erstaunlich gut deutsch. Dr. Peters ist selbst im besten Alter, ist immer gutgelaunt und wird regelmäßig beim Italiener gesehen, in Begleitung seiner Frau und einer Flasche Rotwein. Also ein rundum sympathischer Mensch.

Ich war einmal bei einem jungen Arzt in Behandlung, einer Mischung aus Vitali Klitschko und dem jungen Sascha Hehn. Gehen Sie als reifer Mann niemals zu einem sportlichen Arzt! Sie fühlen sich schon im Wartezimmer, zwischen den gerahmten Sporturkunden, Goldmedaillen und Triathlon-Pokalen, wie ein schlaffer, alter Sack. Und nach dem ersten, meine Finger atomisierenden Händedruck von Dr. Schwarzenegger wartete ich nur noch auf den Satz: »Herr Mockridge, ich kann leider nichts mehr für Sie tun.« Oder noch viel schlimmer: »Herr Mockridge, Sie müssen mehr für sich tun!«

Dr. Peters ist ganz anders: Er nimmt sich Zeit für seine Patienten. Gut, als Senioren-Doktor hat er auch immer weniger von denen, aber egal. Im Wartezimmer saßen neben mir jedenfalls noch zwei sehr lebendige Exemplare, darunter ein stattlicher Silberrücken, anscheinend mit Bandscheibenvorfall. Als gewissenhafter Patient versuchte ich mein Handy abzustellen, fand aber zwischen den Tasten mit der Aufschrift »TV«, »VIDEOTEXT« und »REC« den Knopf zum Abschalten nicht. Wurscht, ich hatte anscheinend eh keinen Empfang.

Dr. Peters drückte mir zur Begrüßung angenehm kraftlos die Hand und fragte mich freundlich, wie es uns geht.

»Eigentlich sehr gut«, sagte ich. »Nur meine Frau ist der Meinung, ich mache merkwürdige Sachen und bräuchte mal wieder eine neue Plakette vom Senioren-TÜV.«

Dr. Peters und ich haben lange geredet, zum Teil auch über mich. Dann sagte er mit sanfter Stimme: »Herr Mockridge, Sie brauchen wirklich keine Angst zu haben, Sie sind in einer Art zweiten Pubertät.«

»Aha, es fühlt sich aber eher an wie eine Art erste *Senilität.*«

Dr. Peters sah mich streng an: »Machen Sie darüber keine Witze! *Senilität* ist etwas ganz anderes. Senile Menschen machen verrückte Sachen, die räumen dreckiges Porzellan in den Kühlschrank oder versuchen mit einer Fernbedienung zu telefonieren!«

Ich lachte laut und schob zur Sicherheit mein »Handy« noch tiefer in die Tasche meines Jacketts.

Dr. Peters fuhr fort: »Herr Mockridge, auch Männer kommen in die Wechseljahre, und Sie haben anscheinend bereits gewechselt. Sie müssen sich das so vorstellen: Ihre innere, biologische Uhr lief bislang immer auf Sommerzeit, und jetzt hat sie gewechselt auf Winterzeit.«

»Das stimmt! Ich bin auch tagsüber nicht mehr so lange hell!«

In der folgenden Stunde zog Dr. Peters alle Register seiner Untersuchungskunst: Um mich zu beruhigen, nahm er mir zunächst literweise Blut ab. Dann durchleuchtete er meine Innereien mit Ultraschall, verkabelte mich am ganzen Körper, zapfte drei Kilowatt Öko-Strom aus meinem Hirn, förderte vier Kubikmeter Biogas, machte einen Ölwechsel, und nach nur einer weiteren Stunde war ich – Tröpfchen für Tröpfchen zum Erfolg – auch mit der Urinprobe fertig.

Nach der Prozedur stieg ich erschöpft ins Taxi und versuchte auf der Fernbedienung meine eigene Adresse zu googlen. Dr. Peters brachte mich dann gegen 20 Uhr mit dem Pferd nach Hause. Zum Glück hatte der Gaul meine Adresse noch vom letzten Hausbesuch im Navi gespeichert.

Drei Tage später stand ich wieder erwartungsvoll vor der Praxis, um meine – sicher überragenden – Untersuchungsergebnisse feierlich in Empfang zu nehmen. Dr. Peters jedoch sah nicht besonders zufrieden aus. Ich entdeckte bei ihm sogar ein leichtes erstes Stadium des Morbus-William-Blicks – scheint ansteckend zu sein. Sein Händedruck war auch nicht mehr angenehm schlaff, sondern fordernd stark. Ich fühlte mich wie vor einer Mathe-Arbeit ohne Spickzettel oder wie vor der Käsetheke ohne Einkaufszettel. Kalter Schweiß stand sich auf meiner langen Stirn die Füße wund. So fühlte es sich jedenfalls an.

Dr. Peters wühlte sich durch den Stapel mit meinen Untersuchungsergebnissen: »WILLIAM MOCKRIDGE! Das gefällt mir überhaupt nicht, was ich hier lesen muss. Ihre Trizo …«

Ich habe nicht alles so genau verstanden, was Dr. Peters mir sagen wollte – wahrscheinlich verfällt er bei Aufregung hin und wieder in seinen alten Dialekt aus der Eifel. Sinngemäß sagte er so was wie: Ihre Trizonesien sind viel zu hoch, Ihr Chloholin ist viel zu fettig, Ihre Legoplasten sind total durcheinander, und Ihre Harnsäure schmeckt mir auch nicht!

»Ich möchte, dass Sie etwas machen!«, fuhr Dr. Peters in strengem Ton fort. Das verstand ich leider nur allzu gut. »Ich möchte, dass Sie einen Monat lang ganz diszipliniert essen. Wie ernähren Sie sich im Moment?«

»Ja, äh, ich esse!«

»Was denn?«

»So Lebensmittel …«

»Gut, hören Sie sofort damit auf! Ich möchte, dass Sie keinen Kaffee und keinen Alkohol mehr trinken. Ich möchte, dass Sie keinen Kuchen mehr essen, nicht Süßes, nichts Fettiges, kein Gramm Fett! Und nichts Salziges! Einen Monat lang. Ja, tun Sie mir den Gefallen?« Und nach einer kurzen Pause: »Und ich möchte vor allem, dass Sie ab jetzt versuchen, Ihr Leben bewusst zu genießen!«

Wie genau der bewusste Genuss nach Dr. Peters aussehen könnte, entnahm ich seinem mir ungefragt überreichten Diätplan. Auf diesem Plan befanden sich ausschließlich »Gerichte«, von denen ich noch nie etwas gehört hatte: »Gedämpfte Petersilie in Staatlich Fachinger«, »Karottenraspel auf Löwenzahnsud« oder besonders kulinarisch: »Hager-Burger« – das ist ein saftiger Hamburger, nur ohne Fleisch, Brot und Ketchup.

Am selben Abend habe ich Dr. Peters noch einmal getroffen, beim Italiener. Allerdings nicht mit seiner Frau – nein, ganz allein, nur in Begleitung einer edlen Flasche Rotwein. Er aß Lammkoteletts mit Rosmarinkartoffeln in Thymiansoße. Ich saß neben meiner stillen Flasche Wasser und wollte ihm mit einem Blättchen Rucola zuwinken – leider hatte ich beide schon aufgegessen …

# 9.

## Hunger-Hunger-Täterä!

Ich muss zugeben, dass mich das Abendmahl nach Dr. Peters nicht wirklich sättigte – obwohl mir der freundliche, polnische Kellner meines Lieblingsitalieners sogar noch ein Blättchen Rucola »auffe Hausse« spendierte.

Auf dem Nachhauseweg traf ich vor meiner Haustür meine drei jüngsten Söhne Lenny, Jeremy und Liam. Sie strahlten mich mit freudigen Augen an. Ach, wie schön!, dachte ich bei mir, meine Jungs sind stolz auf ihren Vater, weil er so eisern und diszipliniert seine Diät durchhält! Doch als ich mich umschaute, sah ich den wahren Grund meiner glücklichen Kinder: Hinter mir stand ein Bote mit drei großen Pizza-Kartons.

Meine feine Nase nahm sofort Witterung auf und analysierte den Inhalt: Tonno, Salami, Tre Stagioni (Liam mag keine Artischocken). Noch quälender als der herrliche Duft war für mich die Erkenntnis, dass die Turbokörper meiner wohlgeratenen Jungs diese belegten Teigmonster in weniger als zwei Stunden in pures Testosteron umwandeln würden. Die Mägen meiner Jungs verbrennen jegliche Nahrung gründlich wie ein Krematorium, nur deutlich schneller. An kalten Abenden essen sie sogar die Pizzakartons mit, um die Verdauung richtig anzuheizen.

Mein schlaffer Bauch braucht für eine solche Mahlzeit mindestens eine Woche. Wie ein Python, der unzerkaut ein ganzes Kaninchen herunterschlingt und sich dann für zehn

Tage ein schattiges Plätzchen sucht. Der Unterschied ist nur, dass der Python nach Verdauung des Kaninchens mühelos seine alte, schlanke Gestalt wiederfindet – an meiner Taille ist der runde Abdruck der Pizza noch nach Monaten genau zu erkennen.

Meine Jungs zogen sich mit ihrer Beute – und natürlich ohne Besteck – in ihre Zimmer zurück. Ich suchte nach einer Betätigung, die mich von meinem Hungergefühl ablenken könnte. Vielleicht endlich mal den Keller aufräumen, Belege für das Finanzamt abheften … oder einfach fernsehen. Nach kurzem Abwägen meiner körperlichen Verfassung entschied ich mich für Letzteres und goss mir ein großes Glas Mineralwasser *mit* Kohlensäure ein. Ja, genau, ich wollte es mal so richtig krachen lassen!

Im dritten Programm lief eine Kochsendung mit Martina Meuth und Bernd Neuner-Duttenhofer, den Urgesteinen unter den deutschen Fernsehköchen. Sie kochten Lieblingsgerichte aus ihrer Kindheit, irgendwas mit Schachtelhalm und Mammut-Hack. Mir lief nicht nur das Wasser im Mund zusammen, nein – es lief mir heraus! Noch ein paar Sekunden länger, und ich hätte meine Jungs einzeln aus den Zimmern geprügelt und des Hauses verwiesen – natürlich ohne ihre Pizzas.

Doch als überzeugter Erziehungspazifist griff ich zur Fernbedienung und schaltete um. Auf Arte lief der Film »Das große Fressen«. Ein herrlich verrückter Film. Ich musste allerdings den Fernseher ausschalten, weil das Knurren meines Magens lauter wurde als die Flatulenzen der Darsteller.

Ich trank genießerisch den letzten Schluck meines Deluxe-Wassers, welches im Abgang erstaunlich angenehm nach gar nichts schmeckte, und ging zu Bett. Ich las ein paar Seiten in der Bibel, nur für den Fall, dass ich die Nacht wegen Unterernährung nicht überleben sollte. Ich war gerade an der Stelle mit den zwei Fischen und den fünf Broten, als Margie das Schlafzimmer betrat.

Meine junge Frau war an diesem Abend mit ein paar alten Freundinnen aus gewesen und dementsprechend bester Laune. Margie ignorierte den nahen Tod ihres geliebten Ehemannes und sagte mit leicht alkoholschwangerem Unterton: »Oh, Hochwürden ist schon so früh im Bett?«

»Jaaaaargghh«, antwortete mein arbeitsloser Magen.

Sie beugte sich über mich und gab mir einen flüchtigen Kuss. Ich küsse meine Frau häufig und gerne, aber was jetzt mit mir passierte, hatte ich noch nie erlebt: In meinem Kopf explodierte eine Bombe aus Dopamin und Serotonin – ich konnte mein spontanes Glück kaum fassen! So muss sich Neil Armstrong gefühlt haben, bei seinen ersten Schritten auf dem Mond, oder Hans-Dietrich Genscher, als er den Balkon der deutschen Botschaft in Prag betrat, oder Karl-Theodor zu Guttenberg, als er seinen Doktortitel entgegennahm. Diesmal war es aber nicht dieses »Wie wunderbar, dass ich mit einer so tollen Frau verheiratet bin«-Glücksgefühl. Es war einfach ihr Atem, der mich fast wahnsinnig machte.

*Knoblauch! Mmh, leicht angeröstet …, in Oh-Oh-Olivenöl! Mit leicht scharfer Note … Peperoni! Spaghetti Aaaahglio Oooohlio! So einfach und doch soooo lecker! Und Roootwein. Wahrscheinlich ein Brunello di Montalcino, Jahrgang 2004 oder vielleicht 2005. Nein, doch eher 2003?*

»Maaargie, küss mich bitte noch einmal!«

»Oh Bill, hast du heute noch was mit mir vor?«, hauchte sie mir ins Gesicht.

*Dieser Hauch, da war doch noch was … Panna Cotta, auf Himmmmhbeerspiegel!! Und der Wein scheint doch eher von 2005 zu sein, für ein 2003er viel zu flach …*

»Nein, ich möchte einfach nur essen, äääh, küssen.«

»Warte Schatz, ich putze mir nur schnell die Zähne.«

»AUF GAR KEINEN FALL!«

Über den weiteren Verlauf des Abends schweigt der Gentleman, vor allem wenn er aus Kanada stammt. Nur so viel: Wer behauptet, »Essen ist der Sex des Alters«, dem gebe ich zumindest für diesen Abend nur zur Hälfte recht. Aber immerhin hatte ich wenigstens Sex.

Ich schlief in dieser Nacht glücklich und zufrieden ein. *Allerdings hungrig …*

Gegen drei Uhr in der Früh weckte mich Margie plötzlich. Ich wusste nicht, wieso. Und ich wusste auch nicht, warum ich vor dem Kühlschrank stand und eine Aufschnittdose in den Händen hielt.

»Bill! Was machst du da?«

Jetzt wäre eine passende Antwort nicht schlecht, vielleicht: »Mir kam es gestern vor, als wenn der luftgetrocknete Schinken noch nicht ausreichend lufttrocken wäre. Ich wollte ihn für dich nur noch ein bisschen lüften.« Dreißig Jahre Improvisationstheater – die Erfahrung kann mir keiner nehmen, auch nicht im Schlaf.

Auf dem Weg zurück ins Bett bin ich noch kurz in die Zimmer meiner Jungs gegangen, nur um zu sehen, ob sie auch gut schlafen und ordentlich zugedeckt sind. Und ob nicht vielleicht doch ein kleines Stückchen Pizzakarton übrig geblieben ist.

Plötzlich stand ich vor Omas Zimmer. Ohne nachzudenken öffnete ich leise die Tür und schlich Schritt für Schritt in Richtung Kommode. Oma schlief anscheinend tief und fest, sie atmete ruhig und regelmäßig. Langsam, gaaanz laaangsam zog ich die Schublade aus der Kommode, Zentimeter für Zentimeter. Endlich konnte ich mit der Hand in den Holzkasten greifen. Da waren sie, die *Senftütchen*! Hastig riss ich ein Tütchen auf und fühlte, wie die gelbliche Masse die Schleimhäute meines Rachens verätzte. Egal! Mein Magen freute sich so auf die kommende Nahrung, dass er eine Extraportion Säure als Begrüßungskomitee nach oben schickte. Benommen versuchte ich die Tür zum Flur wiederzufinden, da vernahm ich eine Stimme aus der Dunkelheit:

»Siehste Bill, hab' ich dir doch gesagt: Der Senf wird dir noch mal das Leben retten!«

# 10.
## Das Reformhaus des Grauens

Am nächsten Morgen saß ich mit meiner Frau glücklich, leicht übernächtigt und immer noch hungrig am Frühstückstisch. Margie aß ein frisches Brötchen mit einer Scheibe sehr gut gelüftetem Schinken. Dr. Peters hatte für mich eine halbe Scheibe Knäckebrot mit zwei Gramm Magerquark und ein daumengroßes Stück Apfelgehäuse vorgesehen. Das üppige Mahl überlebte nicht mal den kurzen Weg vom Kühlschrank zum Küchentisch.

Ich saß vor meinem leeren Teller und schaute vorwurfsvoll auf Margies Frühstücksbüfett. Zum Glück konnte sie mich hinter ihrem Teil der Zeitung nicht sehen. Als sie zum zweiten Mal genüsslich und lautstark in das knusprige Gebäck biss, fielen zwei kleine Krümel zu Boden. Mit katzenartiger Geschwindigkeit stellte ich heimlich meinen rechten Fuß auf die duftenden Brötchenbröckchen. Alles meins. Ha! Der alte Kater kann es noch!

Mit einer schlecht gespielten, ungeschickten Handbewegung schubste ich einen Teil der Zeitung vom Tisch. Langsam und demonstrativ ächzend beugte ich mich zu Boden, um meine Beute zu inspizieren. Brot macht erfinderisch.

Ja, schnell ist der alte Kater noch, aber leider hatte mein Fuß nicht mehr das schmale Gewicht einer pelzigen Samtpfote, sondern eher das eines Brauereipferdes im zehnten Dienstjahr. Mein Huf hatte ganze Arbeit geleistet: Die zarten Brötchenkrümel waren zu feinstem Paniermehl zerfallen. Gierig setzte ich meine Nase an die Spalten des Parkettbodens und sog hastig die beiden Lines ein. So weit war ich also gekommen: Vom Schauspieler, Familienvater und ehrbaren Bürger – zum Krümelmonster!

Margies Stimme riss mich aus dem Kohlenhydraten-Flash: »Alles klar bei dir?«

»Jaaa, Tscheitung, ääh, runter …«, lallte ich leicht benommen.

»Ach so. Aber fass da unten auf dem Parkett besser nichts an. Ich habe heute Morgen Ameisenpulver gestreut!«

Das Blut, das mir unter dem Tisch in den Kopf gerutscht war, verließ denselben wieder auf schnellstem Wege. Keine Ahnung, wohin, aber Platz genug hat es ja. Ich wurde kreidebleich.

Margie lächelte mich an. »Kleiner Scherz! Das würde ich den Tieren nie antun. Und dir auch nicht!«

Ich versuchte zurückzulächeln, aber der Schock saß zu tief. Auf dem beschwerlichen Aufstieg zurück zum Tischplateau hatte ich mir heimlich ein Stückchen Zeitung ausgerissen – eine Anzeige vom Fleischereifachbetrieb »Wurstwaren Müller«: Frisches Hackfleisch, halb und halb, 1,99 Euro. Zu meiner Enttäuschung musste ich feststellen: Pizzakarton schmeckt besser …

So ging es nicht weiter! Als Nächstes hätte ich wahrscheinlich die Gelben Seiten mit den Adressen der Restaurants von ganz Endenich verschlungen – und die Stadtpläne von Mettmann und Schweinfurt.

Mit Paniermehl um die Nase und Druckerschwärze im Mundwinkel schaute ich Margie hilfesuchend an. »Schatz«, sprach ich mit brüchiger Stimme »ich habe Hunger!«

Margie stand auf und nahm mich fest in den Arm. Die letzte Nacht hatte anscheinend Spuren hinterlassen. »Ach

Bill, wenn du es gar nicht mehr aushalten kannst, dann probier es doch mal im Reformhaus. Da findest du bestimmt was Gesundes.«

Kurze Zeit später stand ich vor dem Reformhaus Goldmann. Ich war längere Zeit nicht bei einem solchen Anbieter gewesen. Wenn Margie und ich Lebensmittel beschafften, dann kam es vor allem auf die Menge an. Mehrfach wurden wir auf dem Weg vom Supermarkt zurück ins eigene Heim von der Polizei angehalten, weil unser Auto überladen war. Wir sind immer ohne Strafe davongekommen, weil wir behaupteten, wir wären das letzte Fahrzeug eines Hilfskonvois für hungernde Kinder. Und das war ja nicht mal gelogen, denn unsere sechs Jungs hatten immer Hunger. *Immer!*

Im Hause Mockridge überlebten ganze Paletten Joghurt, Milchreis und Sahnequark nicht mal die erste Nacht. Nach dem Frühstück fand ich regelmäßig ein bis zwei Zehnerpacks Eier (Eifeler extra large, von freilaufenden Turbo-Hühnern) im Papiermüll. Verspeist von meiner halben Fußballmannschaft. Wozu brauchen junge, männliche Körper so viele Eier? Ich wusste es schon mal …

Wenn ich ein kräftiges Drei-Gänge-Menü für die Familie kochte, dann hauten meine Jungs so richtig rein. Da blieb nichts, aber auch gar nichts übrig. Die Stoffwechselmaschinen leckten die Teller so sauber, man hätte sie direkt wieder in den Geschirrschrank stellen können. Und wenn ich nach dem Essen reglos ins Futter-Koma verfiel, holte sich jeder meine Söhne eine eimergroße Schüssel Müsli und verschlang sie, als käme er gerade von einer fünfzig Kilometer langen Rucksackwanderung durch die Rocky Mountains. Und wenn ich später wieder Hunger bekam, ging ich zum Kühlschrank und schaute nach, was meine Söhne übrig gelassen hatten. Es war meistens nicht gerade viel, aber anscheinend gerade noch genug, um meinen Körper außer Form zu bringen.

Wenn ich es recht überlege, bin ich ein medizinisches Phänomen! Ich speichere mehr Energie ab, als ich zu mir nehme. Eine Art menschliches Perpetuum mobile! Einst werden mich Wissenschaftler erforschen und aufgrund der Vorgänge in meinem Körper die Energieprobleme der Welt lösen. Jeder Mensch wird sein eigenes Kraftwerk! Dann muss man nur noch den $CO_2$-Ausstoß in den Griff bekommen, meine Bilanz ist nach einem guten Essen nicht gerade klimatauglich – das geht eher in Richtung »Poperzium mobile«.

Aber ich schweife ab. Wo war ich stehengeblieben? Ja, richtig, vor dem Reformhaus: Als alter Kanadier wusste ich, Reform bedeutet »Gestaltung« oder »Wiederherstellung« – und das war genau das, was mein Körper brauchte. Die Wiederherstellung eines schlanken, wohlproportionierten Körpers.

RESET! Alles auf Anfang!

Voller Vorfreude auf dieses Ereignis betrat ich das Reformhaus. Das Erste, was mir auffiel, war der eigenartige Geruch, der mir in die Nase stieg. Eine Mischung aus frisch gemähter Blumenwiese, der Grabkammer von Tutanchamun und einer leichten Windelnote im Abgang. Die Raumtemperatur lag bei gefühlten 16 Grad und die Luftfeuchtigkeit bei 15 Prozent. Ich bekam schlagartig eine Gänsehaut und einen staubtrockenen Mund. Ich schnäuzte leise die Reste des Paniermehls aus der Nase, um wieder frei atmen zu können.

Dann schlenderte ich neugierig um die Regale und prüfte das Angebot: Cranberry-Basen plus, Herz-Kreislauf-Tonikum, Vollkorn-Kinderkekse »Pinocchio« – wahrscheinlich so gut abgelagert wie der Scheit, aus dem Gepetto seinen hölzernen Kumpel schnitzte. Und es gab einen echten Partyspaß: »Stangen« – das sind salzfreie Salzstangen.

Plötzlich schwebte fast lautlos eine Erscheinung auf mich zu. Ein Verkäufer, wahrscheinlich männlich. Wie soll ich ihn beschreiben? Vielleicht so: Haben Sie schon mal einen Zombiefilm gesehen? Nein, nicht Rosamunde Pilcher, ich meine Filme wie »Die Stadt der lebenden Leichen« oder »Totentanz im Zombiestift«. Der Verkäufer war damals dabei. *Vor* der Kamera!

Er bog langsam, aber unaufhaltsam um die Blutreinigungs-Tees herum und hauchte mit einer irren Fistelstimme: »Guten Taaag! Was kann ich für Sie tuuun?«

Woher kannte ich diese Stimme? Genau: Klaus Kinski! Der wahnsinnige Meister lebt! Klaus Kinski arbeitet im Reformhaus! Wahrscheinlich ist Elvis sein Chef und Kurt Cobain sein bester Kunde. Warum bin ich hier? Ist das alles ein Zufall? Werde ich sein nächster Lehrling? Ich musste mich zusammenreißen!

»Ja, äh, ich soll was Gesundes essen. Können Sie mir irgendwas empfehlen?«

»Ja, sicher, hier ist alles gesund!«, antwortete der freundliche Nosferatu. »Schauen Sie mich an! Ich esse ausschließlich Reformkost, und nächstes Jahr feiere ich meinen vierzigsten Geburtstag.«

»Das sieht man Ihnen nicht an!«, stammelte ich zurück. »Bestimmt waren viele Schaltjahre dabei.«

Der Untote nahm keine Notiz von meinen Worten. Wie eine alte Puppe mit Sprechplatte im Rücken fuhr er mit seinem Vortrag fort: »Ich führe das Reformhaus in der siebzehnten Generation. Die Gründerin, meine Ur-Ur-Ur-Urgroßmutter, wurde sogar noch als Hexe verbrannt.«

»Oh, die hat bestimmt gut gebrannt, so trocken, wie die gewesen sein muss.«

Keine Reaktion! Entweder verstand der Hexer den

Scherz nicht, oder er war einfach zu schwach, die Mundwinkel zu heben.

Ich versuchte die peinliche Situation zu retten: »Äh ja, vielen Dank. Ich schaue mich erst mal unverbindlich um.«

Der Verkäufer begab sich auf die Suche nach neuen Opfern. Und die gab es zu meiner Verwunderung reichlich im Reformhaus Goldmann. Aber was waren das nur für Menschen? Schwarze Ringe unten den Augen, dünne, fettige Haare, ledrig-pockige Haut in verschiedenen Grauabstufungen, und alle wirkten so unglücklich. Die sahen aus, als besuchten sie eine Beerdigung. Ihre eigene …

Verstehen Sie mich nicht falsch, ich habe nichts gegen Reformhäuser oder Bioläden. Ich kenne junggebliebene, aktive Senioren, die parken morgens gutgelaunt ihr Mountain-Bike vor einem Bio-Supermarkt, um frische Eier von glücklichen Hühnern für das Frühstück mit ihrer dreißig Jahre jüngeren Frau einzukaufen. Aber nicht so im Reformhaus Goldmann! Ich habe jeden Moment damit gerechnet, dass sich die Kunden zusammen mit Goldmann Junior vor mir aufstellen und die Original-Choreographie aus Michael Jacksons Video »Thriller« vortanzen, inklusive abfallender Körperteile. Und dann würden Kurt Felix und Paola erscheinen und mich fragen: »Bill! Verstehst du Spaß?«

Um mich von den grausigen Gedanken abzulenken, schaute ich mir die Produkte näher an, die die morschen Regale füllten. Plötzlich fiel es mir wie Dinkel aus dem Acker: Leinsamen, Traubenkernmehl, Vollkornkekse – diese Produkte waren alle staubtrocken. Kein Wunder, dass die Kunden hier alle so aussahen. Man gießt eine welke Geranie ja auch nicht mit feinem Wüstensand!

Und diese Produkte waren allesamt *Naturprodukte.* Da waren keine Konservierungsstoffe drin! Leute, wie wollt ihr hundert Jahre alt werden *ohne* Konservierungsstoffe?

Daher mein Tipp an alle Senioren: Geht jeden Tag zu McDonald's, Burger King oder Pizza Hut! Da bekommt Ihr, was Ihr braucht: E 220, E 605, Formaldehyd, Arsen! Die ganze Palette. Glaubt mir: Wenn Ihr genügend Konservierungsstoffe zu Euch nehmt, müssen Eure Kinder Euch erschießen, um an die Erbschaft zu kommen!

Am Ende traute ich mich aber doch nicht ohne Einkauf aus dem Reformhaus heraus. Klaus Kinski beobachtete mich immer noch, das spürte ich am ganzen Körper. Meine Wahl fiel auf ein Paket Haferflockenkekse der Firma »Körner-Qual«. Goldmann Junior musste an der Kasse den Preis erst umrechnen, weil er auf der Verpackung noch in D-Mark angegeben war. Und ich war mir sicher: Irgendwo, ganz hinten in den Regalen, lauerten noch Produkte, ausgezeichnet in Reichsmark.

»Beehren Sie uns bald wieder«, sagte er und leckte sich dabei etwas Speichel aus dem Mundwinkel. »Wer einmal hier war, der kommt immer wieder!«, drohte er mir zum Abschied.

Ich habe die Haferflockenkekse wenige Minuten später im Endenicher Park an die Tauben verfüttert. Zwei von ihnen sind auf dem Weg zum nahen Bach verdurstet.

Auf dem Weg nach Hause bin ich in einer Imbissbude eingekehrt. Ich weiß nicht mehr, was ich gegessen habe. Ich habe mich einfach für die drei Gerichte entschieden, hinter denen auf der Speisekarte die meisten kleingedruckten Zahlen standen. Es war auf jeden Fall sehr lecker und sehr, sehr fettig. Aber das Schönste an Diäten ist ja, dass man sie jederzeit unterbrechen kann. Wenn auch nur für einen Tag. Denn morgen, ja morgen werde ich bestimmt …

# 11.
## Diäten für Senioren

Ich mache es kurz und schmerzlos: Am nächsten Morgen habe ich meine Diät wieder fortgesetzt. Die war leider *nicht* kurz und schmerzlos, sondern lang und qualvoll. Aber wenn ich mir wirklich etwas vornehme, dann erledige ich das sehr gewissenhaft. Ich habe die Diät durchgehalten – genau anderthalb Tage.

Dann habe ich eine zweite Diät dazugenommen, ich wurde von der ersten einfach nicht satt. Dr. Peters hat definitiv zu wenig Essen in den Plan geschrieben, von Kalorien ganz zu schweigen. Zum Glück hatte ich mal von einer Diät gehört, bei der man den ganzen Tag Brötchen essen darf – die habe ich dazugenommen. Und diese Saft-Diät. Ich habe literweise Saft getrunken, damit ich die trockenen Brötchen runterkriege: Apfelsaft, Johannisbeersaft, Trauben, Knoblauch-Nuss und diesen Saft, der ganz lange gelagert wird. Wie heißt der noch? Ach ja: Wein!

Dann habe ich begonnen, die Brötchen mit Fleisch zu belegen. Angelehnt an die Fett-Diät von Atze Atkins. Ich habe Brötchen und Fleisch im Verhältnis 1:1 gegessen, damit die Diät ausgewogen bleibt. Und dazu ganz viel Gemüse, denn Gemüse ist immer gut.

Am Ende habe ich etwa sieben verschiedene Diäten kombiniert. Damit bin ich halbwegs über die Runden gekommen.

Mein Zahnarzt hat mir neulich von einer interessanten

Diät erzählt, die bei ihm sehr gut angeschlagen hat: Die Valium-Diät – gut, er kommt an das Zeug auch relativ unkompliziert ran. Er nahm alle vier Stunden ein bis zwei Valium und hat damit angeblich in einer Woche sieben Kilo abgenommen. Sein Erfolgsrezept: Er hatte die ganze Woche zwar einen unglaublichen Hunger, aber nicht genügend Energie, die Gabel zum Mund zu führen.

Es gibt so viele Diäten, die angeblich besonders für Senioren geeignet sind. Zum Beispiel die Topmodel-Diät: Man darf am Tag nicht mehr Lebensmittel zu sich nehmen, als ein durchschnittliches Topmodel wiegt.

Eine effektive Methode hat ein älterer Herr in meiner Nachbarschaft entwickelt. Wenn er abends Hunger bekommt, bestellt er telefonisch beim Bringdienst eine große Pizza, legt den Telefonhörer auf und nimmt dann sein Hörgerät raus. Da kann der Pizzabote klingeln, solange er will. Der alte Herr würde nicht mal hören, wenn man ein Spanferkel neben seinem Bett erschießt. Keine Sorge, für den Boten ist das halb so wild. Er weiß ja, dass er ein paar Häuser weiter, nämlich bei uns, immer eine große Pizza loswird. Bestellt oder nicht. Der Besitzer des Bringdienstes überlegt bereits, bei uns im Wohnzimmer eine Filiale zu eröffnen.

Margie macht übrigens gerade eine Bananen-Kokos-Diät. Sie hat zwar noch nichts abgenommen, aber sie kann inzwischen klettern wie ein Äffchen. Sie hat schon zweimal die Katze unseres Nachbarn aus dem Baum gerettet.

Aber ich schweife mal wieder ab …

Ich war als junger Mann immer ein schlanker Typ, ja, ich darf es sagen: Ich war ein richtig schicker Kerl. Als ich vierzig oder fünfundvierzig Jahre alt wurde, fing es bei mir an. Seitdem habe ich immer mindestens fünf Kilo zu viel auf den Rippen. Einmal, da war ich so um die fünfzig (Jahre, nicht Kilo), habe ich es geschafft: Ich hatte eine Wette verloren und somit fünf Kilo, weil ich die gesamte Fastenzeit wirklich gefastet hatte. Ostern habe ich meinen eisernen Willen natürlich ausgiebig gefeiert, und als ich mich eine Woche später wieder auf die Waage stellte, bekam ich fast einen Herzinfarkt! Die fünf Kilo waren wieder da! Und die waren so froh, wieder zu Hause zu sein – die haben noch fünf Kumpels mitgebracht.

Ich weiß aber, wie ich so einen Schreck für alle Zeiten vermeiden kann: Ich wiege mich nicht mehr. Diese Gelassenheit ist doch das Schöne am Älterwerden. Früher war ich ein junger, schicker Kerl, heute bin ich ein alter, stattlicher Sack. Aber mit zunehmendem Alter und zunehmendem Gewicht werden für mich reine Äußerlichkeiten immer unwichtiger. Irgendwann kommt die Zeit, in der man viel stärker auf die inneren Werte achtet. Und wenn man im Laufe des Lebens viele innere Werte gesammelt hat, braucht man einen Körper, in dem die genügend Platz finden. Und außerdem wollen auch innere Werte gefüttert werden, sonst gehen sie ein oder suchen sich einen anderen alten Sack.

Überhaupt: Ich mag Leute, die ein bisschen dicker sind, die Rundungen auf den Knochen haben. Jungs, seien wir ehrlich! Natürlich sind schlanke Frauen schön anzusehen. *Aber:* Geh mit einer dünnen Frau nachts nach Hause. Was bekommst du? Stilles Wasser und Puffreiskekse aus dem Reformhaus. Aber geh nachts zu einer dicken Frau: Kühlschrank auf – da tobt das Leben!

Was ich eigentlich sagen wollte: Dr. Peters war sehr zufrieden mit mir. Er sagte, ich sähe gut aus und meine Werte hätten sich auch gebessert. Er hat sich nur gewundert, dass ich kein Gramm abgenommen hatte, und wollte den Diätplan daraufhin überarbeiten und weiter abspecken.

Wenn Sie also in nächster Zeit zufällig Patient bei Dr. Peters sein sollten und er Ihnen einen Diätplan überreicht, seien Sie bitte nicht böse auf mich. Mein Tipp: Einfach die Mengen auf dem Plan verdoppeln, und wenn das nicht reicht, Sie wissen schon …

Und nicht vergessen: *Sie* müssen sich in Ihrem Körper wohlfühlen, nicht Ihr Arzt – es sei denn, Sie lassen gerade eine Darmspiegelung machen.

# 12.
## Spieglein, Spieglein

»Wo bin ich? Und wie bin ich hier hergekommen?«

Diese Frage stelle ich mir, als ich in der Horizontalen auf einer unbequemen Liege aufwache. In einem mir fremden Raum. Ich bin verwirrt. Also nicht normal verwirrt wie immer – nein, *noch* verwirrter als sonst. Und zudem ziemlich groggy. In meinem Kopf fahren die Gedanken Achterbahn, ich sehe alles durch einen dicken, weißen Nebel vor meinen Augen, der sich nur langsam verzieht. Eines jedoch steht fest: In meinem Wohnzimmer bin ich nicht – das ist definitiv gemütlicher. Genau wie meine Couch zu Hause diese harte Pritsche in jeder Hinsicht beschämt.

Plötzlich tritt eine grün angezogene Gestalt an mich heran. Ich blicke hoch, versuche, sie mit zusammengekniffenen Augen zu identifizieren.

»Margie?«, murmele ich benommen im Liegen. »Margie, bist du das? Wo hast du denn dieses hässliche grüne Kleid her? Das war doch sicher wieder viel zu teuer …«

»Ganz ruhig, Herr Mockridge!«, höre ich Margies recht maskulin gewordene Stimme. »Gastro- und Koloskopie sind gut verlaufen. Sie sind nur noch etwas benommen vom Sedativ.«

Gastro? Wenn's ums Essen geht, werde ich sofort hellhörig. Aber nein, das hier war auch kein Restaurant, und ich war nach dem elften Schnitzel beim »All You Can Eat«

nicht einfach bewusstlos umgekippt. Und die Gestalt in grün vor mir war erst recht nicht meine Frau Margie.

Ich begann mich zu erinnern.

**Zwei Wochen zuvor:**

Ich sitze bei Dr. Abeler im Sprechzimmer. Er erklärt mir eine bunte Zeichnung an der Wand. Ich starre auf das Ding wie auf ein modernes Kunstwerk, das ich einfach nicht kapiere.

»Sie müssen sich gar keine Sorgen machen, Herr Mockridge.« Dr. Abeler fährt mit seinem Finger über das Bild wie über eine Straßenkarte. »Wir führen einfach nur eine kleine Sonde hier oben durch Ihren Mund am Kehlkopf vorbei, dann in die Speiseröhre, bis sie den Magen und den Zwölffingerdarm erreicht. Und natürlich noch eine von unten durch den gesamten Dickdarm bis zum Übergang zwischen Dünn- und Dickdarm. Dann gucken wir uns Ihre Schleimhäute ganz genau an!«

Ich blicke Dr. Abeler mit einer Mischung aus Skepsis und Furcht an. »Sind Sie sicher, dass Sie nur eine Magen- und Darmspiegelung machen?«, frage ich vorsichtshalber nach. »Oder wollen Sie mich an die ›Matrix‹ anschließen?«

Dr. Abeler lacht. Wie kann der lachen?! In meinen Ohren lacht er wie ein James-Bond-Bösewicht, dem 007 hilflos gefesselt in dessen Höhle ausgeliefert ist! Ich fange an, ernsthaft zu überlegen, ob das alles wirklich eine so gute Idee ist. Ich wollte doch einfach nur eine normale Vorsorgeuntersuchung – keine Sorgeuntersuchung. Ich überlege fieberhaft, welche Ausrede ich mir schnell noch einfallen lassen könnte, um meine innersten Werte vor Dr. Abeler zu schützen.

»Tut mir leid, müssen wir verschieben. Mein Darm ist gerade geschlossen wegen Renovierung.« – »Letzte Woche haben mich Außerirdische entführt, die haben das alles schon erledigt.« Hm?

Ich spüre, wie Dr. Abeler mir ein Rezept in die Hand drückt. Zu spät. »Das hier nehmen Sie am Vortag. Dieses Mittel säubert Ihren Darm für die Untersuchung. Steht alles auf dem Beipackzettel. Und ab 18 Uhr bitte keine feste Nahrung mehr … Wir sehen uns Dienstag früh!«

Dr. Abeler führt mich sanft, aber bestimmt aus seinem Behandlungszimmer – der nächste Patient wartet. Irgendwie tut mir bereits beim Rausgehen der Hintern weh.

**Der Vortag, 12:00 Uhr:**

Bedächtig drehe ich die gerade ausgepackte Flasche Darmreinigungslösung in meiner Hand, mustere das Etikett. Das also sollte mein heutiges Mittagessen sein. Ich möchte den echten Namen des Zeugs hier nicht nennen, das wäre Schleichwerbung, darum ändere ich ihn einfach so, dass er das gemeinte Mittel trotzdem angemessen repräsentiert: »Atomschiss Forte«. Ich öffne meine Flasche »Atomschiss Forte« und trinke sie auf ex. Das Zeug schmeckt so widerlich, dass ich mich mit einem Blick auf die Flasche noch mal vergewissere, dass ich nicht gerade aus Schusseligkeit unsere »WC-Ente« austrinke. Doch immerhin: Es wirkt. Nur wenige Minuten später wird mir klar: Das ist kein Medikament – das ist eine biologische Waffe!

»Dad, was machst du so lange auf dem Klo?«

»Was soll ich hier schon machen?! ICH STEEEEERBE!«

Ich möchte Sie mit unappetitlichen Details weitgehend verschonen – nur so viel: Ich weiß jetzt, dass auch bei Kloschüsseln der alte Grundsatz gilt: Wer zu billig kauft, kauft zweimal. Es gibt Urgewalten, mit denen sollte der Mensch sich einfach nicht anlegen.

Ab 14 Uhr muss ich zusätzlich alle zwei Stunden eine Waschmittel-Familienpackung Pulver in einem ganzen Liter Wasser auflösen und trinken. Fasziniert starre ich, während mein Hals zu den Niagara-Fällen wird, auf den Geschmacksrichtungshinweis: »Tropical Mango«. Das muss man sich mal auf der Zunge zergehen lassen. Oder besser nicht. »Tropical Mango« suggeriert einen leckeren Hauch Exotik, schmeckt aber eher wie »Fanta Mango« für Perverse. Viermal muss ich diesen Vorgang wiederholen. Ich kann mich gewisser Gewaltphantasien, wie ich Mangoplantagen in die Luft jage, bald nicht mehr erwehren.

**Der Vorabend, 23:00 Uhr:**

Ich fühle mich leer. So unendlich leer. Seit gefühlten Epochen habe ich wegen meiner anstehenden Audienz im Spiegelsaal nichts mehr essen dürfen und stattdessen weite Strecken des Abends damit verbracht, auf dem Klo sitzend die kleinen Mini-Kacheln unseres Badezimmers zu zählen. Sollte das Klärwerk nach Kilo abrechnen, wird diesen Monat eine ordentliche Nachzahlung fällig. Okay, okay – das war jetzt ekelig. Pardon. Im Rausch der völligen Entleertheit kommen dir halt solch seltsame Gedanken! Ich stelle mich mit letzter Kraft auf unsere Waage, mache ein Erinnerungsfoto. Diese für meine Verhältnisse winzige Zahl werde ich schließlich nie wieder sehen. Dann gehe ich ins Bett, falle in einen unruhigen Schlaf. Ich träume von vielen grünen, winzigen Dr. Abelers, die mit Spitzhacke, Eispickel, Seilen und Karabinern meinen Darm hochkraxeln.

Morgen ist Tag der offenen Tür.

## Der Morgen der Untersuchung, 6:00 Uhr

Statt eines ordentlichen Frühstücks muss ich eine letzte Flasche der Darmreinigungslösung trinken. Diesmal setze ich noch im Halbschlaf *tatsächlich* zunächst die »WC-Ente« an, bemerke meinen Fehler aber zum Glück rechtzeitig. Drei Stunden und diverse Toilettengänge später gebe ich meiner Frau Margie, die fast so tapfer ist wie ich, einen letzten Kuss.

»Sollte ich nicht zurückkehren – du darfst neu heiraten ... Werde wieder glücklich! Lebe so, wie es du verdienst zu leben!!«

Mein Magen macht mich mit einem mahnenden Knurren darauf aufmerksam: Es wird Zeit. Wie John Wayne, nur nicht mit blitzblankem Colt, sondern blitzblankem Darm, verlasse ich das Haus. Auf mich wartete ein Duell mit Dr. Abeler.

## Die Untersuchung

»Guten Morgen, Herr Mockridge! Schön, dass Sie da sind!«

Mit strahlendem Lächeln schiebt mir die junge Dame hinter dem Empfangstresen von Dr. Abelers Praxis ein Formular hinüber. Wüsste ich es nicht besser, könnte man glauben, ich würde in einem Wellness-Hotel einchecken. Doch natürlich ist mir klar: Heute würde nur *einer* einchecken – nämlich Dr. Abeler, und dies gleich doppelt in mir. Ich fülle das Formular aus, obwohl ich ohne meine Lesebrille das ganze Kleingedruckte nicht richtig entziffern kann. Irgendwas mit »Haftungsausschluss« steht dort, und »sollten Sie nach dem Eingriff nicht wieder wach werden, lieber Patient, dürfen Sie nicht sauer sein ...«. Ich soll dem Ganzen durch meine Unterschrift zustimmen. Eventuell auch noch dem Verkauf meiner Seele an Luzifer, der Lieferung von vier Waschmaschinen und der Heirat mit einer

Osteuropäerin – wie gesagt: Die Buchstaben verschwimmen und tanzen vor meinen Augen. Kein Wunder, bei dem, was mich in wenigen Minuten erwartet.

Eine Assistentin führt mich durch die langen weißen Gänge der Praxis. Ich dackele mit weichen Knien hinterher, bis wir den gefürchteten Spiegelsaal erreichen. In der Mitte wartet bereits die Liege auf mich. Dr. Abelers Assistentin drückt mir ein topmodisches Krankenhausdress in die Hand, zeigt in die mit einem Vorhang abgehängte Ecke.

»Dort können Sie sich umziehen.«

Ich verschwinde wie mir aufgetragen hinter dem Vorhang und erspare Dr. Abelers Assistentin damit einen Senioren-Striptease allerersten Güteklasse. Zum Glück bin ich direkt bei einem Arzt, denn ich breche mir beim Überstreifen des Kittels fast alle Knochen. Wer zum Geier schneidert diese verdammten Dinger? Lagerfeld würde sich im Sarg umdrehen, wenn er das sähe! Ach nee, Moment – der lebt ja noch. Ist aber ganz schön dürr geworden in den letzten Jahren. Ganz im Gegensatz zu mir. Aber ist das gleich ein Grund, mir den Kittel mindestens zwei Nummern zu klein zu geben? Ich bin doch keine Frau! Ich sehe meiner wahren Kleidergröße todesmutig ins Auge! Oder will man mich nur demütigen? Wie auch immer, ich zwänge mich irgendwie mühsam in diesen Kittel. Jetzt bloß nicht mehr zu tief einatmen, sonst fliegt dir der dünne, wie eine zweite Haut anliegende Stoff um die Ohren. Ganz ehrlich: Ob ich diesen Minifetzen Stoff nun anlasse oder einfach nackt heraustrete – die Unterschiede sind nur noch von Experten auszumachen.

Wenige Momente später trete ich voller Stolz in meinem weißen Hauch von Nichts hervor. Ich sehe jetzt kleidungstechnisch ein wenig aus wie Jesus im Muscle-Shirt, doch ob ich am dritten Tage von den Gespiegelten auferstehe, wird sich erst zeigen müssen.

Nachdem ich mich auf der Liege platziert habe, bereitet Dr. Abelers Assistentin die Instrumente vor, schaltet den Monitor neben mir ein. Dort also wird die Magen- und Darmspiegelung von Bill Mockridge übertragen. Live und in Farbe. Dafür würden echte »Lindenstraßen«-Hardcore-Fans im Pay-TV viel Geld zahlen. Während ich mich noch suchend umschaue, wo sich die böse, lange Sonde versteckt, kommt auch schon Dr. Abeler herein.

»Herr Mockridge, ich grüße Sie!«

Er gibt mir die Hand, wirkt etwas gehetzt. Dr. Abeler ist gut im Geschäft, die Praxis schon heute Vormittag proppenvoll. Wie erfüllend mag es wohl sein, fremden Menschen tagtäglich Schläuche in Arsch und Mund zu schieben? Kann ein Mensch wie Dr. Abeler aus seiner Berufung den gleichen intensiven Sinn des Lebens ziehen wie, sagen wir, Mutter Teresa? Das sind die elementaren Fragen des Seins, die mich beschäftigen. Allerdings nicht in diesem Moment, denn eher mache ich mir gerade Sorgen, wie Dr. Abeler die kombinierte Spiegelung logistisch regelt – ob er überhaupt *zwei* Schläuche hat, und falls nicht, ob er ihn dann wenigstens zunächst in meinem Mund und erst *danach* in meinen … Nein, Bill, hör auf – das ist doch Unsinn! Dr. Abeler wird wissen, was er tut!

Dr. Abeler hält eine Spritze hoch. »Ich verabreiche Ihnen jetzt ein kleines Sedativ, dann werden Sie gar nichts mitkriegen.«

»Damit schlafe ich sicher durch?«, erkundige ich mich ängstlich. Meinen Blutdruck wähne ich vor Nervosität im nicht mehr messbaren Bereich.

»Nun, eigentlich schlafen Sie nicht wirklich«, erklärt mir Dr. Abeler. »Es ist mehr so eine Art Dämmerzustand.«

»Ah ja, ja, klar. Dämmerzustand!«, tue ich fachmännisch. »Kenne ich: Meine Frau schleppt mich immer mit in die Oper.«

Doch kaum hat Dr. Abeler mir die Spritze gegeben, fühle ich mich alles andere als gefangen in einer Drei-Stunden-Inszenierung »Götterdämmerung«. Im Gegenteil: Ich fühle mich auf einmal richtig gut. So unendlich leicht. Fast, als würde ich fliegen. Ich meine zu spüren, wie plötzlich meine Haare in Rekordtempo bis auf meine Schultern zurücksprießen. Genau, wie ich sie in den Siebzigern getragen habe. Alte Bilder von mir und meiner Hippie-Freundin »Flower« im selbstbemalten VW-Bus mit Peace-Zeichen tanzen in tausend bunten Farben vor meinen Augen, während im Hintergrund »Riders On The Storm« von den Doors kracht. Ich bin beeindruckt.

»Wow«, murmele ich vor mich hin. »Können Sie mir von dem Stoff vielleicht eine Zehnerpackung …«

»… einpacken«, will ich meinen Satz eigentlich beenden, doch dazu komme ich nicht mehr. Im einen Moment sehe ich noch Dr. Abeler, im nächsten sehe ich nur noch schwarz.

Tja, und da sind wir wieder. Dort, wo wir begonnen haben: Ich benebelt auf der Liege, Dr. Abeler im grünen Kittel vor mir. Schwerfällig starte ich den Versuch, mich aufzurichten.

»Vorsicht!« Dr. Abeler hilft mir. »Lassen Sie sich ruhig Zeit.«

»Sind wir schon durch?«, frage ich ungläubig, während ich mir durchs Gesicht reibe.

»Alles erledigt!« Dr. Abeler scheint mehr als zufrieden. »Herr Mockridge, ich sag Ihnen: Ihre Schleimhäute – *ein Traum*! Die ›Mona Lisas‹ unter den Mukosen! Schauen Sie mal …«

Er drückt mir zwei kleine Farbausdrucke in die Hand. Außer viel Rosa erkenne ich nicht viel.

»Das hier ist Ihr Magen. Und das Ihr Darm. Jetzt sagen Sie selbst: Haben Sie *je* so etwas Wunderschönes gesehen?«

»Ähm …«

»Können Sie natürlich mitnehmen, zur Erinnerung! Möchten Sie auch ein mp4-Video für Ihren iPad?«

»Och ... Ich glaube, wir wollen's nicht übertreiben!«, schüttel ich schnell den Kopf.

Dr. Abeler lobt noch mal meine tolle Vorbereitung, wie blitzeblank leer und sauber mein Magen und Darm waren. Ich freue mich wie ein kleiner Schuljunge, der von der Lehrerin einen Smiley unters Diktat bekommen hat. Dann streckt Dr. Abeler seine Hand aus.

»Herr Mockridge: Alles Gute – und vergessen Sie nicht: Wir sehen uns in einem Jahr wieder!« Und damit ist er auch schon wieder verschwunden. Ich ziehe mich an und verlasse wenig später als Mann die Praxis.

Auf dem Nachhauseweg komme ich an einer Currywurst-Bude vorbei. Wir halten fest: Seit gestern Mittag habe ich nichts mehr gegessen. Meinen Darm habe ich bis aufs letzte Nahrungsatom komplett leergespült. Ich komme zudem gerade von einer Doppel-Spiegelung. Ich finde, da habe ich mir eine Belohnung verdient!

Während ich am Tischchen über meiner Currywurst XXL hänge, lasse ich den Vormittag in Gedanken Revue passieren. So schlimm war die kombinierte Magen- und Darmspiegelung ja gar nicht. Ehrlich gesagt bin ich sogar fast auf den Geschmack gekommen. Dieses Wahnsinnszeug, das Dr. Abeler mir gespritzt hat – das vergesse ich nie. Aber in einem Jahr darf ich ja endlich wieder. Vielleicht auch schon früher? Ich werde nachher mal Dr. Abeler anrufen – vielleicht sieht er bereits schon in einer *Woche* wieder medizinische Notwendigkeit für eine Spiegelung. Das wäre schön. So schön.

»Bill? BILL?«

Ich blickte von meiner Currywurst hoch, sehe in ein Gesicht, von dem ich in den ersten Sekunden nur weiß, dass ich es kenne, das ich aber nicht zuordnen kann. Dann auf einmal macht es Klick.

»Hannes! HANNES! Das gibt's ja nicht! Wie lange haben *wir* uns denn nicht gesehen?!«

Bestimmt dreißig Jahre, denn es handelt sich um keinen Geringeren als meinen alten Theaterfreund Hannes Jaenicke. Den kenne ich noch aus frühesten Tagen hier in Bonn, dann haben wir uns irgendwann aus den Augen verloren. Wir klopfen uns auf die Schultern, kommen sofort ins Gespräch. Nach dem Austauschen der üblichen charmanten Beleidigungen unter Männern – »Mann, bist *du* ein alter Zombie geworden!« – »Und *du* erst!« – erkundigen wir uns, wie es uns ergangen ist. Was der andere heute außer schauspielern macht, was ihn bewegt – eben alles, was gute alte Freunde aneinander interessiert.

Irgendwann bei unserer bereits dritten Currywurst. »Hat *dich* alten Schwerenöter tatsächlich eine Frau zähmen können?«

»Mein Lieber, hast du 'ne Ahnung!«

Ich hole mein Portemonnaie aus der Hosentasche, ziehe triumphierend Fotos heraus.

»Guck mal!« Ich zeige sie Hannes ganz genüsslich. »Das hier ist meine Frau Margie ... Und das sind meine sechs Söhne ... Ach ja, und dieser süße Fratz hier ist mein Darm! Bezaubernd, oder?!«

Hannes guckt mich lange schweigend an. Dann sagt er mit Totenstimme: »Ich muss los, Bill.«

Und damit ist Hannes auch schon weg.

»Aber ...«, rufe ich ihm hinterher. »Ich hab noch gar nicht deine Telefonumm ... Ach, meld *du* dich einfach!«

Ich sehe, wie Hannes mit verstört schüttelndem Kopf um die Ecke biegt. Ich schaue noch kurz hinterher. Dann drehe ich mich um zur Wurstbuden-Frau.

»Ich nehm noch eine!«

# 13.

## Brille? Nie, Mann!

Ich mag meine Augen. Tue ich wirklich. Ich wäre ja auch schön blöd, wenn nicht – schließlich ermöglichen sie mir jeden Tag aufs Neue, meine Frau in voller Schönheit zu bewundern. Wie wundervoll perfekt die Netzhaut das einfallende Licht in Nervenimpulse zu meiner geliebten Margie umwandelt – das schaffen nur meine Augen. Gleichzeitig üben sie sich in vertraulicher Diskretion über das, was sie im Badezimmerspiegel sehen müssen, wenn ich mich morgens kurz nach dem Aufstehen wasche. Denn auch wenn meine Pupillen vor Grauen und Furcht über diesen Anblick zittern – sie stehen ihn tapfer durch. Nein, auf meine Augen lasse ich nichts kommen. Allerhöchstens eine kleine Linsentrübung.

Womit wir beim Problem wären.

Schauen Sie: Ich hatte immer perfekte Sehkraft. Schilder mit Schriftgröße 0,5, noch zweihundert Meter entfernt, bei dickem Nebel – gar kein Problem für mich. In meinem Freundeskreis nannte man mich nicht umsonst viele Jahre den »Adler von Bonn-Endenich«. Ab circa fünfzig wurde ich von denselben Hobby-Ornithologen sogar noch genauer kategorisiert – nämlich als »Weißkopfseeadler von Bonn-Endenich«. Allerdings nicht wegen meiner Augen. Doch während mein Haupthaar langsam an Farbe verlor, verlor auch die Welt um mich herum langsam an Schärfe. Du merkst das anfangs ja gar nicht. Oder *willst* es nicht merken. Nie hätte ich als junger Mann gedacht, dass ich mal Probleme mit den Augen kriegen könnte. Und ich habe es auch noch nicht gedacht, als es längst so weit war. Und als ich es dann doch irgendwann dachte, habe ich zumindest noch versucht, es zu vertuschen. Doch die Zeichen wurden verräterischer.

»Schatz?«, fragte eines Tages meine Frau, als ich gerade gemütlich im Sessel mein druckfrisches, noch warmes Exemplar der »Apotheken-Umschau« las. Ich schaute hoch.

»Ja?«

»Werden dir nicht langsam die Arme müde?«

»Hä? Ich versteh nicht, was du meinst.«

Meine Frau blickte mich mit einer Melange aus Mitleid und Verständnis an. »Na, du sitzt da jetzt seit dreißig Minuten in Kniebeuge-Position …«

Ich analysierte verdutzt meine Leseposition. Erst jetzt wurde auch mir selbst wirklich klar, dass ich meine Rentner-BRAVO mit komplett ausgestreckten Armen von mir weg hielt, sie sogar noch bis zu meinen Fingerspitzen vorgeschoben hatte, nur damit ich die Buchstaben erkannte.

Oh-oh.

Und noch ehe ich mich in Selbsterkenntnis üben konnte, sprach meine Frau auch schon die unglaublichen Worte. Brutal, schonungslos, mir ungeschönt mitten ins Herz stechend. Eben so, wie nur meine Frau mit mir reden darf.

»Könnte es vielleicht sein, dass du langsam ein klitzeklein bisschen altersweitsichtig wirst?«

*Da!* Da war es, das böse Wort! Altersweitsichtig! Alter plus weitsichtig zusammen!!

»Ach, Quatsch …«

»Geh doch mal zum Augenarzt und mach einen Sehtest.«

Das wurde ja immer besser!

»Zum Augenarzt?« Ich gab mich betont locker. »Zum Au-gen-arzt? Margie, Schätzchen, ich bitte dich: Geht ein

Nobelpreisträger Albert Einstein zum Gedächtnistrainer? Geht ein Stefan Raab mit vierundsechzig Beißern zum Zahnarzt? Wenn überhaupt, dann müsste der Augenarzt zu *mir* kommen, um seine unwürdigen Glupscher testen zu lassen … Glaub mir: *Ich* brauch nicht zum Augenarzt.«

Meine Frau schaute mich unbeeindruckt an. »Na, ich glaub doch.«

»Ich glaub nicht!«, entgegnete ich.

»Ich glaub doch.«

»Ich glaub nicht!«

»Ich glaub doch.«

»Ich glaub nicht!«

»WILLIAM! Ich glaub doch.«

Da ich aus langjähriger Ehe-Erfahrung wusste, dass ich nicht den Hauch einer Chance hatte, den mitunter tagelangen »›Ich glaub doch – Ich glaub nicht‹ vor allem mit der Verstärkung des ›Williams‹ vorneweg«-Kampf gegen meine Frau zu gewinnen, gab ich diesmal frühzeitig auf.

»Okay, okay … Wenn du unbedingt darauf bestehst, dich angemessen bei mir entschuldigen zu müssen, wenn ich mit meinem ›120% Sehkraft‹-Testergebnis zurückkommen werde, dann guck ich halt mal beim Augenarzt vorbei. Dafür musst *du* mir aber *auch* einen Gefallen tun.«

»Was?«

Ich reichte meiner Frau die aufgeschlagene »Apotheken-Umschau« und zeigte in die gegenüberliegende Wohnzimmerecke. »Kannst du dich bitte da drüben damit hinstellen? Ich sag Bescheid, wenn du umblättern sollst …«

Zwei Tage später. Ich sitze beim Augenarzt, hab vorher extra noch zwei Kilo Karotten gefuttert. Er: ein junger Typ, der mich mit einem kleinen Lämpchen in der Hand blendet. Er beugt sich so weit vor, dass sich unsere Nasenspitzen fast berühren. Schau mir in die Augen, Kleiner.

»Wie funktionieren Ihre Augen?«, verlangt der Augenarzt meine Selbsteinschätzung, während er mir weiter das schmerzhaft helle Licht auf die Pupille knallt.

»Gut«, antworte ich, während ich gleichzeitig versuche, mit der Zunge die vielen Karottenstückchen aus meinen Zähnen zu lutschen. »Sehr gut sogar. Sehen ist mein liebster Sinn, direkt nach Schmecken.«

»Aha.« Er knipst das Lämpchen aus und dreht mir so einen komischen Apparat hin. »Schauen Sie da bitte mal durch, und lesen Sie die obere Buchstabenreihe vor.«

Ich kneife die Augen zusammen, versuche, das, was da steht, zu entziffern.

»C ..., X ... nee, halt: U ... uuuuuuuh, nein, natürlich: H ... haaahaaa, reingelegt – ich meine selbstverständlich ... Ach, was soll's: Ich nehm den Telefonjoker!«

»Herr Mockridge, bitte!«

»Ist doch wahr!« Ich kompensiere mein Versagen mit Angriff. »Merken Sie denn nicht, dass Sie sich da komplett verschwommen gedruckte Buchstaben haben andrehen lassen?«

Es kommt, wie es kommen muss.

»Herr Mockridge, Sie brauchen eine Brille.«

Sofort nach der offiziellen Diagnose setzen die fünf Reaktionsphasen zur Brille bei mir ein, die jeder von uns durchläuft.

*1. Verdrängung:* »*Ich*, 'ne Brille? Blödsinn!«

*2. Wut:* »Stecken Sie sich Ihre bescheuerte Brille doch sonst wohin!«

*3. Feilschen:* »So ein kleines Monokel auf nur einem Auge tut's doch auch, oder ...?«

*4. Depression:* »Oh Gott, jetzt bin ich blind! BLIND!! Nie wieder werde ich die Schönheit eines Sonnenaufgangs sehen, den Duft eines am Morgen frisch gebrühten Kaffees rie…« – »Herr Mockridge, das macht die *Nase*!« – »Unterbrechen Sie mich nicht, ich bin depressiv!!«

5. *Annahme:* »Seufz. Jetzt setzen Sie mir das Ding halt endlich auf.«

So also kam ich zu meiner Brille. Allzu oft trage ich sie nicht. Manchmal, um intellektueller zu wirken. Dann umweht mich ein Hauch Roger Willemsen, nur ohne all die schönen vollen Locken auf dem Kopf und schlauen Sachen aus seinem Mund. Manchmal setze ich sie schnell auf, wenn meine Frau Margie wütend auf mich ist – weil jeder weiß: Brillenträger schlägt man nicht. Hauptsächlich allerdings brauche ich sie zum Lesen. Und zum Schreiben dieser Zeilen. Ja, tatsächlich: In diesem Moment trage ich meine Brille auf der Nase. Ich soll Sie schön von ihr grüßen. Und Ihnen ausrichten: Gehen Sie doch auch mal zum Augenarzt. Meine Brille hat noch viele Schwestern, die ein liebevolles Zuhause suchen …

# 14.
## Let's Talk About Sex, Opi!

Apropos Sex! So, damit wären wir mitten im Thema. Verzeihen Sie die hinterrücks überrumpelnde Überleitung, aber auf Sex im Alter kommt man am besten möglichst kurz und schmerzlos zu sprechen – also komplett anders, als er sich in der Praxis gestaltet. Fest steht, so viel vorweg: Sex im Alter weiß nur derjenige wirklich zu schätzen, der sich an Sex in der Jugend erinnert. Glücklicherweise tue ich das. Mögen auch viele Erinnerungen in meinem Kopf verblassen – meine erotischen Abenteuer haben sich dort fest eingebrannt wie ein hartnäckiger Tripper. Ähm, gut ... schlechter Vergleich vielleicht. Egal. Jedenfalls: Seit meiner Pubertät vor vielen, vielen Jahren (damals gerade der allerneueste Schrei) bin ich grundsätzlich dem Koitus nicht abgeneigt. Ganz ehrlich: Das mit dem Sex hat Gott sich wirklich genial ausgedacht. Nicht nur, dass wir uns schön fleißig vermehren, wie er es sich wünscht – nein: Unser Schöpfer hat beim Runterschauen von oben aus seinem Himmel-Penthouse sogar noch was zu lachen. Wie bitte? Aber nicht doch: Gott ist mitnichten ein Spanner! Dass der Allmächtige uns seit Jahrtausenden beim Stöhnen und Schnackseln beobachtet, hat rein wissenschaftliche Zwecke. Nämlich, um den menschlichen Beischlaf noch weiter zu perfektionieren – gerade für uns Ältere. Oder was glauben *Sie*, warum Gott den »Pfizer«-Labormitarbeitern irgendwann die richtige Formel für »Viagra« in die Köpfe gepflanzt hat? Eben.

Doch ich schweife ab. So ist das bei alten Säcken nun mal. Wussten Sie, dass man den Schweif eines Pferdes richtig pflegt, indem … Nein, verdammt, Bill – reiß dich zusammen und komm zum Thema! Also: Ich wollte Ihnen von meinem Liebesleben als junger Mensch berichten. Ich war eine Katastrophe. In meiner Sturm- und Drangzeit, da hatte ich viel Drang und wenig Zeit, im Klartext: Bei mir war alles sofort vorbei. Furchtbar. Ich war wie ein junger Formel-1-Fahrer zum ersten Mal auf der Rennpiste – schon lange vor dem ersten Boxenstopp hatte ich keinen Sprit mehr. Ja, ich scheue mich nicht, auch in einem hochkulturellen Werk wie diesem das schlimme Wort auszusprechen: Ich litt unter vorzeitigem Samenerguss. Gut, ob wirklich *ich* so sehr gelitten habe oder doch eher meine Freundin – Ansichtssache. Auf jeden Fall bin ich sogar in eine Selbsthilfegruppe gegangen. Hat leider auch nichts geholfen: Außer mir war keiner da. Selbst dort kam ich zu früh.

Sex im Alter dagegen ist anders. Ganz anders. Genauer gesagt: herrlich! Als Senior wirst du quasi automatisch zum Sexgott. Man hat Zeit und nimmt sie sich auch. Viel mehr Zeit als früher. Vieeeeeeeeeeeel Zeit. Die richtige Musik, das passende Massageöl, eine sensible Beleuchtung, Duftkerzen, Räucherstäbchen, sanfte Worte, tiefe Blicke, ein Schluck Sekt zwischendurch … Um ehrlich zu sein, kämpfe ich heutzutage viel mehr gegen das »vorzeitige Einschlafen«. Besser so! Endlich vorbei die wilden Zeiten des schnell mal Rüberrutschens, rammelrammel, fertig – allein das Wissen, dass die kleinste falsche Bewegung dir irreparabel die Hüfte brechen könnte, verwandelt dich sofort zum viel zärtlicheren Liebhaber. Zum Don Juan mit den Dritten. Ich betone es noch einmal: *herr-lich*! Oder, wie es mein alter Boulebruder Beppo einmal so poetisch zu formulieren wusste, als ich ihn fragte, ob er noch Sex habe:

»Selbstverständlich Bill! Mein Freund, merk dir das für später: Auch in einer alten Kirche kann man die Glocken läuten lassen.«

So sieht's aus! Ich kann es inzwischen bezeugen.

Wieso schauen Sie denn jetzt so kritisch? Ja, ich kann das sehen – ich stehe bei Ihnen vor dem Fenster und spioniere heimlich. Ich bin Rentner, ich hab sonst nichts zu tun. Und ich ahne bereits, was Ihr zweifelnder Blick sagen soll: »Der Bill, dieser alte Seniorensex-Augenwischer, der erzählt uns hier doch nicht die *ganze* Wahrheit!«

Okay, okay. Sex im Alter hat auch kleinere Schattenseiten. Ich gebe es ja zu. Der Orgasmus zum Beispiel ist umso schöner – dafür muss er auch länger halten. Unlängst klagte mir mein bester Freund Hans, mit dem ich über wirklich alles spreche, sein Leid: »Bill, ganz ehrlich: Ich brauche nach dem Orgasmus inzwischen mehr Zeit, um mich zu erholen. Ungefähr vierzehn Tage auf Teneriffa!«

Das war selbstverständlich maßlos überzogen – aber so ist er, mein alter Freund Hans: ein Melodramatiker vor dem Herrn. Ich brachte ihn zurück auf den Boden der Tatsachen: »Hans, du spinnst! Das ist echt übertrieben – Mallorca tut's auch!«

Ist doch wahr. Jetzt wissen Sie auch, warum mich der Mann im Reisebüro immer so wissend anlächelt, wenn ich wieder mal zwei Wochen Malle buche. Manchmal, wenn ich mich nach dem Koitus ausgemergelt, mit letzter Kraft auf allen vieren in das Bonner »First Travel« schleppe, erhalte ich sogar Applaus. Ein ehrfürchtiges Raunen der umstehenden Kunden erfüllt dann den Raum: »Ist *das* der Mann, der sechs Jungs gezeugt hat? Der selbst in *dem* Alter noch alle Stellungen des Kamasutra beherrscht?!«

Ja, der bin ich. Ja, das tue ich. Sicher, ich habe vom »Kamasutra« inzwischen die Senioren-Ausgabe. In Großdruck. Außerdem quietscht beim Ausprobieren der Stellungen mein Körper inzwischen mehr als das Bett. Aber das alles ändert nichts an der Tatsache: Sex im Alter – es gibt ihn wirklich! Herauszufinden, dass auch mit Mitte sechzig der kleine Bill zu mehr fähig ist, als nachts fünfmal raus zu müssen, ist ein erleichterndes Gefühl. Tausendmal schöner als in meiner Ära der – ja, ich sag's noch einmal – Ejaculatio praecox.

Deswegen, im Sinne der Wiedergutmachung, hier an dieser Stelle: liebe Betty, Susan, Rachel, Tina, Antje, Brigitte, Kathy, Anne, Moira, Samantha, Biene, Ariane, Jackie, Mandy, Biggi, Margit und Bob – wo auch immer ihr heute steckt: Verzeiht.

## Top 10 - Die besten Senioren-Sätze beim Sex

**10**

*»Schatz, denkst du gerade wirklich an mich - oder wieder an Howard Carpendale?«*

**9**

*»Wolltest du nicht eigentlich was Leckeres kochen?«*

**8**

*»Schatz, lass das Licht ruhig an - wir sehen ja eh nichts mehr!«*

**7**

*»Versteck dich schnell im Schrank - mein Pflegedienst-Mann kommt!«*

**6**

*»Pardon, aber ich kriege echt keine Viagra mehr runter ...«*

**5**

*»Schatz, ich bin so scharf - lass mich Klosterfrau Melissengeist aus deinem Nabel schlürfen!«*

**4**

*»Das ist die geilste Goldene-Hochzeits-Nacht aller Zeiten!«*

**3**

*»Das ist keine Leopardenunterwäsche, das sind Altersflecken!«*

**2**

*»Schatz, ich brauch dich nicht mehr - ich hab jetzt meine eigenen Brüste!«*

**1**

*»Mit Bill war's besser!«*

# 15.
## Meine Bouleschaft

Jeden Samstagnachmittag bin ich anzutreffen auf dem Sportplatz in Bonn-Endenich. Man sieht es mir vielleicht auf den ersten Blick nicht an, wahrscheinlich auch nicht auf den zweiten, aber: Ich treibe Sport.

Ich spiele Boule.

Boule, das wissen die wenigsten, ist die härteste Extremsportart aller Zeiten. Der »Iron Man« ist Kindergeburtstag dagegen. Und zwar nicht mal einer mit Sackhüpfen und Topfschlagen, sondern einer von der Sorte, bei dem die planungsfaulen Eltern die eh schon verfetteten Kinder einfach *direkt* zu McDonald's verfrachten.

Es ist natürlich nicht sosehr das Boulen an sich – eine Kugel zu werfen, kriegt man schon noch irgendwie hin. Aber die Gespräche dabei! Boule-Gespräche sind die absolute Härte, gehen für Untrainierte nicht selten an die Grenze des Zumutbaren. Mitunter rasen sie sogar mit Vollgas durch die geschlossene Schranke hindurch …

In diesem Sinne: Ich möchte Ihnen meine Boulebrüder vorstellen. Wir sind eine Gruppe älterer Herren, so zwischen dreiundzwanzig und siebenundvierzig. Also *Jahrgang* '23 und '47. Mein Freund Hans und ich sind die Jungspunde der Truppe. Sie wird komplettiert durch vier Herren überreifen Alters. Der erste ist Robääär Baguette. Eigentlich heißt er Robert Brotesser, aber wir nennen ihn Baguette, weil er zu jedem Training mit einem französischen Stangenweißbrot unterm Arm erscheint. (Deshalb ist bei den Franzosen das Mittelstück auch immer besonders schön weich und salzig gewürzt …) Robert war jahrelang im diplomatischen Dienst in Frankreich. Er ist stolze neunundachtzig Jahre alt und strotzt nur so vor Energie. Seine Frau ist vor zwei Jahren gestorben, und seit dieser Zeit hat er das Leben ganz neu entdeckt. Er ist ständig irgendwo in der Weltgeschichte unterwegs. Robert ist so eine Art Luis Trenker auf Ecstasy. Ob Korallentauchen in Australien oder Paragliding in den Anden, er nimmt alles mit, was das pralle Leben zu bieten hat. Er ist ein echter »Happy-Ender«, aber ein ganz kapitaler! Neulich kam er braungebrannt und glänzend gelaunt zum Bouletraining.

Ich begrüßte ihn begeistert: »Mensch Robert, du siehst fabelhaft aus! Wo warst du denn schon wieder?«

»Bill, ich war vierzehn Tage in Tirol – Snowboarding! Das war wirklich wunderschön.«

»Du bist ja verrückt! Haben die Leute nicht komisch geguckt, als du alter Greis die Piste runtergebrettert bist?«

»Nein, Bill, gar nicht. Also, beim Snowboarden nicht, nur beim Sonnenbaden auf dem Gletscher. Da kamen zwei junge Frauen aus Münster. Als die mich mit meinem freien Oberkörper gesehen haben, dachten die sofort, sie hätten einen Ötzi gefunden.«

»Oh Mann, die werden Augen gemacht haben!«

»Ja, Bill, aber erst so richtig, als der Ötzi aufstand und sie fragte, wo es hier zum Après-Ski geht. Mann, haben wir gefeiert!«

Und dann fing Robert auch noch an singen: »Es war so schön, es war so toll, mit Britt und Gabi in Tirol!« Robert ist wirklich ein Phänomen, dabei ist er auch noch herzkrank. Er zieht sein Nitrospray schneller als sein Schatten. Links das Spray, rechts die Kugel. Und dann wird geboult!

Ganz anders ist dagegen mein Boulebruder Friedhelm. Dr. Friedhelm Simon, vierundsiebzig Jahre alt, ehemaliger Buchhalter aus Lübeck, ein sehr netter, sympathischer Mann. Sein Problem ist: Er ist extrem ängstlich und misstrauisch. Er hat eine Vollkasko-Mentalität, sein Versicherungsvertreter müsste inzwischen Millionär sein. Friedhelm hat seine Zehen gegen fallende Boulekugeln versichern lassen. Zur Sicherheit trägt er beim Boulen aber auch noch Sicherheitsschuhe mit Stahlkappen. Friedhelm lebt in einem großen Haus in Röttgen. Nein, eigentlich ist das kein Haus, das ist eine Festung! Friedhelm hat ständig Angst, ausgeraubt zu werden, und daher das Haus mit allem ausgestattet, was der internationale Sicherheitsmarkt zu bieten hat. Eher kommt man als Terrorist in die USA als als Freund in Roberts Haus. Wenn man ihn um 20 Uhr besuchen möchte, sollte man mindestens eine Stunde vorher dort sein. Sobald man einen Fuß auf sein Grundstück gesetzt hat, geht auch schon die gigantische Flutlichtanlage in Betrieb. Seine Auffahrt ist dann in gleißend helles Licht getaucht. Ich denke bei jedem Besuch: So wird es also, wenn ich dereinst ins Licht gehe. Mit zugekniffenen Augenliedern taste ich mir den Weg bis zur Haustür und betätige den versteckt angebrachten Knopf der Türklingel. Kurz darauf höre ich Friedhelm hinter der Tür, sehen kann ich allerdings nur eines seiner Augen – im Türspion. Friedhelm liebt Türspione! In jeder Tür seines Hauses ist ein Türspion angebracht, sogar in der Glastür zur Terrasse. Ich glaube manchmal, Friedhelm hat sogar einen Adventskalender mit 24 Türspionen. Nach zehn Sekunden höre ich eine leise, verängstigte Stimme: »Jaaa? Wer ist denn da?«

»Friedhelm, ich bin's. Mach auf!«

»Wer ist denn *ich*?«

»Na, wer wohl? Bill natürlich! Mensch, du siehst mich doch durch deinen blöden Türspion!«

»Das kann alles Maske sein! Wann habe ich denn Geburtstag?«

Langsam reicht es mir. »Hast du deinen Geburtstag vergessen?«

»Nein, das ist ein Test. Bill wüsste, wann ich Geburtstag habe.«

»Ich *bin* Bill!«

Das Auge tastete nochmals meinen gesamten Körper ab. »Mein Geburtstag?«

»24. … nein, 25. April!«

»Und wie ist mein Spitzname?«

»Oh, du machst mich wahnsinnig!«

»Das ist falsch! Noch zwei Versuche.«

»Jetzt mach endlich auf, du armseliger, paranoider alter Greis!«

»Na, geht doch!« Friedhelm öffnet die Tür.

»Grüß dich, Bill, schön dich zu sehen. Und dann so pünktlich, es ist genau 20 Uhr! Habe ich dir schon meine neue Alarmanlage gezeigt? Ein Traum! Nicht ganz billig, deswegen habe ich sie zur Sicherheit gegen Diebstahl versichert. Komm, wir gehen erst ins Wohnzimmer.«

TRÖÖÖT! TRÖÖÖT! TRÖÖÖT! TRÖÖÖT!

Friedhelm ist begeistert: »Das ist ein Sound, was? *Was?*«

Prima! Auf der Einfahrt wird man geblendet, jetzt bin auch noch halbtaub. Aber wie gesagt: Der Friedhelm ist ein feiner Kerl, bis auf …

TRÖÖÖT! TRÖÖÖT! TRÖÖÖT! TRÖÖÖT!

Ähnliche Geräusche macht nur mein Boulekollege Edgar Hahn. Er ist sechsundsiebzig Jahre alt und der einzige Raucher unserer Truppe. Er nimmt seine Aufgabe sehr ernst und raucht für uns alle mit. Er raucht, als ob er dafür bezahlt würde. Gegen ihn ist Helmut Schmidt ein Gelegenheitspaffer. Jede Zigarette soll ja angeblich das Leben um acht Minuten verkürzen. Wenn die Theorie stimmt, müsste Edgar schon seit vierzig Jahren unter der Erde liegen. Er war lange Zeit der Leiter des Gesundheitsamtes in Bonn. Er passte da ungefähr so gut rein wie ein Vegetarier in eine Metzgerei. Es nicht so, als wenn die Raucherei bei Edgar keine Spuren hinterlassen hätte. Junge, Junge, die Lunge. Ein typisches Gespräch mit Edgar verläuft in etwa so:

»Sa … CHUAAR … Sagt mal!«, setzte Edgar neulich an. Wir anderen hören durch die dicken Rauchschwaden nur seine Stimme. »Ha … CHUUUAAARRR-CHUUUAA-ARRR … ges … ÄÄÄÄ-CHAAAAAAA-KRRRRRRRRR-RRR … ge … CHUUUAAARRR … en?«

»Natürlich!«, antworte ich.

»Die Münsteraner sind und bleiben einfach die Besten!«, ergänzt Friedhelm.

Zur Erklärung: »Ha … CHUUUAAARRR-CHUUUAA-ARRR … ges … ÄÄÄÄ-CHAAAAAAA-KRRRRRRRRR-RRR … ge … CHUUUAAARRR … en?« heißt übersetzt in menschliche Sprache: »Habt Ihr gestern den ›Tatort‹ gesehen?« Für Außenstehende ist das schwierig, aber wir verstehen Edgar inzwischen ganz gut.

Vor einigen Jahren musste Edgar seine Wohnung aufgeben. Er kam mit seinen Raucherbeinen nur noch schwer bis in den dritten Stock hoch. Die Suche nach einer Wohnung im Erdgeschoss erwies sich als sehr kompliziert. Ein Vermieter wies ihn mit den Worten ab: »Herr Hahn, es tut mir leid, aber wir vergeben nur Mietverträge mit mindestens zwei Jahren Laufzeit. Das halten Sie doch nie im Leben durch!«

Auch bei seinem Sohn »CHUARR-HÄÄÄRRG«, ein überzeugter Nichtraucher, fand Edgar keine Bleibe. Sein Filius hatte kurz zuvor seine Familie durch einen Irischen Wolfshund komplettiert, und der beanspruchte vehement das letzte verbleibende Zimmer. Es gab keinen Ausweg: Edgar musste wohl oder übel ins Heim. Nach kurzer Suche fand er einen Platz in der Seniorenresidenz »Zum rauchenden Schlot«.

Als er zum letzten Mal in den Briefkasten seiner Wohnung schaute, fand er einen bunten Werbezettel: »Auf eigenem Balkon durch das Mittelmeer – für nur 55 Euro am Tag!«

Es ratterte in Edgars Kopf. Klar, das war es! 55 Euro am Tag, macht 1500 Euro im Monat. Der Pflegeplatz im Heim kostet 200 Euro am Tag, also locker 6000 Euro im Monat. Was will ich? Ein Klappbett in einer Besenkammer oder Sonne, Meer und hübsche Mädels? Haferbrei oder Captain's-Dinner? Volksmusik im Fernsehraum oder Disco bis tief in die Nacht?

Eine Woche später war er tatsächlich an Bord seines Traumschiffes, und seitdem schippert er fröhlich über das Mittelmeer – und spart dabei auch noch jeden Monat 4500 Euro. Nach Abzug der Zigaretten bleiben immer noch fast 2000 Euro Taschengeld. Und das Geld trägt er regelmäßig ins Spielcasino. Edgar, der Schmöker im Smoking! Das Schiff, mit dem er gerade unterwegs ist, kann man schon von weitem sehr gut erkennen: Es hat drei Schornsteine, aber vier Rauchfahnen. Er kommt aber immer noch regelmäßig an Land, um mit uns Boule zu spielen.

Der letzte im Boulebunde ist Beppo Sterzenbach. Er ist vierundachtzig Jahre alt, seit sechzig Jahren verheiratet und ein echter, bayrischer Grantler. Beppo ist nur glücklich, wenn er unglücklich ist. Das wäre ja nicht weiter schlimm, aber er liebt es, anderen Menschen das Leben schwerzumachen. Seine Nachbarn sind inzwischen allesamt vorbestraft. Beppo hat sie alle verklagt und kennt keine Gnade: Zur falschen Uhrzeit Rasen gemäht, Autowaschen am Sonntag, den Gehweg erst nach sechs Uhr morgens vom Schnee befreit – Beppo kennt jeden Paragraphen auswendig. Die Nachbarn atmen befreit auf, wenn Beppo in den Urlaub fährt. Doch auch im Urlaub hört er nicht auf. Neulich hat er in der Bibliothek in Endenich einen Dia-Vortrag gehalten: »Die schönsten Reisemängel aus dreißig Jahren.«

Beppo, Friedhelm, Edgar und Robert – Hans und ich. Eine herrliche Truppe. Jeder hat eine echte Macke. Was die anderen wohl über mich reden? Ich möchte es gar nicht wissen …

Bei einem sind wir uns allerdings sehr einig: Boule ist verdammt nochmal *nicht* lustig! Natürlich ist und bleibt Boule einfach nur ein Spiel, aber nicht, wenn alte Knacker zur Höchstform auflaufen. Da wird jeder Wurf ausdiskutiert. Robert ist darin ganz groß: »Bill, wenn du nicht werfen kannst, warum fängst du dann an?«

»Ich kann werfen! Aber der Boden ist da vorne, wo das Schweinchen liegt, hart wie Granit, obwohl es gestern zwanzig Liter geregnet hat!«

Da schaltet sich Friedhelm ein: »Zweiundzwanzig Liter, Bill, es waren genau zweiundzwanzig Liter. Pro Quadratmeter, versteht sich!«

Robert lässt sich nicht ablenken. Er ist nicht mehr der beste Werfer, aber fehlende Seh- und Wurfkraft macht er locker durch seine Erfahrung wett. »Bill, wenn du jetzt legen willst, musst du sanft werfen, sonst springt dir die Kugel weg wie ein Gummiball.«

Ich lege den nächsten Wurf sanft an. Die Stahlkugel verlässt meine Hand wie ein Schmetterling auf Brautschau und – *matsch* – bleibt in der einzigen, richtig sumpfigen Stelle des Platzes liegen. Ein Trauerspiel.

»CHUARRR-ÄRRRCCHHHT-CHUAAAAAARRR!«

»Nein, die Stelle habe ich *nicht* gesehen!«, antworte ich Edgar.

»Da muss die Stadt doch streuen oder sonst was unternehmen. Da kann man übel ausrutschen, das zahlt keine Versicherung!«, merkt der besorgte Friedhelm an.

Robert wird hingegen richtig ungehalten: »Sooo sanft auch wieder nicht! Die Kugel ist ja geflogen wie eine besoffene Motte. Mann! Mann! Mann!«

Edgar ist dran. Hochkonzentriert geht er in die Hocke.

»Du siehst aus wie meine Frau beim Pinkeln«, kommentiert Beppo die Szene.

»CHUARR-CHUARR-CHUAÄAARRR!«

»So lustig ist das auch nicht!«, erwidert Beppo. »Du hast meine Frau noch nicht dabei gesehen.«

Edgar benutzt eine andere Technik als ich. Er wirft die Kugel im hohen Bogen, sie prallt gegen den tief hängenden Ast des Baumes, der neben dem Bouleplatz steht, und – *matsch* – bleibt direkt neben meiner Kugel liegen.

Was jetzt passiert, kann ich nur in Wortfetzen wiedergeben:

»Bills Kugel ist näher dran … Nein, Edgars. Das sieht doch jedes Kind. Wann warst zu denn das letzte Mal beim Augenarzt? … CHUARRR! … Nicht mit der Schnur messen, das ist viel zu ungenau … Vorsicht mit deinen Sicherheitsschuhen, du trittst die Kugeln ja in den Matsch! … 1998 habe ich mit einem Wurf drei gegnerische Kugeln weggeschossen, in Paderborn! … CHUARR-ÄÄRRRRCHT! … Dann eben in Bielefeld … Bill ist näher dran … Na gut, dann eben Edgar. Eh egal, Beppo hat die letzte Kugel … Wer hat den Wein? …«

Herrlich! Darum liebe ich dieses Spiel! Man braucht nicht mehr als einen einigermaßen ebenen Platz im Park, schöne Stahlkugeln und ein paar gute Freunde. Das ist ein Sport nach meinem Geschmack. Ach so: Der Geschmack kommt auch nicht zu kurz, denn das wichtigste Utensil einer gut ausgerüsteten Bouletasche ist, neben Kugeln,

Lappen und Maßband – das eigene Rotweinglas. Ein bisschen Doping hat jede Sportart.

Nachdem der edle Tropfen die Gemüter beruhigt hat, warten alle gebannt auf den entscheidenden Wurf von Beppo. Er ist ein Boule-Tier, der Schießer, der Vollstrecker. Er motiviert sich vor den Würfen immer selbst: »Euch zeig ich's! Ihr saudepperten Kommunisten!«

Beppo kann in seiner bayrischen Pranke die Kugel ganz verschwinden lassen. Er geht in die Hocke und holt weit aus. Genau im passenden Moment verlässt die Kugel in einem Affenzahn seine Monstergriffel, trifft genau zwischen die verdreckten Kugeln von Edgar und mir, unsere Kugeln werden durch die Wucht des Aufpralls nach links und rechts geschleudert, und – *matsch* – Beppos Kugel bleibt allein im Sumpf zurück. Meine Kugel rollt im Zeitlupentempo weiter und bleibt direkt vor dem Schweinchen liegen. Ich habe durch Zufall den Sieg eingefahren.

In solchen Momenten sage ich immer: »Geschenke werden dankend angenommen.« Man muss nicht immer der Beste sein. Manchmal erledigen das auch gute Freunde für dich.

# 16.
## Seniorenworld of Warcraft

Neulich war ich krank. Grippe. Mit Fieber und allem Pipapo. Ich nutze solche Gelegenheiten, um mich von meiner Frau richtig schön pflegen zu lassen. Hilflos im Bett liegend röchele ich wie »Der englische Patient«, und Oberschwester Margie tätschelt und verhätschelt mich, liest mir jeden Wunsch – es könnte schließlich mein letzter sein! – von den trockenen, schwachen Lippen ab. Zumindest die ersten sieben Tage. Dann merkt sie, dass es mir langsam besser geht. Meine Frau ist gutmütig, aber nicht doof. Ich wiederum habe mich zu diesem Zeitpunkt längst daran gewöhnt, mit Frühstück am Bett, Vorlesen der Zeitung und alle zwei Stunden einmal Drehen, damit ich mich nicht wundliege, rundum verwöhnt zu werden. Ich presse dann, wenn meine Frau gerade nicht im Raum ist, konzentriert das Gesicht zusammen, um nach innen hinein meinem Körper Anweisung zu geben: »Kommt, Jungs, lasst den Grippeviren wieder freie Bahn.« Mein Immunsystem kapiert prompt: »Ah, Befehl von oben. Bill will weiter ausspannen!«, und legt unverzüglich die Waffen nieder. Das funktioniert noch zwei, drei weitere Tage. Dann ist die Genesung leider nicht mehr künstlich aufzuhalten. Und der Zeitpunkt nicht weit, an dem meine Frau – meist, wenn ich sie gerade wieder um Rührei mit Speck gebeten habe, mit einem Hauch Bio-Petersilie – vor meinem Bett stehen bleibt und mich kritisch mustert: »Bill Mockridge. Ich glaube, es geht dir wieder besser.«

»Wa … – CHUARR-CHUARR-CHUARR – was?« Ich huste demonstrativ. »Ich kann dich so schlecht hören, ich bin so schwach … so unendlich schwach. Und alles verschwimmt vor meinen Aug …«

Meine Frau zieht mir die Bettdecke weg. »Steh auf, Bill!«

Sie verlässt das Schlafzimmer. Frierend wie ein neugeborenes Baby, just dem warmen Mutterleib entrissen, wird mir klar: Das Rührei kann ich mir abschminken.

Wenig später sieht meine versammelte Familie ihr von den Toten auferstandenes Oberhaupt majestätisch die Treppe herabschreiten. Gut, nicht ganz so majestätisch, denn ich trage noch meinen Schlafanzug. Um bereits wieder normale Kleidung überzustreifen, fühle ich mich noch nicht bereit. Ich bin immer noch nicht ganz fit. Und vor allem: Mir ist langweilig. Und das lass ich meine Familie spüren.

»Jetzt steh mir nicht ständig im Weg …«, schiebt mich meine hektisch in der Küche hantierende Frau weg, die längst wieder Wichtigeres zu tun hat, als sich um mich zu kümmern. Das schmerzt.

»Mir ist langweilig!«, quengele ich wie ein kleiner Junge. Wenn ich im Laufe der Jahre *irgendetwas* mit sechs Söhnen gelernt habe, dann das.

»Dann mach halt was Sinnvolles!« Meine Frau ist genervt von mir. »Schreib neue Texte für dein komisches Seniorenbuch, was weiß ich …«

»Was soll ich ausgerechnet *heute* schreiben?«, entgegne ich. »Oder willst du etwa, dass meine Leser erfahren, wie du deinen todkranken Ehemann einfach kaltherzig seinem Schicksal überlässt?«

»Komm, Dad, ich hab was, das lenkt dich ab …«

Das war jetzt mein Sohn Liam. Ich schaue ihn fragend an.

»Was denn?«

»Komm mit!«

Ich folge Liam. Wo will der mit mir hin? Erst vermute ich, es gehe in sein Zimmer, doch stattdessen führt er mich in mein Büro. Er zeigt auf meinen Stuhl.

»Setz dich.«

Brav nehme ich Platz.

»Was hast du vor?«

Mein Sohn schaltet den Computer an. Während der Rechner hochfährt, lächelt mich Liam seltsam an. Da ich einen sehr altersschwachen Computer besitze und das Hochfahren dementsprechend lange dauert, hält dieses seltsame Lächeln unangenehm lange an. So ein Lächeln kenne ich von meinem Sohn Liam eigentlich gar nicht. Irgendetwas in dem, wie er die Mundwinkel hochzieht, wie seine Augen leuchten, ist anders als sonst. Irgendwie … verschlagener. Ja, fast schon diabolisch. Ich weiß nicht warum, aber mir läuft ein kleiner Schauer über den Rücken.

Als der Computer endlich startbereit ist, klickt Liam auf meinen Internetbrowser. »Ich installier dir World of Warcraft!«

Mein Sohn lädt das Spiel herunter und installiert es. Der Monitor wird dunkel, dann erscheint das »WORLD OF WARCRAFT«-Logo. Aus den Boxen an meinem Computer ertönt eine orchestrale Kampfmelodie. Mit todernstem Blick macht mein Sohn eine geheimnisvolle Geste mit den Händen: »Willkommen in … Azeroth!«

»Bitte wo?« Ich schaue mich verwirrt in meinem Büro um. »Ich denk, ich bin zu Hause in Bonn.«

»Azeroth ist die Welt von World of Warcraft«, erklärt mir Liam. »Für wen willst du spielen – Allianz oder Horde?«

»Was?«

»Allianz oder Horde?«

Ich merke, wie mein Sohn ungeduldig mit mir wird.

»Ich … ich weiß nicht …« Ich bin völlig überfordert.

»Ich hatte bei der Allianz mal ’ne Rechtsschutzversicherung …«

»Mann, Dad!« Mein Sohn verdreht so stark die Augen, dass seine Pupillen kurz verschwinden. »Wir nehmen Horde, das macht mehr Spaß!«

Liam klickt auf meiner Maus herum.

»Was willst du sein: Ork, Taure, Untoter, Troll oder Blutelfe?«

Hä? Was muss man denn da alles wählen, bevor es losgeht? Das war ja schlimmer, als sich bei »Subways« ein Sandwich zu bestellen.

»Hä? Liam, ich … ich hab wirklich keine Ahnung. Such *du* einfach was für mich aus, okay?«

Liam mustert mich eine kurze Sekunde.

»Untoter.«

Mittelschwer erniedrigt schaue ich zu, wie mein Sohn mir meinen Spielcharakter einrichtet. Ab sofort bin ich nicht mehr Bill Mockridge aus Bonn. Ich bin »Mockster66«, seines Zeichens Untoter aus Leidenschaft, in Azeroth.

»Und was muss ich jetzt machen?«

»Erst mal ein paar Quests lösen.«

»Was für Dinger?«

»Quests. Um Erfahrungspunkte zu sammeln.«

»Mein lieber Liam: Ich bin über sechzig. Ich hab Erfahrung genug.«

»Nicht in Azeroth!«, korrigiert mich Liam. »Da bin *ich* über sechzig. Über *Stufe* sechzig, genauer gesagt, mit meinem Magier. *Du* bist gerade mal Stufe eins.«

So was muss man sich also vom eigenen Sohn sagen lassen.

»Ach nee …«, entgegne ich. »Und wie werd ich so erfahren wie du, mein Sohn? Verrätst du mir das Geheimnis deiner unendlichen Weisheit?«

»Guck zu, Dad! Schaue und lerne!«

Mein Sohn zeigt mir eine gute Viertelstunde, wie man sich in der Welt von Azeroth bewegt. Quests annimmt, Feinde erschlägt, Items sammelt. Ich versuche, aufrichtig zu lernen, frage mich innerlich aber die ganze Zeit, wie viel *echtes* Wissen mein Sohn wohl dadurch versäumt hat, dass er statt Hausaufgaben zu machen lieber seine Magier-Kampfkunst geschult hat.

»So, jetzt kommst du allein klar.« Liam schiebt mir Maus und Tastatur rüber. »Ich geh rüber zu Axel. Wir wollen noch die neue Skate-Rampe ausprobieren.«

Damit lässt mich mein Sohn allein.

»Liam!«, rufe ich ihm noch hinterher. »Liam, du kannst mich hier doch nicht …«

Zu spät. Ich sitze jetzt ganz allein vor dem Computer und steuere meinen Untoten mit der Warcraft der zwei Herzen durch Azeroth. Wie zum Geier ging das gleich noch mal? Ich versuche, mich an das zu erinnern, was Liam mir gezeigt hat, und schlage planlos auf meiner Tastatur und Maus herum, um ein komisches Vieh zu erlegen, das mich plötzlich angreift. Ich habe keine Chance. Mit jedem Schlag raubt es mir mehr Lebensenergie, doch ich bin zu blöd zum Zurückschlagen. Langsam werde ich panisch. Wo ist mein Herz-Nitrospray? Doch dann:

ZACK!!! ZACK!!! ZACK!!!

Drei gezielte Schläge strecken meinen Angreifer nieder. Nur: *Ich* war das nicht. Nein, ich wurde gerettet. Ein giftgrüner Ork mit Wikingerhelm und überdimensionaler Streitaxt ist mir in letzter Sekunde zu Hilfe geeilt. Ich atme erleichtert durch: Der »Mockster66« ist noch am Leben!

Während mein fieser Angreifer jetzt leblos am Boden liegt, sogar ein paar Goldmünzen als Belohnung freigibt, poppt eine Textnachricht von meinem Retter auf:

»Bill? Bist *du* das?«

Ich schaue verdutzt auf den Spielnamen des neben mir

stehenden Orks: »Bread-Eater70«. Ich werd bekloppt. Das konnte nur mein alter Freund Robert Brotesser sein!

Ich tippe, so schnell es mir meine Zweifinger-Suchmethode erlaubt: »Robert? Du hier?«

Seine Antwort folgt prompt: »Ja Bill, ich bin's. Mein Enkel hat mir WoW installiert. Bin heute schon wieder zehn Stunden dabei, suche das Schwert von Azeroth … Gleich zum Bouleplatz? Brauche eine kleine Pause.«

Da war ich natürlich sofort Feuer und Flamme. »Ja, wo ist der? Hinter den Bergen da vorne?«

Robert schrieb zurück: »Zum *echten* Bouleplatz, Bill. Bei uns in Bonn!«

Ach so.

»Ja, gerne. Bin in dreißig Minuten da. Bis gleich!«

Bevor ich mich auslogge, sehe ich noch Roberts letzte Nachricht: »Bis gleich! Ich bring die scharfe Nachtelfe von gegenüber mit, hab ich im Wald von Elwynn kennengelernt!«

»Wo willst du hin?«, fragt mich wenige Minuten später meine Frau. Inzwischen habe mich aus meinem Schlafanzug rausgepellt und ordnungsgemäß angezogen.

»Zum Bouleplatz«, antworte ich wahrheitsgemäß.

»Ach, sieh mal einer an!«, kostet meine Margie die Situation voll aus. »Eben noch schwerkrank, der Herr, aber kaum geht's zum Spaßhaben, ist er wieder topfit.«

Das konnte ich natürlich nicht auf mir sitzenlassen. Ich nehme meine Frau in den Arm, blicke sie ernst an. »Margie, … Margie Liebling! Das ist kein Spaß. Das ist ein Quest!«

Ich pfeife meiner Frau leise die »World of Warcraft«-Melodie ins Gesicht. Dann schnappe ich mir meine gefährlichste Waffe, den Boule-Koffer, und mache mich auf zu den dunklen Parkwäldern von Endenich.

Ich will Abenteuer.

# 17.
## Drugstore Cowboy

Lassen Sich mich Ihnen eine philosophische Frage stellen: Was ist für Sie »zu Hause«? Ist zu Hause ein Ort – oder doch eher ein Gefühl?

Ja, da kommt man plötzlich ins Grübeln, dass es einem aus den Ohren qualmt, was? Für mich persönlich ist zu Hause dort, wo man auf mich wartet. Wo ich willkommen bin, man mich versteht und bedingungslos so annimmt, wie ich bin. *Das* ist zu Hause. Klar, dass dies nur an einem einzigen Ort sein kann: bei meiner Familie. Meiner geliebten Familie in den weißen Kitteln. Zu Hause ist in der »Burg«.

»Wow!«, staunen Sie jetzt zu Recht. »Der Mockridge hat's echt geschafft, Respekt! Spielt am altehrwürdigen Burg-Theater in Wien!« Fast richtig. Zwar spiele ich wirklich in der »Burg«, und dies sogar nahezu täglich. Allerdings ausschließlich Molières »Der eingebildete Kranke«. Und der, der dafür bezahlt, bin *ich*. Ich rede von meiner geliebten Burg-Apotheke.

Die Burg ist seit vielen Jahren meine Stammapotheke. Ich habe natürlich auch noch andere. Wie ein alter dicker Braunbär in freier Wildbahn pflegt der Senior mehrere Pillenvorratshöhlen, falls eine von ihnen versperrt ist. Das ist wichtig, denn in der Burg ist zu Stoßzeiten viel los. Gerade um die Mittagszeit hustet und schnieft dort eine solch lange Schlange hochinfektiöser Kunden, dass es nicht mehr feierlich ist. Bevor ich dann ewig und drei Tage anstehe, gehe ich lieber zwischendurch fremd in der Schumann-Apotheke – die ist nur eine Straße weiter. Zwar etwas kleiner, doch auch dort behandelt man mich vorbildlich. Kein Wunder, schließlich bezirzen mich die Schumännerinnen mit allen Mitteln der Verführungskunst. Mit dem Ziel, dass ich der Burg endlich den schmerzenden Rücken kehre und stattdessen *sie* zu meiner neuen Stammapotheke küre. Und ganz ehrlich: Wer kann es ihnen verübeln? Sie wissen halt, wo ein kaufkräftiger alter Knacker wie ich sein Geld lässt. Ich bringe mindestens zehn Apothekerkinder durchs Studium. Die Schumännerinnen versuchen deshalb, mich mit teuren Bestechungsgeschenken wie extra viel Taschentüchern und Hustenbonbons abzuwerben. Es ist schlimmer als jeder Schmiergeldskandal in Politik und Wirtschaft.

»Herr Mockridge, ich pack Ihnen mal noch eine Probe von unserem neuen Senioren-Poliershampoo für extra dünnes Haar dazu, da kann sich Ihre Frau auf Ihrem Adonis-Schädel spiegeln. Ach, wissen Sie was? Ich leg *zwei* dazu! Hier, die neuen Vitamine ab sechzig kriegen Sie *auch* noch! Aber nur, weil *Sie* es sind! Sie wissen ja, wie wichtig Sie uns als Kunde sind – wir alle hier wollen schließlich, dass es Ihnen gutgeht. Vielleicht entschließen Sie sich ja doch irgendwann, mal *ganz* zu uns zu wechseln … Herr Mockridge, Sie wissen: Wir haben *immer* ein offenes Arzneilager für Ihre Sorgen und Probleme!«

Jedes Mal geht das so. Etwas genervt, doch auch geschmeichelt nehme ich all die Geschenkproben gerne an – wirklich wechseln zur Schumann-Apotheke würde ich trotzdem nie. Das liegt nicht zuletzt am ultimativen Trumpfass der Burg: Sie ist ihres Zeichens eine waschechte 24-Stunden-Apotheke. Für mich als Senior der absolute Jackpot. Wie oft schon leuchtete mir mitten in der Nacht, wenn der Ischias wieder aufschrie, ihr hellrot strahlendes »A« den Weg? Wie die heiligen drei Könige dem Stern von Bethlehem folge ich fast magisch dem Leuchten – im Gegensatz zu denen will ich allerdings nichts bringen, sondern was abholen: schmerzstillende Salbe, Aspirin, vielleicht noch die aktuelle Ausgabe der »Apotheken-Umschau« zur Ablenkung. All dies kriege ich in der Burg: wenn es sein muss, auch nachts um halb drei. So definiere ich Luxus. Zwar schläft die pharmazeutisch-technische Angestellte, die für den Nachtdienst eingeteilt ist, mit ihren tiefen Augenringen hinterm Tresen manchmal fast ein, aber dann halte ich sie einfach mit meinen zahlreichen Wünschen so lange auf Trab, bis sie wieder fit ist. Manchmal treffe ich nachts in der Burg sogar einen oder zwei meiner Boulefreunde – den Friedhelm oder den Edgar zum Beispiel. Dann stoßen wir erst mal mit einer Verschlusskappe »Doppelherz« oder »Wick MediNait« an und plaudern ein bisschen.

Sie merken schon: Im Grunde ist die Burg für uns so eine Art Stammkneipe mit dem härteren Stoff. Wobei das in meiner Apotheke noch viel weiter geht: Neulich (tagsüber) beobachtete ich, wie ein älteres Paar hereinkam. Beide schon so um die achtzig, nicht mehr ganz taufrisch also – umso frischer jedoch ihre Liebe. Man merkte sofort, und zwar schon allein daran, wie sie sich anschauten: die haben Motten im Bauch!

»Kann ich Ihnen helfen?«, fragte die Apotheken-Angestellte mit einem freundlich gewinnenden Lächeln wie der Chef persönlich.

Schweren Herzens lösten die beiden ihren verliebten Blick. Die Frau schlurfte zur Theke. »Ja, Herr, äh … Herr Schulz, eine Frage: Haben Sie diese neuen Blutdruckmessgeräte? Die mit Memomatic für schnelles Aufpumpen und Spektrum-Analyse-Display?«

Chef Schulz wusste sofort Bescheid. »Der Blood-O-Mat-3000? Ja, natürlich, den haben wir da.«

»Ah, schön, … schön!« Die Augen der frisch verliebten

Kundin leuchteten noch glücklicher als sowieso schon. »Und … und haben Sie auch diese niedlichen kleinen Toilettensitzerhöhungen? Die mit den verstellbaren Armlehnen?«

Der kompetente Apotheker im weißen Kittel nickte. »Haben wir auch da.«

»Schön, … sehr schön!« Die ältere Dame war begeistert. »Und diese praktischen ausziehbaren Zehenzwischenreiniger, die man von oben durch die Zehen führen kann?«

»Haben wir da.«

»Diese extra großen Schnabeltassen? Wo 0,5 Liter reinpassen?«

»Auch da.«

»Diese Thermo-Sitzkissen mit zuschaltbarer Heizfunktion?«

»Haben wir alles da!«

Da drehte sich die Kundin nur noch zu ihrem Freund um, strahlte ihn an: »Du Schatz, das ist *genau* der richtige Laden für unsere Hochzeitsliste!«

Das ist sie – meine geliebte Burg. Mein natürlicher Lebensraum. Mein heimlicher Erstwohnsitz. Mein Zuhause. Übrigens: Mein Freund Edgar hat läuten gehört, dass die Schumann-Apotheke jetzt auch einen 24-Stunden-Service aufziehen will. Extra für mich. Die lassen einfach nicht locker. Putzig. Vielleicht schau ich mir das mal an, wenn ich von der Hochzeit zurückkomme, zu der mich das ältere Paar spontan eingeladen hat. Wie alle anderen Anwesenden in meiner Stammapotheke auch. So was gibt es dann halt doch nur in der Burg.

Und jetzt entschuldigen Sie mich bitte: Es ist 3:50 Uhr in der Nacht – ich hab heute sehr lange geschrieben. Höchste Zeit, den Computer herunterzufahren. Ich muss los. Um 4:00 Uhr beginnt die »Happy Hour«!

Sie wissen schon, wo.

# 18.

## Das »Mensch, du siehst aber gut aus, Alter!«-Alter

Preisfrage: Wenn Sie in der Bäckerei Wielpütz in Bonn-Endenich die Dame hinterm Tresen mit freundlicher Stimme fragen hören: »Was kann ich für Sie tun, junger Mann?« Wen wird sie damit wohl meinen?

A: Bill Kaulitz (22)

oder

B: Bill Mockridge (64)?

Abgesehen davon, dass Tokio-Hotel-Bill einen anderen Stammbäcker hat als ich (zum Glück, denn ich hab morgens beim Brötchenkauf keinen Nerv auf kreischende Teenies): Die meint tatsächlich *mich*. »Junger Mann«! Was soll denn das? Gut, das mit dem »Mann« stimmt, soweit ich das beurteilen kann, auch wenn ich in Biologie nie sonderlich aufgepasst habe. Aber was hat es auf sich mit dieser alterstechnisch äußerst fragwürdigen Spezifizierung »*junger* Mann«? Ist das Schmeichelei? Oder doch eher Gehässigkeit? Ich muss dann immer an meinen alten Freund Jeff aus Kindertagen denken: Der fing mit sechs Jahren im Garten eine dicke, schleimige Schnecke, die er sich fortan in einem Einmachglas hielt. Er taufte sie »Speedy«.

Ich fürchte, bei meiner Bäckereiverkäuferin greift in Sachen Namensgebung genau dieselbe Logik. Was mal wieder zeigt: Das mit dem Alter ist so eine Sache. Ich habe am eigenen Leib erfahren, dass wir im Laufe des Lebens drei Altersphasen durchlaufen: Da ist zunächst die Jugend. Schöne Zeit, wilde Zeit. Doch irgendwann sagt auch der Letzte ihr unweigerlich »Servus, pfüati Gott und auf Wiedersehen«.

Dann kommt das Mittelalter – das Alter, in dem sich das Leben in der Mitte zeigt. Natürlich auch bei mir. Sollten Sie zufällig mal meine Füße treffen, grüßen Sie sie recht herzlich von mir, denn wir haben uns sehr lange nicht mehr gesehen.

Doch die absolute Krönung, das mit Abstand Perfideste kommt zum Schluss: Das »Mensch, du siehst aber gut aus, Alter!«-Alter.

Es ist eine Schweinerei. Eine bodenlose Frechheit. Wie kommt irgendjemand dazu, mir zu sagen, dass ich *gut* aussehe? Mit Mitte zwanzig hat das *kein* Mensch artikuliert. Mit Mitte dreißig auch nicht. Selbst mit Mitte vierzig noch nicht. Warum auch? Es gab ja keinen Grund: Ich *sah* gut aus! Mein Gesicht glatt wie ein Babypopo, mein Popo süß wie ein Babygesicht – da bedurfte es keinerlei aufbauender, bestätigender Worte.

Heute ist das anders. Jetzt höre ich plötzlich an jedem Tag, zu jeder Stunde, in jedem Moment: »Oh, Bill, *du* siehst aber gut aus!« Menschen, die jünger sind als ich, wollen mir mit diesem Satz Gutes tun. Sie meinen tatsächlich, mich damit aufzumuntern: Auch mit einem Bein im Grab kann man mit dem anderen noch tanzen. Ja, so sehen mich diese Jungspunde! Ich selbst habe ja gar kein Problem damit, im Gegenteil: Mir geht es prima. An den meisten Tagen fühle mich saugut. Hätte eigentlich gar keinen Grund, über mein Alter nachzudenken. Wenn, ja *wenn* ich nicht ständig immer wieder denselben schrecklichen Satz hören müsste!

»Oh, Bill, *du* siehst aber gut aus!«

Je mehr Adjektive dazu kommen, desto schlimmer ist es. »Oh, Bill, *du* siehst aber gut aus!« ist nämlich nur die Standardausführung, die im Vergleich fast noch harmlose Economy-Version. Die Intensität der Komplimente und das heimliche Entsetzen über meinen körperlichen Verfall steigen linear an. Mitunter strampelt sich mein Gegenüber so sehr ab, dass ihm am Ende die Schweißperlen auf der Stirn stehen: »Oh, Bill, *du* siehst aber gut, super, phantastisch, sagenhaft aus – großartig, sensationell, also wirklich, ein absoluter Traum, wunderbar … EEEEEEIN-MAL-IG!«

Wenn ich *das* zu hören kriege, weiß ich genau: Der hält dich längst für scheintot. Und mich kann das leicht verunsichern. Das macht eine sensible Künstlerseele einfach nervös! Ganz ehrlich: Ich würde mich weit wohler und entspannter fühlen, wenn Bekannte auf der Straße mit ausgestreckten Armen herzlich auf mich zukämen: »Oh, Bill, *du* siehst aber kacke aus! Verschrumpelt, tattrig, senil, kraft- und saftlos, richtig zombiemäßig … EEEEEEIN-MAL-IG!«

Da wäre ich weit entspannter. Aber nein, stattdessen: »Oh, Bill, *du* siehst aber gut aus!« Ich kann es nicht mehr hören. Ich könnte vor einen 40-Tonnen-LKW laufen, danach komplett vom kleinen Zeh bis zur letzten Haarspitze eingegipst im Krankenhaus liegen, und meine Freunde ständen vor dem Bett: »Mensch Bill, so gut wie heute hast du lange nicht ausgesehen! Treibst du wieder mehr Sport?«

Sie sehen: Widerstand ist zwecklos. Lassen Sie die Komplimente laufen. So wie ich jeden Morgen bei meiner Lieblingsverkäuferin in der Bäckerei Wielpütz.

Bis vor ein paar Wochen.

»Was kann ich für Sie tun, junger Mann?«

»Fünf Weltmeister-Brötchen, drei Croissants, drei normale«, antwortete ich ihr. »Und fünf Milchbrötchen mit viel Calcium – ich bin ja noch im Wachstum … Haben Sie auch die aktuelle ›BRAVO‹ für mich? Und was *ganz* toll wäre: Wenn Sie vielleicht drüben im EDEKA für mich ein Sixpack Bier kaufen könnten – diese Erwachsenen-Schweine wollen immer meinen Ausweis sehen …«

Seit diesem Tag ist das »junger Mann« in meiner Stammbäckerei Geschichte.

# 19.
## Senioren in der Mauser

Ich erinnere mich noch genau an den Tag, an dem ich mein erstes Haar verlor. Das war hart, das kann ich Ihnen aber flüstern. Nicht, dass es die erste Trennung meines Lebens gewesen wäre, im Gegenteil: Von meiner schlanken Figur hatte ich mich bereits einige Jahre zuvor unter Tränen, Geschrei und fliegenden Tellern verabschiedet. (Sie hatte einfach eines Tages einen Neuen, das untreue Luder – ausgerechnet Herrn Krämer von gegenüber, der mit strenger Diät fünfzehn Kilo abgespeckt hatte. Das Schwein!) Doch wie heißt es so schön: Die Zeit heilt alle Wunden – auch diese. Ich bin drüber weggekommen. Herr Krämer wurde von meiner Ex-Figur übrigens auch bald wieder verlassen – für Frau Friedrich eine Straße weiter, die sich im Fitnessstudio angemeldet hatte. Besser bi als nie. Ich kann heute drüber lachen. Aber dein erstes verlorenes Haar – darüber kommst du nicht so einfach weg.

Grau war mein Haupthaar schon länger. Das hatte ich akzeptiert, daran hatte ich mich gewöhnt. Mein Sohn Liam nannte mich gerne »Silver Surfer«, das ist irgend so ein seltsamer Superheld. Liam hat mir das mal ausführlich erklärt: Der Silver Surfer war ursprünglich ein männlicher Außerirdischer der humanoiden Rasse der Zenn-Lavianer, der auf dem Planeten Balla-Balla im Sockenschuss-System lebte. Oder so ähnlich, ich krieg das nicht mehr richtig zusammen. Und ich will Liam auch nicht extra fragen, sonst hält der mir wieder einen stundenlangen Vortrag über dieses ganze bekloppte Marvel-Comic-Universum. Gibt es eigentlich Superhelden über sechzig? Wird »Spiderman« auch mit zweiundneunzig, mit Gicht und grauem Star, noch die Wände der Wolkenkratzer hochkraxeln – oder sitzt er dann doch im Heim und erzählt der Schwester zum tausendsten Mal dieselben alten Geschichten?

»Wissen Sie, Schwester, ich hab ja damals dem Grünen Goblin den Hintern versohlt, da waren Sie noch gar nicht gebor…«

»Ja, ja, liebe Spinne, das ist ganz toll – aber Sie müssen jetzt wirklich Ihre Tabletten schlucken, sonst werde ich böse … Und dann bring ich Sie gleich schön zur Morgengymnastik!«

Egal, das tut jetzt nichts zur Sache. Wo war ich stehengeblieben? Richtig: Mein erstes verlorenes Haar.

Es war ein Donnerstag. Donnerstag, der 7. Februar 1991. Ich entsinne mich, als wäre es gestern gewesen: Es hatte in der Nacht geschneit. Zwölf Knoten Windgeschwindigkeit, 1009 Hektopascal Luftdruck, fünf Prozent Regenwahrscheinlichkeit. Der Tag, an dem du zu deinem ersten Haar zum Abschied leise »Servus« sagst, brennt sich dir ein. Ich wachte morgens auf wie immer, erhob mich aus dem Bett, schlurfte nichtsahnend Richtung Bad. Als ich wenig später mit der Zahnbürste in der Hand durchs Schlafzimmer lief (ich vollziehe während des Zähneputzens gerne meine allmorgendliche Hausinspektion), machte ich eine Entdeckung, bei der ich im hohen Bogen die aufgeschäumte Zahnpasta ausprustete. Mir wurde schwindelig.

»Margie! Nicky, Teo, Luki, Lenny! KOMMT SCHNELL HER!«

Meine beiden Jüngsten Jeremy und Liam waren damals noch nicht geboren, doch ich denke, selbst *sie* standen bei diesem Ruf bereits als Spermien stramm. Der Rest meiner

Familie kam angelaufen, sah das Entsetzen in meinem kalkweißen Gesicht.

»Was ist los, Dad?« Meine Liebsten schauten mich besorgt an. »Hast du ein Gespenst gesehen oder was?«

»Schlimmer!«

Ich deutete mit zittrigen Fingern auf mein noch warmes Kopfkissen. Und dort lag es, silbern schimmernd in der durchs Fenster sanft hereinstrahlenden Wintersonne.

Ein graues Haar. *Mein* graues Haar!

»Du warst noch so jung …«, hob ich es klagend vom Kissen, streichelte das ausgefallene Haar in meiner Hand. »Du hattest noch so viel vor! Du hattest *Träume*! Warum, Gott? Waaaruuuuuuuummmmm?«

Ich wischte mir rechtzeitig eine sich in der Entstehung befindende Träne aus dem Augenwinkel, bevor ich mich an meine versammelte Familie wandte, die mich anschaute, als sei ich nicht ganz dicht. (Keine Ahnung, wie die darauf kam.) Doch wir mussten jetzt stark sein. Ganz stark.

»Lasst uns so von ihm Abschied nehmen, wie es das verdient hat.«

Ich führte meine Familie in den Garten, buddelte ein kleines Loch, in das ich mein erstes ausgefallenes Haar beisetzte. Nachdem ich ein langes, tief ergreifendes Requiem gehalten hatte, drehte ich mich zu den anderen um.

»Möchte vielleicht jemand noch ein paar Worte sagen?«

»Ja, Dad … Lass uns endlich reingehen, es sind 5 Grad minus, wir frieren uns hier den Arsch ab!«

Während ich dem Drängen meiner Söhne nachgab, gemeinsam mit ihnen zurück ins Haus zu gehen, dachte ich schweren Herzens nur noch: *Das* also ist der Generationenkonflikt, von dem immer alle reden. Und es war ja eigentlich auch sonnenklar, mir fiel es plötzlich wie Haare vom

Schädel: Wie soll die »Generation Sackrasur« meine Gefühle verstehen? Heute wird schließlich alles sofort abrasiert, entwachst und abgefackelt, was auch nur kurz neugierig sein haariges Köpfchen aus der Hautpore herausstreckt. Metrosexuell nennt man das. Einen metrosexuellen Mann erkennen Sie daran, dass er die »Gillette«-Klingen gleich palettenweise in der Metro kauft. Ich dagegen bin noch von der alten Schule: Echte Männer tragen Bärte. Nicht so komische Gesichtsvaginas, die aussehen, als hätte dir nachts im Schlaf eine Maus deine Gesichtsbehaarung zurechtgeknabbert – nein, *richtige* Bärte. Bärte, in denen du, wenn es sein muss, fünfköpfige Flüchtlingsfamilien verstecken kannst. Bärte, aus denen du der gesamten Bevölkerung Russlands Winterpullover stricken kannst – und dann noch was übrig hast für Handschuhe! Wie sollen meine glattrasierten Söhne, diese fleischgewordenen Ganzkörper-Babypopos, da meine Trauer nachvollziehen können?

Ich drehte mich, kurz bevor ich durch die Haustür ging, noch einmal zum Garten um. Mach's gut, alter Freund, dachte ich. Wir hatten viele schöne Zeiten. Du bist jetzt an einem besseren Ort. Wie sieht wohl der Himmel für Haare aus? Wahrscheinlich so wie der Bart von Reinhold Messner.

Das also war der Abschied von meinem ersten Haar. Und es sollte leider nicht das letzte Haar bleiben, das sich von meinem Kopf in den Tod stürzte, weil es keinen Sinn mehr in seinem Dasein sah. Doch keine Angst – das Schöne im Alter ist: Es wachsen genug neue Haare nach. Ja, ehrlich! Gut, natürlich nicht auf dem Kopf, das ist klar – aber auf dem Rücken, auf den Ohren und aus der Nase. Gerade Nasenhaare, diese niedlichen kleinen Dinger mit der ganz besonders robusten Materialqualität – herrlich! Und vertrauen Sie mir: Die wachsen schneller als Bambus! Ich könnte, wenn ich wollte, quasi in Echtzeit vor dem Spiegel beobachten, wie mir die Nasenhaare aus dem Riechkolben sprießen. Das fällt natürlich auch meiner Frau Margie auf, die mir dann rechtzeitig kleine Hinweise gibt. Natürlich absolut subtil und nur leicht andeutend, ohne mich dabei zu erniedrigen – so, wie es die große Stärke meiner Frau ist.

»Bill, du hast Büschel in der Nase!«

»Wie bitte?«

»Wie kannst du so überhaupt noch atmen?«

»Margie, bitte, was soll denn das? Das ist doch Quatsch!«

»Du selbst musst das ja auch nicht sehen. Aber ich bin kleiner als du, und immer, wenn ich vor dir stehe, schaue ich in den Urwald in deinen Nasenlöchern! Wir kaufen dir gleich morgen einen Nasenhaartrimmer.«

»Einen … *was*?«

»Einen NA-SEN-HAAR-TRIM-MER!«

Ein bisschen kam es mir vor, als wolle meine Frau mich kastrieren lassen. Nur schlimmer. Als echter Mann mit echtem Nasenhaar im Haus sprach ich ein Machtwort: »Kommt nicht in Frage!«

»Wie du willst. Dann rasier *ich* mir halt nicht mehr die Achseln und die Beine.«

»Ach, Schatz!«, lenkte ich schnell ein. »Ich seh gerade: Es ist erst 19:45 Uhr – wenn wir schnell sind, schaffen wir's noch zu Karstadt!«

Eine intime Frage: Rasieren Sie sich den Rücken? Und falls ja: Wie zur Hölle kommen Sie da ran? Auch mir sprießen im Alter die Haare nicht nur aus der Nase, sondern eben auch auf der Rückseite meines Körpers. Büschelweise! Meine Frau nennt mich manchmal schon den »Werwolf von Bonn-Endenich«. Gut, hauptsächlich wegen meines Appetits, aber trotzdem. Was die Haare auf dem Rücken angeht: Ich komm einfach nicht richtig dran – und das ist ein Problem! Meiner Frau möchte ich das nicht zumuten, da sich bei uns beiden der Erotikfaktor einer Rückenrasur zugegebenermaßen in engen Grenzen hält. Aber was tun? Ich hab's allein auf eigene Faust versucht, mit dem Rasierer vor dem Spiegel. Außer, dass ich mir bei den Verrenkungen, die eines Artisten des chinesischen Staatszirkus würdig gewesen wären, beinahe das morsche Schultergelenk ausgekugelt hätte, hab ich gar nichts erreicht. Daraufhin hab ich mir so einen Haarentfernerschaum gekauft. Und zu spät zu Hause im Badezimmer bemerkt, dass ja auch *der* irgendwie hinten drauf muss. Verraten Sie es bitte nicht meiner Frau, aber ich hab dann einfach den kompletten Badezimmerboden mit dem Schaum bedeckt und mich darin auf dem Rücken liegend gewälzt. Dann war mein Rücken wieder glatt wie ein Babypo. Für circa vier Stunden, bevor bereits das nächste Haar wieder naseweis herausspross, um zu schauen, was abgeht in der großen weiten Welt.

Bill Mockridge: Haart, aber herzlich.

# 20.
## LIWDZ (Liebesbriefe im Wandel der Zeit)

Ich weiß noch ganz genau, wie ich meinen ersten richtigen Liebesbrief geschrieben habe. Die älteren Leser (also alle) werden sich erinnern: Das war früher mal richtig Arbeit! Vor dem gemeinsamen Schwitzen im Bett hatte Gott lange den Schweiß am Schreibtisch gesetzt – wunderschöne, seitenlange Gedichte haben wir damals mit unseren Füllfederhaltern verfasst. Nicht kurz und profan, nach dem Motto: »Was klappert in der Lederhose, da ist wohl ein Hoden lose.« Nein, Gott bewahre, unsere Gedichte waren voller Leidenschaft und meistens länger als alle Werke Goethes zusammen. Gut, gerade dieser bekannte Weimarer Sportsfreund half uns mit seiner Vorarbeit natürlich ungemein. Auch von Shakespeare oder Heine ließen wir uns bei unseren Liebesbriefen gerne inspirieren. Will sagen: Wir haben geklaut wie die Weltmeister. Schöne, unendlich poetische Formulierungen der Großen, auf die wir selbst in hundert Leben nie gekommen wären, neu »geremixt«, würde man heutzutage wohl sagen. Aus Heine, Goethe und Shakespeare haben wir einen echten Heinthepeare gemacht. Der wiederum wurde meiner Angebeteten dann verkauft als echter Mockridge.

Mit dreizehn Jahren – das Feuer war gerade entdeckt – war ich unsterblich verliebt in Susan Osissely. Nein, die kam nicht etwa aus der DDR, die hieß einfach nur so. Jedenfalls hab ich mir in unzähligen Liebesbriefen die Finger für sie wundgeschrieben. Schon damals musste der halbe Regenwald für all das edle Büttenpapier sterben, das ich extra dafür aus der Schreibtischschublade meines Vaters klaute. Vom Irish Moss meines alten Herren, das ich flaschenweise auf Papier und Umschlag schüttete, ganz zu schweigen. Das Risiko, das meine Liebesbriefe nie bei Susan ankamen, weil der Postbote vorher vom Gestank ohnmächtig umfiel, musste ich eingehen.

So ein typischer Liebesbrief schaute damals einfach noch ganz anders aus. Das galt natürlich auch für den Inhalt. Ein typischer Liebesbrief vom jungen Bill circa 1960 (NACH Christus!) las sich zum Beispiel folgendermaßen:

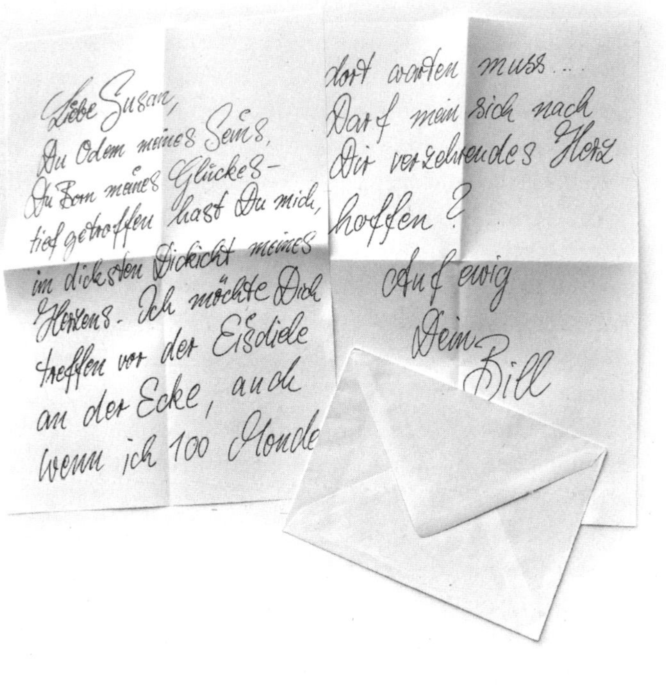

Heutzutage sähe genau derselbe Liebesbrief so aus:

***Von: Bill***

***An: Susan***

***LSDOMSDBMGTGHDMIDDMHIMDTVDEADEAWI100MDWMDMSN-DVZH? AEDB***

Sie erkennen das Problem: Die heutige Jugend liebt es abzukürzen. Nämlich den Weg zum Koitus, daher wird keine unnötige Zeit mehr verschwendet, Liebesschwüre noch altmodisch auszuschreiben. Verstehen Sie mich nicht falsch: Ich respektiere durchaus dieses ökonomische Zielbewusstsein – doch wo bleibt da die Romantik? Abgesehen davon, dass es selbst fürs iPhone meines Wissens noch keine App gibt, die die SMS vor dem Absenden in Irish Moss tunkt.

Und: Im Zeitalter von SMS und E-Mail geht ein weiterer wichtiger Aspekt unweigerlich flöten – das Warten. Beim klassischen Liebesbrief mit der Schneckenpost durftest du deutlich länger hoffen. Und das war schön. Solange du keine Abfuhr erhalten hattest, war theoretisch noch immer alles drin.

Wenn man die ersten zwei, drei Tage von der holden Angebeteten nichts hörte, konnte man sich beruhigen: »Gut, Susan hat den Brief sicher noch nicht zugestellt bekommen.«

Nach fünf oder sechs Tagen: »Ach, der ist Susan bestimmt vom Stapel mit den anderen Verehrerbriefen (die haben keine Chance!) unter den Tisch gefallen, und sie hat ihn noch nicht gesehen …« (Dass sie ihn eindeutig hätte *riechen* müssen, habe ich bei diesem Erklärungsversuch stets erfolgreich verdrängt.)

Und wenn mich nach zwei oder drei Wochen immer

noch keine Antwort von Susan erreicht hatte, war ich mir sicher: »Die Post hat den Irish-Moss-Liebesbrief als vermeintlichen terroristischen Bio-Anschlag aus dem Verkehr gezogen!«

Wie gesagt: Dies alles ist schwieriger geworden in Zeiten der modernen, unmittelbaren Kommunikation. Kaum hast du die SMS oder E-Mail auf den Flügeln eines Kusses durch die Luft abgeschickt, ist sie auch schon angekommen. Kaum willst du dich dem Genuss der Hoffnung hingeben, dieser schönen Zeit des Wartens, in der du deine Phantasie vom Leben zu zweit auf Reisen schickst und bereits gemeinsame Pläne für euch ausmalst, piept auch schon dein Handy mit der kalten »KBVP«-Abfuhr. »Kein Bock! Verpiss Dich!«

Ruckzuck geht das heutzutage.

Es gibt allerdings auch Beispiele mit positivem Ende: Mein Sohn Jeremy, damals vierzehn Jahre alt, verliebte sich Hals über Kopf unsterblich in Jessica, eine Klassenkameradin. Jessica hatte im Sportunterricht einen Kopfstand gemacht und vergessen, vorher ihr T-Shirt in die Hose zu stecken. Da war es um Jeremy geschehen. Was machte er also? Er drückte seine Gefühle dort aus, wo Literaturhistorikern zufolge bereits Goethe und Heine ihre frühe Poesie verewigt haben: auf der Rückseite vom Vordersitz im Bus. Zwar hatten sich dort bereits andere vor ihm ausgetobt, aber zwischen »Kevin war da« und »Chantal ist die Matratze der 11a« war noch ein wenig Platz. Jeremy zückte seinen Edding und schrieb hingebungsvoll den romantischsten Satz, den ein Vierzehnjähriger sich vorstellen kann: *Jessica, ich find dich voll geil!*

Da die überkochenden Hormone das Rechtschreibzentrum im Kopf meines Sohnes weitgehend lahmlegten, habe ich die Fehler (zwei allein in »Jessica«) zum Verständnis korrigiert. War ja auch egal – Jessica würde es verstehen, und allein das zählte. Dazu musste sie Jeremys Liebebrief aber natürlich erst mal lesen.

Um 13:40 Uhr war Jeremy zu Hause, setzte sich an den Computer und schrieb seiner Kopfstandgöttin eine Mail:

**Jessica,**

**Buslinie 636, 14:35 Uhr Richtung Hauptbahnhof, drittletzte Reihe rechts, unbedingt lesen!**

Kaum hatte Jeremy auf »Senden« gedrückt, erfüllte ihn Panik: Was, wenn Jessica gerade nicht online war? Jeremy griff sich ein Blatt Papier, kritzelt hastig:

**Schau in deine Mails!**

Er rannte zum Fax – weg damit. Doch kaum hatte Jeremy erneut auf »Senden« gedrückt, erfüllte ihn schon wieder Panik: Was, wenn sie das Fax nicht findet? Jeremy stolperte über seine eigenen Füße, als er zum Handy hechtete und mit seinem Lichtgeschwindigkeitsdaumen tippte:

**Guck aufs Fax!**

Doch kaum hatte Jeremy ein drittes Mal auf »Senden« gedrückt, erfüllte ihn ein drittes Mal Panik: Was, wenn sie das Handy aus hat? Jeremy rannte mich, seinen eigenen Vater, fast über den Haufen, als er zum Telefon raste, um die Festnetznummer von Jessicas Eltern zu wählen. Jessica ging direkt ran, und Jeremy keuchte mit letzter Kraft ins Telefon: »Jessica, guck auf dein Handy!« – und legte wieder auf.

Jessica machte daraufhin ihr Handy an, las die SMS, lief

zum Faxgerät, überflog das Papier, rannte zum PC, fuhr ihn hoch, rief ihre Mails ab, spurtete zur Bushaltestelle und suchte im 636er die Liebeserklärung von Jeremy. »›Chantal ist die Matratze der 11a‹?«, wunderte sich Jessica. »Das weiß doch jeder. Warum schickt mich Jeremy dafür extra hierher?«

Dann jedoch entdeckte Jessica sie endlich – die Worte aus den tiefsten Herzen meines Sohnes:

***Jessica, ich find dich voll geil!***

»Wie süüüüüß!«, dachte Jessica verzückt. Sie war hin und weg. »Ein *ganzer* Satz! Er ist ein Romantiker!«

Die Beziehung von Jeremy und Jessica hielt knapp sechs Wochen, bevor der noch süßeren Steffi im Sportunterricht versehentlich die Hose runterrutschte. Aber immerhin: Sechs Wochen länger als meine Beziehung damals mit Susan. Acht Tage nachdem ich ihr meinen Liebesbrief geschickt hatte, erhielt ich ihre Antwort. Acht Tage, in denen ich unser gemeinsames Leben vom ersten Kuss bis zur Goldenen Hochzeit bereits minutiös durchgeplant hatte. Und Susans Brief versprach bereits äußerlich, dieses Versprechen einzulösen: rosa Umschlag, mein Name und meine Adresse in ihrer süßesten Mädchenhandschrift drauf. Und: Er roch nach Tosca!

Voller Erwartung rannte ich in mein Zimmer, riss den Umschlag auf, um die heiß ersehnten Zeilen zu verschlingen. Ich hörte ihr niedliches Pieps-Lispeln beim Lesen förmlich vor meinem geistigen Ohr:

*Lieber Bill!*

»Lieber Bill«! Sie hatte »Lieber« zu mir gesagt!!! Mein Herz führte vor Freude einen Tanz auf, bei dem mein heutiger Kardiologe vor Schreck tot umfallen würde. Leider ging der Brief noch weiter …

*Ich kann Deine Gefühle leider nicht erwidern. Ich habe mich gestern unsterblich verliebt. Er heißt Elvis und spielt Gitarre. Mein Herz gehört auf ewig ihm. Trotzdem könnten wir zusammen ein Eis essen.*
*Susan*

Mein Herz zersplitterte in tausend Teile wie eine fallengelassene Schellack-Platte. (Ja, ich bin *wirklich* so steinalt.) Ich war am Boden zerstört. Auf das Eis mit Susan habe ich natürlich verzichtet. Sollte doch der ach so tolle Elvis ihr von seinem Taschengeld einen Banana Split spendieren. Am liebsten hätte ich dem Typen eins mit seiner eigenen Gitarre übergezogen. Ich wollte nur noch sterben.

Heute weiß ich natürlich: Das wäre selbst Susan nicht wert gewesen. Ich bin dann einfach allein Eis essen gegangen. Und habe Susans Hälfte vom »Coppa d'amore« einfach mitverputzt.

Im Nachhinein gebe ich zu: In diesem Moment wären auch damals schon SMS praktisch gewesen. Ich hätte es mir wohl nicht verkneifen können, Susan aus der Eisdiele eine allerletzte romantische Abschieds-Nachricht zu schreiben:

Neue Nachricht
Von: Bill
An: Susan
LMAA

# 21.
## Der Sinn des Lebens

Wenn man wie ich fast sechseinhalb Jahrzehnte Laufzeit auf der Uhr hat, beginnt man sie sich zu stellen, die elementaren Fragen: Was ist der Sinn des Lebens? Wie finde ich ihn? Und vor allem: Kann man den essen? Seit Anbeginn der Menschheit versuchen wir, dem Rätsel unseres Daseins auf die Spur zu kommen. Die einen behaupten, es gebe gar keinen Sinn – wir seien einfach ein grausamer Zufall in einem kalten, unbeseelten Universum. Dieser pessimistischen Sichtweise muss ich entschieden widersprechen: Nehmen Sie zum Beispiel Königsberger Klopse mit Kapern und viel Soße – diese herrlich schmeckende Anordnung von Atomen *kann* kein Zufall sein! (Ja, ich denke *viel* an Essen …)

Andere sind sich sicher, der Sinn des Lebens sei es, dieses Buch zu kaufen und es mindestens fünfmal zu verschenken. Für mich persönlich eine weit positivere, sympathischere Einstellung zum Leben …

Wie auch immer man es aber dreht und wendet, eines ist ganz wichtig: Träume. Solange du Träume hast, geht es dir gut. Ich hatte schon im zarten Alter von zehn meine ersten Träume. Genauer gesagt drei davon:

1. zehn Bällchen Eis auf einmal verdrücken,
2. bis Mitternacht aufbleiben,
3. eine nackte Frau sehen.

Was soll ich Ihnen sagen? Mit dreißig hatte ich all meine Träume erfüllt! Wie? – Moment, Moment: Zehn Kugeln Eis ist nicht so einfach!

Und nachdem sich der stechende Kälteschmerz aus meinem Kopf verzogen hatte, habe ich mir sofort *neue* Träume gesucht. Ja, man muss erfüllte Träume umgehend durch aktuelle ersetzen, sonst funktioniert das nicht. Man kann natürlich auch einfach seine alten Ziele erhöhen: *Zwanzig* Bällchen Eis verdrücken, bis *drei* Uhr nachts aufbleiben, *zehn* nackte Frauen sehen. Gerade bei Letzterem spielt meine Frau aber nicht mit, darum hab ich mir lieber was anderes gesucht. Um auf Nummer sicher zu gehen, habe ich bei den großen deutschen Philosophen nachgeschaut: Arthur Schopenhauer, Immanuel Kant, Ernst Bloch und Daniela Katzenberger. Letztere, die wohl einflussreichste Sokrates-Schülerin der Neuzeit, die dessen berühmten Ausspruch »Ich weiß, dass ich nichts weiß« weiterentwickelte zur vollendeten Weisheit: »Wenn ich mein Aussehen nicht mehr habe, was bin ich dann? Ein Depp!«

Bei all diesen sehr großen (und sehr blonden) Philosophen bin ich fündig geworden. Am meisten jedoch bei einem, der am liebsten genagelt hat – und zwar nicht die Katzenberger, sondern seine Thesen an die Kirchentür: Ich spreche natürlich von Martin Luther. Luthers berühmten Ratschlag kennen wir alle: Der Sinn im Leben eines Mannes sei es, ein Haus zu bauen, einen Baum zu pflanzen und einen Sohn zu zeugen. Eine Dreierliste, die zugegebenermaßen von meinen »Vor-dreißig-Träumen« doch ein klein wenig abweicht. Wobei ich mir sicher bin, dass Luther auch zehn Bällchen Eis auf einmal (besonders von meiner Lieblingseisdiele Fontanella in Bonn-Endenich) nicht abgeneigt gewesen wäre. Der Schlankeste ist er auf alten Zeichnungen jedenfalls nicht. Deshalb ist Luther mir auch so sympathisch, dass ich seine Tipps befolgt habe. Richtig ins

Zeug gelegt habe ich mich! Zuerst baute ich ein Haus, schön mit Jägerzaun drumherum – und der ist richtig gut. Auf jeden Fall ist noch kein einziger Jäger bei uns eingebrochen! Kurz danach pflanzte ich einen Apfelbaum, der inzwischen so groß ist, dass ich jetzt gerade mit meinem Notebook im Garten darunter sitze und diese Zeilen tippe. Getreu Luthers Motto: Und wenn morgen die Welt unterginge, so würde ich doch heute noch meinen Apple-Computer starten. Und das mit dem Sohn habe ich auch erledigt – sogar *sechs* Mal! (Falls es bei Ihnen gerade anfängt zu regnen: Das ist der alte Martin im Himmel, der bei meiner Bilanz Tränen der Rührung weint …)

Klar habe ich mit meinen sechs Söhnen alles andere als eine normale deutsche Familie. Die meisten jungen deutschen Ehepaare wollen heutzutage ja überhaupt keine Kinder mehr. Geben lieber ein Vermögen für Verhütung aus als für Nachwuchs. Ein Hund, maximal! Bei dem weiß man von vornherein: Der lebt circa fünfzehn Jahre, frisst beschwerdefrei Billig-Pansen aus dem 5-Kilo-Sack, legt sich um 20 Uhr von alleine in sein Körbchen schlafen und wünscht sich zum zehnten Geburtstag weder ein Mountain-Bike noch die neue X-Box. Das alles kann man von einem echten Menschenkind natürlich *nicht* behaupten. Kinder fressen einem die Haare vom Kopf – ich selbst bin das lebende Beispiel. Mein Boulebruder und Freund Friedhelm, Buchhalter a. D., hat es mir als Gruselgeschichte vorgerechnet, nachts am Lagerfeuer mit Taschenlampe unterm Gesicht: Jedes Kind kostet die Eltern an Erziehung, Unterhalt und Versicherungen insgesamt so viel wie ein Einfamilienhaus. Und genau aus diesem Grund zeugen deutsche Väter laut Statistik nur noch durchschnittlich ein einziges, mageres Kind. (Zur Erinnerung: *Ich* habe *sechs* Kinder. *Das* nenne ich Arbeitsmoral im Ehebett!) Zu Ende gerechnet bedeutet dies: Ich paarungstechnisch pflichtbewusster Kanadier habe mich für fünf von euch müden, kinderfeindlichen, sexmuffeligen, egoistischen Deutschen zusätzlich abgerackert. Demzufolge stehen irgendwo in meiner Nachbarschaft in Bonn-Endenich fünf Einfamilienhäuser, die eigentlich *mir* gehören!

Aber: Schwamm drüber. Hab ich doch gerne gemacht! Keine Angst, ich will die Häuser ja gar nicht haben … aber die *Miete*, die könntet ihr elenden Vermehrungs-Phobiker mir wenigstens überweisen!

Trotz meiner mit 1+ mit Sternchen abgearbeiteten Luther-Liste: Als ich sechzig wurde, bekam ich alter Lebenssucher Panik. Wir saßen an meinem Geburtstag im Garten zusammen, meine Familie und ich, da überfiel es mich plötzlich: »Was hab *ich* schon Bleibendes geschaffen? Die Pharaonen haben die Pyramiden erbaut, der Eiffel hat seinen Turm errichtet, da Vinci die Mona Lisa gemalt, Dieter Bohlen »Cheri, Cheri Lady« komponiert … und ich? Was habe *ich* für die Ewigkeit getan?«

»Bill, beruhige dich!« Meine Frau Margie legte mir besänftigend ihre Hand auf den Rücken. »Wer hat sich denn auf dieser Welt verewigt, wenn nicht *du*? Du hast schon etwas ganz Monumentales, Wunderbares geschaffen, auf das du stolz sein kannst – schau dich doch mal um!«

Ich ließ meinen Blick durch unseren Garten schweifen – und entspannte fast noch im selben Moment: Aber natürlich! Wie konnte ich das bloß vergessen? Stolz betrachtete ich das achte Weltwunder von Bonn-Endenich: meinen selbstgebauten Gartengrill! Ein Wahnsinnsding, 3x3 Meter in Beton gegossenes Fundament, vier Meter tief. Noch schräger als der schiefe Turm von Pisa, noch rostiger als der Eiffelturm! Also, wenn *das* nichts Bleibendes war, dann wusste ich auch nicht. In 10 000 Jahren würden Archäologen vor diesem mysteriösen Bauwerk stehen und sagen:

»An dieser Feuerstätte wurden früher rituelle Brandopfer dargebracht ...«

Jawohl, Nackenkoteletts und Bauchspeck!

Ich habe, während ich über meinen Beton-Grill schrieb, übrigens gerade mal »Google« geöffnet. Das Internet weiß ja bekanntlich auf alles eine Antwort – warum also nicht auch auf die Sinnfrage? Gespannt gebe ich in Anführungsstrichen ein: »Sinn des Lebens«. Das Ergebnis erhalte ich – DSL 30 000 sei Dank – in überschaubaren 0,21 Sekunden »Ungefähr 1780 000 Ergebnisse«. Nicht schlecht. Wenn ich jedoch eingebe: »Sinn des Lebens ab 60«, was erhalte ich dann? »Keine Ergebnisse gefunden«!

Und genau da liegt der Hase im Pfeffer (ich krieg schon wieder Hunger ...): Viele denken anscheinend noch immer, im Alter habe das Leben eh keinen Sinn mehr. Für mich eine deprimierende Haltung, die ich nicht teilen kann. Ich habe deshalb neulich beim samstäglichen Boulen meinen Freund, den Bayern-Beppo, gefragt. Der weiß im Gegensatz zum Internet *wirklich* auf alles eine Antwort.

»Sag mal, Beppo, suchst du manchmal auch den Sinn des Lebens?«

»Den Sinn des Lebens?«, antwortete Beppo. »Bill, mein Freund, ... ich such seit heute Morgen verzweifelt meine *Brille*! Glaubst du wirklich, da hab ich Zeit, nach so was Unwichtigem zu suchen wie ... was war das noch mal?«

Seine Brille trug der leicht schusselige Beppo die ganze Zeit auf der Nase, aber sein Argument leuchtete mir ein: Vielleicht ist genau *das* der Sinn des Lebens – eben *nicht* krampfhaft nach ihm zu suchen, sondern einfach zu leben. Unsere Zeit hier zu genießen. Ich merke das auch als Theatermann: Ein quälend langes 3½-Stunden-Stück muss nicht unbedingt mehr fürs Geld bieten als eine 60-Minuten-Aufführung – im Gegenteil. Nicht wie lang, sondern wie *gut* gespielt wird – darauf kommt es an! Und natürlich gilt weiterhin: Behalte immer Träume! Wenn du keine Träume mehr hast, bist du zwar äußerlich von einem echten Menschen nicht zu unterscheiden. Aber innerlich hast du längst aufgehört zu leben.

In diesem Sinne: Ich muss zur Eisdiele Fontanella in Bonn-Endenich. Heute will ich die fünzig Kugeln Eis endlich knacken …

# 22.
## Mein Freund, der Navi

Wir leben im Zeitalter der Maschinen, Tools und Toys (ausgesprochen: *Tuhls und Teus*). Und ja: Ich liebe sie *alle*!

Ich finde es toll, der Generation anzugehören, die die Geschichte der industriellen und maschinellen Revolution am eigenen Leib erleben durfte – von der schnaufenden Dampflok bis zum ICE mit defekter Klimaanlage.

Heute gibt es für alles Geräte und elektronische Helferlein. Wie viel Hightech allein in jeder Durchschnittsküche zu finden ist: Eierkocher, elektrische Parmesanreibe, Nudelkocher, elektrischer Salzstreuer – gut, das sind alles Geräte, die die Welt nicht wirklich braucht, aber bei uns zu Hause sind die alle in der Küche zu finden, irgendwo im Schrank – beziehungsweise unten im Keller. Ich muss gestehen, dass wir diese Staubfänger auch nur besitzen, weil Margie und die Jungs sie mir ständig zum Geburtstag oder Weihnachten schenken. Wann kriege ich endlich wieder *Socken*?

Ich bin trotzdem absolut begeistert von diesen Geräten. In meiner Kindheit hatten wir ja nichts, in unserer Küche in Kanada gab es einen Topf und ein Feuer. Dort haben meine Mutter und ich lange Abende hungrig an den lodernden Flammen verbracht, Geschichten erzählt und darauf gewartet, dass mein Vater von der Elchjagd kam. Heute warten viele Kinder lange Abende vor dem Fernseher darauf, dass Papa endlich von der Tanke zurückkommt, mit einer Tiefkühlpizza für die Mikrowelle.

Der moderne Jäger muss sich halt auf die Veränderungen im Beutespektrum einstellen. Und die Technik hat heute nun mal alle Lebensbereiche erobert. Richtig so!

Mein absoluter Liebling, der Hammer-Knaller unter den elektronischen Wunderwerken, ist allerdings mein neues Navigationsgerät: Das »Touch-screen-multifunction-GPS-5000-international-profiline-special«. Das sitzt in der Mittelkonsole meines Autos und spricht nur das Notwendigste. Mein altes Navigationssystem saß auf dem Beifahrersitz und redete ununterbrochen. Es hatte eine Karte in der Hand (meistens eine falsche) und lotste mich damit durch Deutschland. Irgendwie hat es auch immer geklappt, und irgendwann sind wir auch immer angekommen, aber frage nicht nach Sonnenschein! Mit dem alten Navi gab es nur Donnerwetter! Ich kann Ihnen sagen: Das neue Gerät ist deutlich komfortabler.

Die häufigste Ansage meines neuen Navis lautet: *(hoch erotisch)* »Bitte in 500 Metern rechts abfahren!«

Die häufigste Ansage meines alten Geräts war: *(Phonstärke 240)* »Ich glaube, wir hätten da hinten rechts ab gemusst!« Und dann diese drehbuchreifen Diskussionen, die einer solchen »Ansage« folgten:

## Szenen einer Ehe im Auto

### Szene 1

*Location*: Innenraum meines Automobils
*Zeit*: Früher Nachmittag, Wochentag und Jahreszeit beliebig

ALTES GERÄT
»Ich glaube, wir hätten da hinten rechts ab gemusst!«

ICH
»Kannst du das nicht ein bisschen früher sagen?«

ALTES GERÄT
»Ja, warum rast du denn auch wie ein Bekloppter?«

ICH
»Ich rase überhaupt nicht, ich fahre 90! Wenn ich langsamer fahren würde, müsste ich die Warnblinkanlage anmachen. Wir sind immerhin auf der Autobahn!«

– Kurze Gesprächspause –

ALTES GERÄT
»Welche Autobahn?«

ICH
»Welche Autobahn? Die 555!«

– Kurze Gesprächspause –

ALTES GERÄT (*blickt irritiert auf die Karte* »Beliebte Rad- und Wanderwege der Ostpfalz«)
»Äääääh … die ist hier nicht eingezeichnet …«

ICH
»Die muss da eingezeichnet sein, die 555 ist die älteste Autobahn Deutschlands! Wenn die Autobahn nicht eingezeichnet ist, dann ist die Karte eine echte Antiquität. Dann könnten wir das Ding für viel Geld ans Landesmuseum verkaufen.«

ALTES GERÄT
»Ja, wieso hast du denn auch so alte Karten im Auto?«

Auto verlangsamt sich, ich schalte die Warnblinkanlage ein.
*– Ende der Szene –*

Diese Zeiten sind zum Glück vorbei. Wenn ich mich heute verfahre, höre ich von meinem Navi nur die tröstenden Worte.

NEUES GERÄT *(ohne Vorwurf in der Stimme)*
»In 200 Metern bitte rechts abfahren und wenden.«

Mein altes Gerät sagte in so einer Situation:

ALTES GERÄT *(mit Vorwurf in der Stimme)*
»Halt doch an und frag jemanden!«

ICH
»Ich bin ein Mann! Ich frage nicht nach dem Weg!«

John Wayne hat auch nicht nach dem Weg gefragt. Und dann kommt die echt männliche Lösung. Jungs, ihr dürft sie ruhig auch in ähnlichen Situationen anwenden.

ICH *(mit markiger Männerstimme)*
»Wir fahren rechts ran, ich ducke mich, und *du* fragst nach dem Weg!«

Aber diese Zeiten sind, »Touch-screen-multifunction-GPS-5000-international-profiline-special« sei Dank, wie gesagt längst vorbei. Die Freude beginnt schon bei der Eingabe des Zieles: Wenn ich heute die Adresse von einem meiner Boulefreunde eingebe, weil er uns zum Geburtstag eingeladen hat, käme mein Navi nie auf die Idee zu fragen: »Muss ich da unbedingt mitkommen?«

Mein Navi kommt überall mit hin und erledigt ohne zu murren seinen Job. Ich muss aber gestehen, dass ich dem Gerät manchmal nicht ganz traue. Dann denke ich mir: »Rechts ab? Nee, links und dann geradeaus, das ist doch viel kürzer. Ich bin doch immer so gefahren, das muss ja kürzer sein. Ja, genau!«

Und dann fahre ich links ab und sehe auf der Anzeige meines Navis, wie sich die Strecke um 2,5 Kilometer und die Ankunftszeit um drei Minuten verlängert. Wenigstens verkneift es sich den Kommentar: »Siehste? Ich hab's doch gleich gesagt!«

In letzter Zeit höre ich besser auf mein Navigationssystem. Ich habe im Menü »Sprache« die Frauenstimme durch eine Männerstimme ersetzt. Ich bin altmodisch, ich lasse mich lieber von Männern rumkommandieren als von Frauen. Seitdem sind mein Navi und ich echte Kumpels. Gemeinsam fahren wir durch dicken Nebel und über dünnes Eis.

Wir wollen uns sogar noch einen gemeinsamen Traum erfüllen: Einmal die komplette Panamericana abfahren, von Alaska runter bis Feuerland. Ich möchte einfach hören, wie mein elektronischer Freund zu Beginn der Reise zu mir sagt: »Bitte dem Straßenverlauf 25 756 Kilometer folgen!« Und dann könnten wir wochenlang die Fahrt genießen, schweigend, ohne ein weiteres Wort, mein Navi und ich – wie echte Männer halt.

Ich finde es sehr schade, dass mein Navi fest im Auto eingebaut ist. Ich könnte meinen ortskundigen Freund auch häufig gut im Haus gebrauchen. Wenn ich mal wieder nicht weiß, wo ich eigentlich hin wollte und vor allem, *warum*?

Dann könnte ich klare Ansagen gebrauchen: »In fünf Metern bitte der Treppe nach unten folgen, dann sofort links abbiegen.« Und in der Küche kommt dann der hilfreiche Hinweis: »Sie haben Ihr Ziel erreicht. Das Bier liegt im Kühlschrank auf der rechten Seite.«

Richtig, ich wollte mir ein Bier holen. Danke, Navi, aber wo ist der Öffner? »Bitte rechts abbiegen und der Treppe nach oben folgen, dann rechts abbiegen.« Ach ja, den Öffner hatte ich eben schon ins Arbeitszimmer gebracht, nur das Bier hatte ich vergessen.

Ich gehe noch weiter: Wäre es nicht beruhigend, wenn man ein Navigationssystem für das Leben hätte? Lebensziel eingeben, und dann wird man auf der kürzesten Route dort hingeleitet. Was für eine wunderbare Vorstellung!

Ich wusste als sechsjähriger Junge bereits, dass ich Schauspieler werden möchte. Das war mein Lebensziel und kein anderes! Also gab ich damals in meinen Lebensnavi »Hollywood« ein. Ich war nie bescheiden. Los ging's! Und wo bin ich gelandet? In der »Lindenstraße«! Ich muss fairerweise zugeben, dass die »Lindenstraße« auf einem Studiogelände des WDR in Köln-Bocklemünd steht. Name des Komplexes: »Hollymünd«. Hollywood, Hollymünd – hab ich mich damals beim Programmieren meines Lebensnavis einfach vertippt? Ich war ja noch klein.

Die Reise von Kanada bis in die »Lindenstraße« war ein langer Weg, aber eine landschaftlich schöne Strecke. Und ich habe auf der Reise eine Tramperin mitgenommen. Sie sitzt bis heute auf meinem Beifahrersitz. Wenn ich nach einer langen Fahrt zu Hause ankomme, sage ich meinem Freund Navi: »Gute Nacht und danke, mein Lieber.« Denn die letzte Anweisung des Tages bekomme ich im Schlafzimmer immer noch von meiner Beifahrerin: »Die Rute ist berechnet. Es kann losgehen!«

# 23.
## Mein Freund, der Laptop

Wir leben im Zeitalter der Maschinen, Tools und Toys (ausgesprochen: *Tuhls und Teus*). Und ja: Ich liebe sie *alle*!

Äääh, ach so, das habe ich im vorherigen Kapitel ja schon geschrieben.

Moment, das muss ich kurz löschen.

~~Äääh, ach so, das habe ich im vorherigen Kapitel ja schon geschrieben.~~

*So*, FERTIG'#*+e :☺

Hä?

Egal.

Ich fange noch mal an: Ich habe neben meinem Freund, dem Navi, noch eine zweite große, technische Liebe: Meinen Laptop! Kennen Sie doch, diese tragbaren Computer, zu Deutsch: Klapprechner. Eine Schreibmaschine mit Fernseher. Äußerst praktisch: Wenn man keine Lust mehr hat zu arbeiten, kann man sich einen Film ansehen. Könnte man zumindest – ich habe an meinem Laptop immer noch nicht den Schlitz für die Video-Kassetten gefunden.

*Laptop*. Wie das Wort schon klingt? Wie eine Mischung aus Lapdance und Topmodel. Rattenscharf! Vielleicht ist das der Grund, warum ich so tiefe Emotionen für meinen Laptop empfinde.

Ich nehme meinen Laptop überall mit hin, mein elektronischer Freund ist immer dabei. Manchmal vergesse ich meine Brille zu Hause, meine Geldbörse oder meine Frau. Aber niemals meinen Laptop.

Auf dem Ding ist mein ganzes Leben gespeichert. Und das Schöne ist: Auf meinem Laptop ist noch ganz viel Platz für noch ganz viel mehr Leben. Das ist so tröstlich. Wenn ich mal einen schlechten Tag habe und mich alt fühle, dann schalte ich meinen Laptop ein und lasse mir die noch freie Speicherkapazität meines Freundes vorlesen. Und er hat noch sehr viel Speicherplatz. Demnach könnten wir locker sechshundert Jahre alt werden – wenn mein Laptop durchhält.

Deswegen pflege ich meinen Laptop auch wie ein Baby. Ich habe für ihn sogar extra meinen Energieversorger gewechselt. Aus den Steckdosen in meinem Haus fließt jetzt sauberer, nach Biogas duftender Ökostrom – für meinen Laptop nur das Beste!

Im Sommer sitzen wir beide im Schatten eines Baumes im Garten, damit wir uns keinen Sonnenbrand zuziehen. Im Winter lege ich uns beiden Angorawäsche an, damit wir uns nicht verkühlen – ich meine Prostata, er seinen Prozessor.

Und mein Laptop ist *sooo* praktisch! Neulich habe ich im Zug einen alten Nachbarn getroffen. Er ist vor Jahren von Bonn-Endenich zu seiner Tochter nach Köln gezogen. Ein schweres Schicksal … Als ich mich nach seiner Familie erkundigte, zog er stolz ein völlig zerknittertes Foto aus seiner Geldbörse. Es zeigte … Ja, was zeigte es? So eine Art Kind oder Auto. Man konnte rein gar nichts auf der ramponierten Fotografie erkennen. Auf dem Bild klebte der Dreck von Heerscharen von Euroscheinen, Tankquittungen und Videotheksausweisen.

Ich schaute ihn mitleidig an und sagte: »Mensch, das sieht ja toll aus!« Diese Aussage passte zumindest auf Kind *und* Auto.

Dann aber kam meine große Stunde. Lässig zog ich meinen Laptop aus der Aktentasche, entfernte den Neopren-Schutzumschlag (der Wetterbericht sagte leichten Niederschlag voraus) und klappte das Baby auf. »Ich kann dir schnell ein paar Bilder von Margie und den Jungs zeigen.«

Mein Klapprechner fuhr so schnell hoch wie ein Fünfzehnjähriger beim ersten Blick auf die Klappseiten im Playboy. Mit geschickten Bewegungen meiner sensiblen Fingerkuppen hatte ich im Nullkommanix das Fotoprogramm geöffnet und den Monitor mit einem Familienfoto gefüllt. Es zeigte allerdings nur einen kleinen Teil meiner Familie: Unsere beiden Möpse und mich.

»Nee, warte, das ist natürlich nicht meine Frau, äääh, jetzt kommt das richtige!«

Diesmal war wirklich ein schönes Familienfoto zu sehen, von Helga Beimer und Erich Schiller. Wohnort: Lindenstraße, München.

»Herrgott nochmal! Das gibt es doch nicht! Wieso kommt das Foto jetzt, ich hab doch … Warte, ja hier kommt es.«

Na also! Ein Foto von Margie, allen Kindern und Oma in einem senffarbenen Kleid. Ich bin auf dem Foto auch zu sehen, allerdings nur mein stattlicher Rücken. Ich hatte den Selbstauslöser eingeschaltet und war wohl nicht schnell genug. Dafür ist mein Rücken aber sehr schön scharf und verdeckt alle, außer Oma.

»So ungefähr musst du dir die vorstellen. Aber ich habe bestimmt noch ein besseres Bild. Ähh, wo habe ich denn …«

In diesem Augenblick fuhr der Zug in den Bonner Bahnhof ein, und ich musste Hals über Kopf aussteigen. Schade.

In solchen Momenten hätte ich immer gerne einen von

meinen Jungs bei mir, und zwar lebendig, mit Kopf und nicht nur auf einem Digitalfoto. Wenn ich irgendwelche Probleme mit meinem Laptop habe und mit einem Programm nicht weiterkomme, dann frage ich meine Jungs. Dafür habe ich sie alle in die Welt gesetzt: Damit sie mir den Computer erklären können. Das ist der einzige Sinn!

Zum Beispiel unser Lenny – ein Computer-*Genie*! Zu dem kann ich immer gehen und sagen: »Lenny, kannst du mir bitte zeigen, wie dieses *Scheiß*-Bildbearbeitungsprogramm funktioniert?«

Er sitzt in dieser Situation meist selbst vor einem oder mehreren Computern. Und in einer miefigen Dunstglocke. Auf seinem Rechner öffnet er ständig irgendwelche Fenster, nur das seines Zimmers bleibt immer zu. Er schaut mich dann mit bildschirmverstrahlten Augen an und sagt mit mitleidigem Unterton: »Okay, Dad. Alles easy, alles chillig!«

Und dann geht es los: »Also, Dad, pass mal auf, das ist alles ganz einfach: Du markierst diese Datei, dann ziehst du das hier rüber, dannkannstdudaskopierenundklickstdasanundziehstdaswiederhierrüber …«

Spätestens jetzt klingt die Stimme von Lenny, als würde man eine Märchenplatte mit 78 Umdrehungen abspielen.

»… dannnochmalsichernunterdemhierabspeichernodereinfachindieseDateiziehen …«

In solchen Momenten würde ich am liebsten mit einer Fliegenklatsche auf ihn einschlagen! Aber wahrscheinlich wäre er auch dabei schneller als ich.

»*Hör auf!* Was machst du denn da? Da wird man ja verrückt von! Mach das bitte langsam, damit ich das nachvollziehen kann!«

Lenny läuft wieder auf 33 Umdrehungen: »Okay, Dad, alles easy, alles chillig! Paaaaass maaaaal aaaaaauf!«

Jetzt läuft er auf 16 Umdrehungen. Seine Stimme klingt wie eine Mischung aus Rudolf Scharping und Darth Vader: »Duuu maarkiiierst diiiese Daaateeeei! Daann ziiehst duu daas hiier rüübeer! Aber noch schneller geht es, wenndu-erstdasFensterhieröffnestundhierzwischenspeicherstdann-brauchstdunichtextradadrübendieKopiemachen ...«

»HÖÖÖÖR AAAAUF!«

Ich bin auf 180! Zumindest mein Blutdruck.

Aber dann habe ich eine Idee: Wenn Lenny zu schnell ist, dann muss ich ihn verlangsamen. Ich dachte zunächst an Valium, aber zum Glück ist dieser lustige Müdemacher nicht Bestandteil unserer Hausapotheke.

Mein zweiter Gedanke fiel auf unseren nagelneuen Camcorder, eine Hightech-Filmapparatur der Spitzenklasse. Ich hatte den »Camboy Cyber-Zoom Spielberg Edition« erst eine Woche zuvor bei Fernseh-Lipinsky gekauft. Eigentlich wollte ich nur eine Video-Kassette erwerben, aber der nette Verkäufer erwiderte meine Anfrage mit: »Videokassetten? Herr Mockridge, vielleicht versuchen Sie es mal bei ebay, unter ›Vintage-Technik‹. Ich habe da was richtig Scharfes für Sie, schauen Sie mal hier.«

Nach langem Abwägen verließ ich zehn Minuten später das Fachgeschäft mit einem neuen Camcorder.

Aber jetzt zu meiner Idee, wie war die noch ..., genau: Ich gehe zu Lenny und bitte ihn den Vorgang auf seinem Computer zu wiederholen. Ich lasse mir die ganze Prozedur noch mal zeigen und filme ihn dabei – jetzt kommt's – heimlich hinter seinem Rücken ab. In meinem Arbeitszimmer kann ich das Ganze dann in Superzeitlupe anschauen, den Vorgang langsam nachvollziehen und alles fein säuberlich auf einen Notizzettel schreiben. Den Zettel würde ich neben die anderen an den Bildschirmrand kleben – falls noch Platz ist.

Gedacht, getan. Ich nestele den Camcorder aus der Verpackung, gehe zu Lenny und sage: »Lenny, kannst du mir bitte zeigen, wie dieser *Scheiß*-Camcorder funktioniert?«

»Okay, Dad, alles easy, alles chillig!«

Grrrrrrrrrr!

Lenny hat mir das Gerät erklärt. Ich habe hinter seinem Rücken von den wichtigsten Handhabungen heimlich Fotos gemacht.

Jetzt muss ich nur noch den Film zum Entwickeln bringen.

Machen wir alte Säcke uns nichts vor: Unsere Kinder wachsen mit den technischen Geräten auf. Die gehen ganz selbstverständlich damit um, ohne Angst vor Neuem.

Neulich habe ich Lenny zu mir gerufen und bin mit ihm in den Keller gegangen. Ganz hinten in der Ecke steht bis heute meine alte Schreibmaschine, Modell »Triumph«. (Ja, so simple Namen hatten die Maschinen früher.) Ich habe sie aus dem Regal genommen, ein Blatt Papier eingespannt und zu Liam gesagt: »Ich muss dir mal was echt Abgefahrenes zeigen.«

Dann tippte ich den Satz »Dad ist eine coole Sau!« auf das Papier.

Lenny bekam leuchtende Augen und fragte: »Hey, Dad, kannst du mir mal erklären, wie das funktioniert?«

»Okay, Lenny, alles easy, alles chillig!«

# 24.
## Möpse im Netz

Ich finde es sehr wichtig, dass Kinder mit Tieren aufwachsen. Als Gegengewicht zu der ganzen Technik, die jeden Tag auf die Kleinen einstrahlt. Und die Kinder lernen durch ihre Haustiere, Verantwortung zu übernehmen. In unserem Haus gab es immer Tiere. Die Liste klingt wie die Passagierliste der Arche Noah oder wie die Menüfolge eines Drei-Sterne-Restaurants in Peking:

- Mäuse,
- Meerschweinchen,
- Schlangen (danach keine Mäuse und Meerschweinchen mehr),
- Goldfische,
- Wasserschildkröten (danach keine Goldfische mehr),
- Möpse (danach keine Schildkröten mehr).

Die Verantwortung für die Tiere zeigten meine Jungs meist mit Sätzen wie: »Dad, ich bin mit einem Freund verabredet. Kannst du mir einen Gefallen tun und *ausnahmsweise* die Meerschweinchen füttern? Und vielleicht kurz den Stall sauber machen? Und Mama auf den Einkaufszettel schreiben, dass sie neues Futter kaufen soll? Danke! Tschüüüß!«

Gut, wenn meine Kinder schon nicht gelernt haben, Verantwortung zu übernehmen, dann wenigstens das Delegieren. Verantwortung abgeben – das kann im Leben sehr hilfreich sein oder es zumindest angenehmer gestalten.

Vor einigen Jahren kam mein jüngster Sohn Liam abends zu mir und schaute mich mit großen Augen an. Er war damals vier oder fünf Jahre alt und machte die Augen immer besonders groß, wenn er etwas von Margie oder mir wollte – meistens Geld. Ich habe ihn einmal erwischt, wie er vor dem Spiegel im Badezimmer das Große-Augen-Machen regelrecht übte. Wahrscheinlich klemmte er auch heimlich kleine Gewichte an die Augenlider, um sie zu trainieren. Margie ist auf den Augentrick natürlich nie reingefallen. Ich schon. Aber an diesem Tag blieb auch ich hart. Vor allem nachdem ich das Ansinnen von Liam vernahm: »Dad, kann ich einen Hund haben? Einen richtig großen, der gut kämpfen kann! Und mich verteidigt gegen meine fünf großen Brüder!«

Wahrscheinlich hatte er kurz vorher wieder Streit mit einem seiner Brüder und wollte nun die körperlichen Defizite gegenüber seinem Gegner mit einer biologischen Waffe ausgleichen. Ich sah Liam lächelnd an, seine Augen bedeckten inzwischen fast das ganze Gesicht. In diesem Moment fiel mir eine Geschichte ein, die ich als kleiner Junge erlebt hatte. Ich sagte zu ihm: »Liam, in diesem Moment fällt mir eine Geschichte ein, die ich als kleiner Junge erlebt habe. Ich war damals ungefähr so alt wie du, vier oder fünf Jahre …«

»Dad, ich bin *sieben*!«, sagte mein Sohn – mit kleiner werdenden Augen.

»Dann war ich damals eben auch sieben. Jedenfalls hätte ich als kleiner Junge auch gerne einen Hund gehabt. Wir hatten aber nur einen Kanarienvogel. Der war ganz schön gelb und sang sich die Kehle aus dem Hals, aber er war halt nichts zum Spielen. Man konnte mit dem Vogel nicht toben oder knuddeln. Dann sah ich im Kino einen Disney-

Film. In dem spielte ein Mops eine wichtige Rolle. Da war es um mich geschehen: Ich wollte unbedingt einen Mops haben. Ich fand diesen Mops so knuddelig.«

Bei dem Wort »knuddelig« verdrehte Liam die Augen hinter den kaum geöffneten Sehschlitzen. Knuddelig war nicht gerade das Attribut, das er von seinem brüderfressenden Kampfhund erwartete.

Ich fuhr in meiner Geschichte fort: »Mein Vater war gar nicht begeistert und sagte: ›Kommt gar nicht in Frage! Ein Mops ist kein Hund, ein Mops ist ein Unfall!‹ Ich war frustriert, aber wir hatten Gott sei Dank eine nette Nachbarin. Die besaß zwei Rüden, und mit denen durfte ich nachmittags manchmal spielen. Aber es war nicht dasselbe, es blieben die Hunde der Nachbarin und nicht meine.«

Ich war kurz davor, feuchte Augen zu bekommen, so sehr rührte mich meine eigene Geschichte. Gut, ich hatte sie mir auch schon lange nicht mehr erzählt …

Da unterbrach mich Liam mit tellergroßen, leuchtenden Augen: »Dad, wenn du damals so gerne einen Mops wolltest, könnten wir uns nicht einfach jetzt einen holen?«

So ein schlaues Kerlchen! Mein Sohn, durch und durch. Auf die Idee war ich bislang gar nicht gekommen.

»Weißt du was, Liam? Du hast recht! Vielleicht ist es soweit. Aber man kann sich nicht einfach so ein Tier anschaffen. Darauf muss man sich gut vorbereiten. Tu mir einen Gefallen: Du gehst morgen ins Internet und schaust nach, ob es einen Zwinger oder einen Hunde-Club hier in der Nähe gibt. Und dann klärst du ein paar Fragen: Brauchen die Papiere? Was fressen die? Wichtig auch, was kosten die Tiere? Und wenn du die Antworten gefunden hast, dann schreibst du das alles für mich auf. Machst du das?«

»Ja, wird erledigt, Dad!«

Am nächsten Nachmittag saß Liam mit seinem besten Freund Max in meinem Arbeitszimmer am Computer. Max kommt aus sehr gutem Hause. Jeden Sonntag besucht er mit seinen Eltern den Gottesdienst in Bonn-Endenich. Sein Großvater lebt im Heim und glaubt fest daran, er hätte Jehova gezeugt.

Max fragte etwas gelangweilt: »Sag mal, wie sieht so ein Mops eigentlich aus?«

Liam tippte auf der Tastatur herum und erwiderte: »Dads Dad meinte: Wie ein Unfall. Aber wir geben das einfach mal hier in die Suchmaschine ein.«

Liam klickte erst auf das Feld »Suche nach Bildern« und gab dann in die Suchmaschine fünf Buchstaben ein: »MÖPSE«.

Nach 0,7 Sekunden hing der Bildschirm voller Möpse. Große, kleine, verpackt und ausgepackt. Es war sogar ein Hund dabei.

»Huch!«, fragte Max erschrocken »was ist denn das?«

Liam stammelte zurück: »Äh, ja, du, das sind wohl Möpse … Die findet mein Vater so knuddelig. Aber er durfte als Kind nicht damit spielen. Deswegen ist er nachmittags immer zu der Nachbarin gegangen und hat mit ihren gespielt.«

Max war überhaupt nicht mehr langweilig: »Oh, das würde ich auch gerne tun! Wie kann man da mitspielen?«

Auch Liam schien die »Recherche« zunehmend zu gefallen: »Ich weiß nicht. Mein Vater hat nur gesagt, ich soll einen Zwinger-Club suchen, hier in der Nähe. Ich gebe mal ein: »ZWINGER-CLUB + MÖPSE!«

In dem Moment kam ich in mein Arbeitszimmer und konnte gerade noch sämtliche Downloads stoppen. Leicht verlegen habe ich dann den leicht verlegenen Max nach Hause geschickt, mit den Worten: »Äh, Max, sag deinen Eltern, dass mit den Möpsen, das war ein Unfall.«

Und dann war Liam dran: »Junge, du bist für so was viel zu klein. Tu mir einen Gefallen: Wenn du demnächst im Internet bist, bitte immer nur nach Tieren schauen. Nach niedlichen Tierchen. Kann ich mich auf dich verlassen?«

»Klar, Dad!«

Am nächsten Tag saß Liam wieder mit Max vor meinem Computer. Als ich mein Arbeitszimmer betrat, rief er mit freudiger Stimme und hochrotem Kopf: »Dad, komm schnell! Du hattest doch damals diesen Kanarienvogel. Ich habe eine super Seite gefunden, mit Vögeln!«

Einige Tage später bekam ich einen handgeschriebenen Brief.

Absender: Die Eltern von Max.

Inhalt: Die Uhrzeiten für die Beichtgelegenheiten in der Magdalenenkirche.

Ich war da.

# 25.
## Wahre Freunde

Ich habe 1567 Freunde. Doch, das weiß ich genau! Ich zähle sie jeden Morgen durch. Ich bin bei Facebook.

Das kam so: Eigentlich fing alles damit an, dass ich nicht *nein* sagen kann. Ich war als Kind schon so. Ich kann nicht mal *vielleicht* sagen. In der Schule schob mir meine Mitschülerin Jenny im Unterricht heimlich einen Zettel zu. Jenny war nicht nur, wie die meisten Mädchen, eine große Pferdefreundin, sie hatte sogar die Ausmaße und Gebissform ihrer Reitbeteiligung körperlich adaptiert. Ich nannte sie aufgrund ihrer Mähnenfarbe »Red Beauty«. Auf dem Zettel stand:

*Hallo Bill,*
*willst du mit mir gehen?*
*O Ja*
*O Nein*
*O Vielleicht*
*Deine Jenny*

Sie ahnen, was ich angekreuzt habe? Die nächsten Wochen kam ich zumindest jeden Morgen frisch gestriegelt zum Unterricht.

Auch bei Margie konnte ich nie *nein* sagen, darum haben jetzt wir sechs Kinder. Bei der Erziehung der Kinder ist das *Nein* ein wichtiges Hilfsmittel. Doch meine pfiffigen Jungs haben meine Nein-Vielleicht-Schwäche sehr früh erkannt und gnadenlos ausgenutzt:

»Dähäd, dürfen wir noch fernsehen?«

»Nei … äääh, neee!«

»Och, warum nicht? Bitte!«

»Jaha gut, aber nur drei Stunden Simpsons!« Nur drei Stunden – ich kann schon manchmal ein harter Bursche sein. »Aber wirklich nur drei Stunden! Danach kurz Playstation und um 23 Uhr ab ins Bett! Morgen ist Schule, und ich muss schließlich noch eure Hausaufgaben machen!«

Ja, ja, ich weiß: Das ist pädagogisch nicht besonders wertvoll, aber je mehr man den Kinder verbietet, desto größer wird der Reiz für sie, es trotzdem zu tun. Meine Erziehungsmethode hat auch wirklich funktioniert. Stundenlanges Fernsehen wurde meinen Kindern zunehmend langweilig. Das lag aber auch daran, dass sie die Fernsehkonsum-Zeiten auf den Computer verlagerten. Youtube, MySpace, Facebook – den ganzen Tag hingen sie vor dem Rechner. Ich konnte meine Kinder nicht mal mehr ganz normal zum Essen rufen, ich musste es ihnen twittern.

Also griff ich zu drastischeren Erziehungsmaßnahmen: Ich habe mich selbst bei Facebook angemeldet. Das war noch einfacher, als eine Zeitung an der Haustür zu abonnieren. Ich musste nur lange überlegen, welches Foto ich von mir reinstellen sollte. Wen wollte ich ansprechen? Junge Leute oder alte Greise? Rote Hip-Hop-Mütze oder seidenes Halstuch? Ich entschied mich für ein ganz normales, aktuelles Foto von 1962. Ich brauchte nur noch meine E-Mail-Adresse eintragen, und schon hatte ich – zum ersten Mal in meinem Leben – ein eigenes Profil. Bill Mockridge war Teil der »Komnjuhnitie«. Denn kaum hatte ich meine, natürlich vollkommen geheime E-Mail-Adresse eingegeben, da ratterte es schon auf meinem Bildschirm. Hunderte von Namen und Gesichtern erschienen auf meiner Seite, einige kamen mir sogar bekannt vor: Arbeitskollegen, Nachbarn, Friedhelm, Doug Graham aus Toronto, das Senfmuseum in Düsseldorf, dazu Menschen, die ich nur fünf Minuten in meinem Leben gesehen und zu Recht vergessen hatte. Und meine sechs eigenen Kinder. *Ha!* Genau auf die hatte ich es abgesehen.

Ich habe meine Jungs sofort »geaddet« (man lernt heutzutage keine Freunde mehr kennen, man *addet* sie), dazu noch ihre Mitschüler, Kumpels, Freunde und deren Freundesfreunde. Anschließend habe ich ein paar schöne Fotos von meinen artigen Kindern hochgeladen. »Hochladen« ist wie Fotos in ein Album kleben, nur mit dem Unterschied, dass mein Album bei Facebook die ganze Welt sehen kann. Und die *ganze* Welt hat die Fotos gesehen: Jeremy 1995 auf Norderney, ohne Badehose! Ups, nach der Bildmitte zu urteilen, muss das Wasser sehr kalt gewesen sein – sehr, sehr kalt. Oder noch ein schöner Schnappschuss: Luki kotzt auf Mallorca vor eine Kneipe. Die Bildergalerie der Peinlichkeiten kannte keine Gnade, jeder meiner Jungs war mit mindestens einem Werk vertreten. Und schon kamen die Rückmeldungen aus aller Welt: Daumen hoch! Gefällt mir!

Das »Gefällt mir« ist auch so eine Erfindung von Facebook. Egal, was die Facebooker auf ihre Seite stellen, es kann von anderen Nerds mit zu viel Tagesfreizeit kommentiert werden. Mit einem Klick auf den Daumen-hoch-Button. Das ist besonders schön, wenn Menschen ernsthafte Artikel auf ihre Seite gestellt haben:

- Immer mehr ältere Menschen leiden unter Demenz – Gefällt mir!
- Seehundsterben in der Nordsee – Gefällt mir!

- Radarfalle in der »Lindenstraße«, Bill Mockridge: Lappen weg – Gefällt mir!

Es dauerte keine zwei Minuten, da standen meine sechs Jungs vollzählig in meinem Arbeitszimmer.

»*Dad!* Wie konntest du das tun? Wir können uns nirgends mehr blicken lassen. Facebook ist nichts für alte Leute. Darüber macht man keine Witze … Schnell, Liam, zieh Dad den Stecker raus.«

Zu spät! Hehehehe, das Internet vergisst nie …

Facebook? Bei meinen Kindern kein Thema mehr. Und ich? Komplett süchtig! Es vergeht kein Tag, an dem ich nicht mindestens zehnmal auf meine Facebook-Seite gehe, um zu sehen, wer da was gepostet, geaddet oder sonst wie hinterlassen hat. Zum Beispiel jetzt:

*Ha!* 1568 Freunde! Wieder einer mehr. Mal sehen, wer das ist … Shinji Hakanato aus Tokio! Der hatte bis vor kurzem eine Sushi-Bar in Bonn. Toll, ich wollte schon immer, dass der mein Freund ist. Fast wäre ich sogar schon mal bei ihm essen gegangen. So, hier draufdrücken, bestätigen – und ab dafür!

Facebook ist so praktisch. Man kann auch prima Einladungen per Facebook verschicken. Genau, ich wollte ja noch Friedhelm für Samstag einladen, der ist ja auch bei Facebook. Friedhelm hat lieber virtuelle Freunde, echten traut er nicht – außer uns natürlich. Ich mache einen kanadischen Barbecue-Abend, nichts Großes, vier bis fünf Gäste, Elchsteaks und Bier.

So, die Einladung für Friedhelm habe ich geschrieben, hier draufdrücken – und ab dafür!

Oh, da kommt schon eine Antwort, der Friedhelm ist aber auf Zack!

***Hallo Bill, danke für Einladung. Ich komme zufällig Deutschland. Ich freue! Esse aber nur Fisch, keine Elch.***
***Grüße Shinji!***

Hä? Wieso hat der … Ups, noch eine Nachricht:

***Hi Bill, super! Die Reise ist vielleicht ein bisschen weit für ein Barbecue, aber wenn mein ehemaliger Lehrer ruft, bin ich natürlich am Start!***
***Best regards,***
***Doug Graham***

Noch eine Nachricht … Und noch eine … Und … Au Backe! Ich habe beim Versenden der Nachricht nicht auf »Friedhelm« gedrückt, sondern auf »alle«! 1568 Einladungen.

Ich muss los. Erst zur Bank und dann noch ein paar Elchsteaks kaufen …

## Top 10 - Senioricons

Das Internet und die Senioren – eine Beziehung mit vielen Missverständnissen. Doch nach und nach machen sich immer mehr ältere Menschen dieses Medium zu eigen, und immer mehr Internet-User der ersten Stunde vergreisen zunehmend. Zu den besonderen Erfindungen der Internetgemeinde gehören die »Emoticons«. Das sind Zeichenfolgen, kreiert aus normalen Satzzeichen (die Dinger auf ihrer Tastatur), mit denen man den Grundtypus eines Smileys darstellen kann. Damit versuchen Internet-Nerds, die kalte elektronische Welt mit einem Hauch von tiefen Gefühlen zu versehen. Das einfachste und bekannteste Emoticon geht so:

:-)

Damit Sie das fröhliche Gesicht des Smileys erkennen können, sollten Sie jetzt Ihr Buch um neunzig Grad nach rechts drehen. Falls Sie diese Zeilen gerade illegal veröffentlicht im Internet lesen, drehen Sie bitte Ihren Bildschirm auf die genannte Weise. Sie können auch einfach den Kopf um neunzig Grad nach links drehen, bis es knackt, und anschließend die Blockade vom Orthopäden Ihres Vertrauens lösen lassen. Natürlich erst, nachdem er Ihnen reflexartig die Einlagen für die Gesundheitsschuhe verschrieben hat.

Also, :-) bedeutet: Ich bin gut drauf, echt happy, ich könnte Bonsais ausreißen!

:-( hingegen bedeutet: Alles doof, ich gebe mir gleich die Kugel, und der Senf ist auch noch alle.

Aber jetzt schlagen die Senioren zurück! Seit einigen Monaten grassieren im Internet Emoticons, die die Befindlichkeit älterer User wiedergeben, unter dem trendigen Branding »Senioricons«. Das Ministerium für Chatten, Posten und Twittern, unter der Leitung von Guido Westerwelle, hat unlängst die zehn meistbenutzten Senioricons gelistet. Die möchte ich Ihnen nicht vorenthalten:

**10 :-$**

***Mein Zahnarzt hat mich beim neuen Gebiss übel abgezockt!***

**9 8=D-----------------**

***Moment, muss dringend Wasser lassen …***

**8 :-}**

***Das kräuselt mir glatt das Nasenhaar!***

**7 /:=)**

***Früher war auch nicht alles schlecht!***

**6 :-))))))))**

***Mir ist heute mein achtes Kinn gewachsen!***

**5 :-p**

***Können Sie was am Zungenbelag erkennen, Herr Internet-Doktor?***

**4 .-)**

***Das Auge hab ich damals im Krieg verloren, damit ihr jungen Leute heute Internet habt!***

**3 :-€**

***Habe heute meinen ersten Rentenbescheid bekommen***

**2 0**

***Hab heute mein letztes Haar auf dem Schädel verloren!***

**1 §:-)**

***Ich habe ein neues Toupet!***

# 26.
## Der Zipperleinwettstreit

Ich habe gestern wieder einen herrlichen Nachmittag mit meinen Boulebrüdern verbracht. Andere Männer schieben im hohen Alter eine ruhige Kugel, wir spielen Boule. Die Partien waren sehr spannend, die Gespräche hingegen hatten einige Längen.

»Jungs, ich soll euch alle grüßen«, ließ Robert uns gestern wissen. »Von Dieter Schmitz. Der ist zu seiner Tochter nach Ruppichteroth gezogen, musste in ein Pflegeheim. Stellt euch das vor: Der hat zwischendurch seinen eigenen *Namen* nicht mehr gewusst! Der hat diese Kopfkrankheit … diese, diese … Bill, wie heißt noch mal diese Kopfkrankheit?«

Unser Robert. Manchmal ist er echt durch den Wind.

»Robert, du meinst …«, wollte ich ihm helfen. »Du meinst … ähm … äh … Himmel, Arsch und Zwirn!« Ich suchte nach dem Wort, aber ich kam nicht drauf! Hilfesuchend wandte ich mich an die anderen: »Jungs, ihr wisst doch, was Robert meint! Wenn man plötzlich mitten am Tag aufsteht und das Haus verlässt … nicht mehr an die Frau denkt, an die Kinder, an den Beruf … einfach durch den Wald läuft und alles vergisst, wie *heißt* denn das?«

Für Beppo war der Fall klar: »*Das* heißt Glück!«

»Nein, das mein ich nicht, das mein ich nicht! Das andere!«

»CHUUAAARRR-CHUUUAAAAAAAAAAAA-AARRR!«

»Nein, *das* auch nicht, Edgar!«

Wir unterbrachen unser Boulespiel, um gemeinsam zu überlegen. Es war ein Bild für die Götter: Sechs ältere bis sehr alte Herren stehen auf dem Sportplatz in Bonn-Endenich, alle wie Rodins »Der Denker«, und versuchen, irgendwie auf diese verflixte Krankheit zu kommen. Plötzlich lief eine Gruppe Jugendlicher auf dem Weg zum Bolzplatz vorbei.

»Hey, Alzheimis – nicht wegsterben!«

»Richtig!«, riefen wir begeistert hinüber. »*Das* ist es! Vielen, vielen Dank!«

Die Jugendlichen schauten uns sehr irritiert an, bevor sie weitergingen. Egal. Alzheimer, ganz genau, so hieß das.

»Alzheimer, jajajajajaja …«, nutzte Friedhelm sofort seine Chance. Wenn Friedhelm jajajajajat, weiß man sofort: Jetzt will er gleich wieder prahlen. Und so war es auch. »Alzheimer hab ich ja längst hinter mir. Das ist eine Kinderkrankheit für mich! Jungs, *ich* habe – Alzheimer *plus*!«

Der Rest von uns schaute ratlos.

»Plus was?«, stellte Robert die Frage, die uns allen unter den Nägeln brannte.

»Plus Déjà-vu!«, erklärte Friedhelm nicht ohne Stolz. »Ich habe immer das Gefühl, als hätte ich das alles schon einmal vergessen!«

Es begann zu dämmern – am Himmel, nicht bei uns –, und als wir bemerkten, dass sich auch noch unser Rotweinvorrat dem Ende zuneigte, beschlossen wir, unseren Aufenthaltsort zu verlegen: in die »Harmonie«, unser Stammlokal. Dort gibt es ausreichenden Weinnachschub und leckere Bouletten. Genau der richtige Ort, um den Boulenachmittag altherrengerecht ausklingen zu lassen.

Ich saß wie immer zwischen Friedhelm und Robert, auf dem Sitzplatz mit dem höchsten Unterhaltungswert in ganz Bonn-Endenich. Friedhelm und Robert sind echte Garanten für gutes Entertainment, weil keiner der beiden dem anderen sein Zipperlein gönnt.

Gestern eröffnete Friedhelm den Wettstreit: »Entschuldigt, Männer, ich habe heute nicht so gut gespielt und die entscheidenden Punkte nicht gemacht. Aber das liegt an meinen Plattfüßen, die machen mir in letzter Zeit sooo zu schaffen!«

Das kann Robert natürlich nicht auf sich sitzenlassen: »Ach Friedhelm, sei mal nicht so wehleidig! Ich habe auch Plattfüße. Aber auch noch Senk-, Spreiz-, Knick- *und* Schweißfüße! Hör mal, da ist jeder Schritt wie barfuß durch die Hölle! Das kann ich dir flüstern …«

Friedhelm beugte sich halb über mich in Richtung Robert: »Wenn es nur die Plattfüße wären, dann wäre ich ja zufrieden. Aber auch mein Kniegelenk ist vollkommen kaputt! Wenn ich durch die Stadt gehe, denken die Leute ich spiele dabei Tischtennis: PING-PONG-PING-PONG!«

»In deinem Alter hatte ich schon *zwei* kaputte Kniegelenke! Und habe trotzdem jedes Jahr mein Sportabzeichen bestanden. Aber jetzt habe ich eine so seltene Art von Arthrose, dass mein Fall bereits in einem orthopädischen Fachblatt behandelt wurde. Auf der Titelseite!«

»Hör mal, mein Urologe hat sich bei ›Wetten, dass ..?‹ beworben! Er behauptet, er könne unter hundertzwanzig Patienten *meine* Prostata heraustasten. Willst du mal fühlen?«

Das ging selbst mir zu weit: »Hört auf Jungs! Das ist ja ekelig! Ich versuche immer noch zu essen.«

Robert hörte mir gar nicht zu: »Willst du mal meine Gallensteine sehen? Die sind so groß wie Tennisbälle!«

Friedhelm saß inzwischen auf meinem Schoß und

drückte seine Nase an die von Robert: »Ja, ich würde sie gerne sehen, aber ich kann sie nicht sehen, denn ich habe meine Brille vergessen. Ich bin inzwischen auf fünf Dioptrien, ich bin fast blind!«

»Lachhaft! Mit fünf Dioptrien wurde ich Schützenkönig in Endenich! Ich kaufe meine Brillen nur noch bei Obi, die haben keine Gläser, die haben Glasbausteine!«

Friedhelm sprang wie ein junges Frettchen von meinem Schoß und zog seine Hose bis auf die Knie herunter. »Dann richte deine Glasbausteine mal hier auf meine Hüftgelenk-Operationsnarbe. Das sind siebenundzwanzig Kreuzstiche. Ohne Narkose! Doppelt genäht! Mit dem Garn flicken die Matrosen sonst die Segel der Gorch Fock! Drei Ärzte haben zweieinhalb Stunden daran gearbeitet.«

»Zweieinhalb Stunden? So lange brauchten die Ärzte bei meiner Bandscheiben-Operation allein für die Beratung. Die OP hat zwei *Tage* gedauert. Meine Bandscheibe ist so interessant, die habe ich später dem Robert Koch-Institut versprochen, für medizinische Forschungszwecke.«

»Mein ganzer Körper ist seit zehn Jahren beim Museum König unter Vertrag!«

Robert lachte siegesgewiss: »So ein Quatsch! König ist ein zoologisches Museum!«

»Natürlich, du Schlaumeier! Wenn ich tot bin, komme ich in eine Glasvitrine in die Eingangshalle, als *Homo desolatus*! Von innen beleuchtet. *Ha!*«

Das war's! Friedhelm war der Sieg nicht mehr zu nehmen. Doch Robert bäumte sich ein letztes Mal auf: »Als ich neulich mit meinem Sohn in dieser Leichenausstellung war, na … wie heißt die noch?«

»*Körperwelten*«, rief ich schnell, um die Show am Laufen zu halten.

»Genau! Da wollten sie meinen Sohn nicht mit mir rauslassen, weil die Ordner dachten, er hätte mich geklaut!«

Touché! Das saß! Friedhelm sank auf seinem Stuhl zusammen, die Hose immer noch in den Kniekehlen.

Das ganze Lokal spendete Beifall. Und Beppo schob mir einen 10-Euro-Schein rüber. Er hatte auf Friedhelm gewettet …

## Top 10 - Die beliebtesten Sportarten für Senioren

**10**
***Rollathlon***

**9**
***Tontauben füttern***

**8**
***Aufstoßen***

**7**
***Synchron-Stänkern***

**6**
***Steakwondo***

**5**
***Bettpfannen-Curling***

**4**
***Schnarcheln***

**3**
***Breakdance (Knack!)***

**2**
***100-Zentimeter-Lauf***

**1**
***Boule***

# 27.
## Der alte Mann und der Bär

Der Bär ist der Augenblick
und der Augenblick ist der Bär.«
*Supreme Buddha / Bill Mockridge*

Es gibt Momente im Leben, da blickt ein alter Knacker wie ich ganz tief in sich hinein und sieht … nix! Niente. Nada. Es ist in solch einem Augenblick dunkel. Stockfinster wie in einem Bärenarsch. Aber halt – ich greife voraus! Jetzt schön der Reihe nach. Gießt euch noch mal ein gutes Glas Rotwein ein (zur Not tut es auch ein schlechtes) und spitzt die Ohren. Höret und staunet – über die olle, dolle Weisheit aus meinem wilden Leben …

Ich stamme, wie Sie inzwischen wissen, ursprünglich aus Kanada. Dem Land der Elche und des Ahornsirups. Und des Elchbratens in Ahornsirup. Was dem Deutschen sein Fußball, ist dem Kanadier sein Eishockey, der »Tag der deutschen Einheit« heißt dort drüben »Canada Day«. Ich persönlich fühle mich beiden Feiertagen gleichermaßen verbunden – Hauptsache, ich kann ausschlafen. Überhaupt bin ich nach so vielen Jahren Deutschland ein regelrecht schizophrener Staatsbürger. Eigentlich bräuchte ich für den Fahnenmast in meinem Garten eine Flagge mit schwarz-rot-goldenem Ahornblatt, um dem Wechselbad meiner Nationalgefühle gerecht zu werden. Ich bin inzwischen halb Deutscher, halb Kanadier. Ich bin Deutschnadier.

Mehrfach im Jahr pendele ich zwischen Deutschland und Kanada. Ich unterhalte neben meinem Häuschen in Bonn-Endenich nämlich auch eine kleine Holzhütte in Kanada. Das heißt nicht, dass ich meinen beiden Immobilien Witze erzähle – im Gegenteil: Die hab ich mir hart erarbeitet. Dementsprechend stolz bin ich darauf. Meine kanadische Behausung ist weiß Gott nichts Besonderes, bekommen Sie bitte keine falschen Vorstellungen – aber immerhin: Sie hat einen eigenen Bootssteg. Ich wiederhole: einen *eigenen Bootssteg*! Ja, Sie merken schon: Das ist für einen Mann mit ahornblattgeformten Genen wichtig. Der eigene Bootssteg ist für den Kanadier ungefähr so elementar, so selbstdefinierend wie für den Deutschen sein Mercedes-Benz vor der Haustür. Ein eigener Benz auf meinem persönlichen Bootssteg – *das* wäre für mich als Deutschnadier die Vollendung! Ich hab's mal testweise mit meinem brandneuen Van probiert. Und was soll ich Ihnen sagen? Die Reparatur war teuer. Vom Steg *und* von der Familienkutsche. Dafür muss ich in der »Lindenstraße« lange Helga Beimer küssen. Aber so was passiert halt, wenn man von seinem ambivalenten Heimatgefühl übermannt wird.

Bevor Sie sich fragen: Ist der Mockridge jetzt *völlig* zugekalkt? Er wollte uns doch was Weises übers Alter erzählen – gemach, gemach! Ich komme noch dazu. Denken Sie daran: Wir alten Leute haben Zeit. Viiiiiel Zeit. Das macht uns ja so gefährlich, wenn wir erst mal anfangen zu erzählen. Also, sagen Sie schon mal Ihre heutigen Termine ab, und stellen Sie sich dabei Folgendes vor: Ich mit meiner Familie im Sommerurlaub in unserer kanadischen Holzhütte. Mitten in der Natur, viel Grün, viel Wasser, sonst nichts. (Außer natürlich – erwähnte ich es bereits? – *mein eigener Bootssteg!*) Ganz früher hatten wir dort nicht einmal Fernsehen, um ein paar Wochen völlig für uns zu sein, ohne Ablenkung, ohne die ständigen medialen Reize. Das kannst du mit TV-abhängigen Kindern natürlich nicht mehr machen. Meine Jungs sind voll drauf auf RTL und Pro7. Ein Jahr lang konnte ich es noch rauszögern, indem ich eine in Karton verpackte alte Radkappe mitgenommen und meinen Jungs hoch und heilig versprochen habe, ich hätte endlich eine SAT-Schüssel gekauft. Darauf fallen die aber leider nur *einmal* rein. Meist kommen wir jedoch eh nicht wirklich zum Fernsehen. Letzten Sommer allerdings, bei der Frauen-Fußballweltmeisterschaft, habe ich eine Ausnahme gemacht. Das musste sein. Deutschland gegen Kanada – Schizophrenie pur! Die Schiedsrichterin hatte das Spiel gerade angepfiffen, und wir hatten es uns alle gerade auf dem Sofa vor der Glotze gemütlich gemacht, da kribbelte es plötzlich seltsam unter meinem Hintern.

»Spürt ihr das auch?«, fragte ich verwundert meine Frau und Kinder. »Margie, hat unser Sofa eine versteckte Massagefunktion, von der ich nichts weiß?«

Kaum hatte ich das gesagt, fing unsere Couch plötzlich auch noch an zu schnurren und zu brummen. Das war jetzt aber definitiv *nicht* mehr normal für unser IKEA-Sofa »Klippan«. Wir sprangen erschrocken auf, und was sprang im nächsten Moment raus? Ein Waschbär! Keine Ahnung, wie der sich ins Haus geschlichen und wie lange der sich schon in unserer Couch versteckt hatte. Auf jeden Fall stand er jetzt vor uns und fauchte böse mit seinen kleinen aufgerissenen Augen.

»Tu was!«, forderte meine Frau mich auf, drückte mir einen Besen in die Hand. Meine Jungs sahen nur tatenlos zu. Manchmal ist es – auf gut Deutschnaisch gesagt – echt fu**ing Scheiße, das Oberhaupt der Familie zu sein. Der wildgewordene Waschbär fauchte mich demonstrativ noch lauter an. Vermutlich mochte er keinen Frauenfußball, wollte viel lieber »Canadian Idol« sehen und war sauer, dass wir umgeschaltet hatten.

»Na, warte …«, murmelte ich leise. Ich schaute dem Waschbär tief in die Augen, ohne zu blinzeln. »Diese Hütte ist zu klein für uns beide, Fremder!«

Ich scheuchte den tierischen Eindringling todesmutig mit dem Besen Richtung Haustür. Der machte vorher jedoch noch einen flinken Abstecher ins Esszimmer, um sich – ohne auch nur abzubremsen – eine Scheibe Toast als Wegzehrung zu schnappen. War das zu fassen? Der Halunke kannte sich in meinem eigenen Haus schon besser aus als ich! Irgendwann hatte ich ihn endlich aus dem Haus – und hoffte, ihn für immer verscheucht zu haben.

Als ich unserem Nachbarn, einem pensionierten Profi-Hockeyspieler für die »Maple Leafs«, am nächsten Tag von unserem unfreiwilligen Besuch erzählte, wollte der mir sein »Baby« leihen – eine Original Winchester 1912, ein Erbstück seines Vaters. Während er liebevoll den Lauf putzte, versprach mein Nachbar: »Bill, vertrau mir, diese Süße hier ist das Letzte, was dieser Schweinehund sieht, bevor er im Waschbärenhimmel wieder aufwacht.«

So weit wollte ich dann aber doch nicht gehen und habe mir ein paar Öko-Fallen besorgt. Zwei Tage später saß der Toast-Meisterdieb auch schon drin und wurde anschließend von mir *ganz* weit weggebracht.

Wir kriegen in Kanada übrigens auch netteren Besuch: Jedes Jahr besucht uns ein Elchpärchen. Die beiden sind so süß, dass selbst ich erfolgreich verdränge, wie viel süßer sie noch in Ahornsirup auf meinem Teller wären. Wir haben die beiden wirklich ins Herz geschlossen. Kaum kommen wir in Kanada an, warten sie auch schon auf unserer Wiese. Egal, ob wir uns amüsieren, uns streiten oder was auch immer – die zwei Elche gehören fast schon zur Familie, sind stets dabei.

Außer, wenn *er* sie mal wieder verscheucht. Ja, da gibt

es *noch* einen tierischen Stammgast. Wir nennen ihn »Bruno«.

Bruno ist der Schlimmste von allen. Dagegen ist der wildgewordene Waschbär aus unserem Sofa ein Kuscheltier. Ich konnte Bruno lange Zeit nicht leiden, wurde allein beim Gedanken an ihn genauso grummelig wie er selbst. Bruno ist seines Zeichens ein echter Braunbär, der sich ab und zu aus dem angrenzenden Wald blicken lässt. Er kommt nie wirklich nah an unsere Hütte heran, zum Glück, trotzdem verbreitet seine imposante Gestalt auch aus der Ferne immer ein gewisses Unbehagen. Wenn wir draußen grillen, hab ich stets Angst, der leckere Geruch könnte Bruno anlocken. Wie gesagt: Ich konnte diesen verdammten Braunbären lange nicht ab. Er versaute uns irgendwie die Unbeschwertheit im Urlaub. Außerdem war ich heimlich neidisch auf sein volles Haupthaar – aber das ist eine andere Sache.

Letzten Sommer jedoch, im Jahr des Waschbären, war es so weit. Es kam zur ultimativen Begegnung zwischen Bruno und mir. Ich wollte eigentlich nur etwas Holz sammeln für unseren Kamin. Als ich gerade einen besonders schönen Scheit aufhob, sah ich ihm plötzlich direkt in seine kalten Bärenaugen: Bruno stand direkt vor mir, schaute zu, was ich so machte. Er musste mich entweder schon länger beobachtet haben, oder er konnte sich noch leiser anschleichen als meine Frau, wenn sie wollte, dass ich bei der Hausarbeit half. Mich trennten schätzungsweise drei Meter von Braunbär Bruno, einem der gefährlichsten Tiere der Welt. Glauben Sie mir: In solch einem Moment schrumpfen drei Meter subjektiv auf eine mikroskopisch kleine Größe. Ganz im Gegensatz zum Bären, der kam mir noch viel größer vor als sowieso schon. Bruno richtete sich vor mir auf. Ich erstarrte in Todesangst. Bruno brüllte nicht und fletschte auch nicht die Zähne oder so, nein – er stand einfach so vor mir. Das allerdings reichte bei weitem aus, dass mir mein eh schon rhythmisch gestörtes Herz fast stehenblieb.

»Ich bin Gammelfleisch, längst abgelaufen!«, hätte ich Bruno am liebsten zugerufen. »Akute Salmollengefahr, lass es einfach!« Doch natürlich brachte ich kein Wort heraus. Ich war mir sicher: Mein letztes Stündchen hatte geschlagen. Ich schloss im nur mäßig stolzen Alter von dreiundsechzig Jahren mit meinem Dasein ab.

Es heißt immer, im Angesicht des Todes ziehe das ganze Leben noch einmal an einem vorbei. Doch das stimmt nicht. Wie ich dort so stand, mich versteinert meinem Schicksal überließ, in der Gewissheit, dass Bruno mich jeden Moment mit seinen kräftigen Pranken angreifen und zerfleischen würde, zog keine Vergangenheit an mir vorbei. Wirklich nicht. Was ich stattdessen sah: all die Dinge, die ich unbedingt noch ein letztes Mal hätte machen wollen. Ein letztes Mal meiner Frau Margie sagen, wie sehr ich ihr chaotisches römisches Wesen liebe. Ein letztes Mal meine Boulebrüder beim Spielen schlagen, während wir über Gott und die Welt philosophieren. Ein letztes Mal ein Stückchen von diesem Wahnsinnskäse auf der Zunge zergehen lassen, den mir Frau Braun, die Chefin meines Lieblingsfeinkostladens damals ans Herz gelegt hatte. Ein letztes Mal in meinem »Springmaus«-Theater den Zuschauern einen tollen Abend bescheren. Ein letztes Mal …

In diesem Moment ließ sich Bruno wieder auf alle viere fallen. Er schaute mich noch kurz an, fast ein wenig doof, schnaubte einmal laut durch – dann drehte er sich um und verschwand zwischen den Bäumen.

Ich stand noch mehrere Minuten dort, bevor ich mich wieder zu atmen traute. Zumindest kam es mir so vor. Danach ging ich mit noch etwas weichen Knien und meinem gesammelten Holz durch den Wald zurück. Als ich in unser Haus kam, stand meine Frau gerade beim Geschirrabwaschen. Ich umarmte sie von hinten, worauf meine Margie sich so erschrak, dass sie den Teller in ihrer Hand fallen ließ. Er zersprang auf dem Boden mit einem lauten Knall in tausend Teile.

»Bill, bist du bescheuert?!«, schimpfte meine Frau mich aus. »Musst du mich immer so erschrecken? Das fegst *du* auf!«

Ich umarmte sie noch fester. »Zu Befehl, wird sofort gemacht ... Hab ich dir heute eigentlich schon gesagt, wie sehr ich deinen himmlisch chaotischen Kopf liebe?«

Ich schnappte mir Schaufel und Besen und fegte pfeifend die Scherben vom Boden auf.

»Wo sind die Kinder?«, fragte ich Margie.

»Drüben beim Gary Leeman. Der wollte ihnen seine Eishockey-Sammlung zeigen.«

Wie süß. Margie glaubte meinen Jungs diese Nummer *immer* noch. Natürlich interessierten die sich nur am Rande für die ruhmreiche Eishockey-Vergangenheit unseres Nachbarn. Hauptsächlich wollten sie die Winchester sehen.

»Bruno trieb sich vorhin wieder hier rum!«, schimpfte meine Frau. »Kann dieser blöde Bär nicht einfach mal in seiner Höhle bleiben, wo er hingehört?«

Ich nahm meine Frau noch mal in den Arm, schaute aus dem Fenster Richtung Wald. »Ach komm, lass ihn ...«, sagte ich versöhnlich. »Der Kerl ist in Ordnung.«

Wir hörten ein leises Geräusch, ließen uns davon aber beim Kuscheln nicht stören. Erst später würden wir rekonstruieren können, dass sich, während wir uns liebten, das Ehepaar Elch durchs offene Küchenfenster genüsslich an unserem Apple Pie bediente. Ich wusste den gemeinsamen Moment mit meiner wunderbar römisch-chaotischen

Frau mehr denn je zu schätzen. Die Vorfreude, wenn ich nach unserer Rückkehr nach Deutschland wieder mein Bühnenprogramm spielen würde. Und natürlich den phantastischen Käse meiner Feinkost-Göttin aus der Friedrichstraße. Verdammt nochmal, was ist das Leben schön! Und zwar in jedem Augenblick, ob mit zwanzig, vierzig, dreiundsechzig oder einhundertzehn!

Danke, Bruno.

# 28.
## Rentner rüsten auf

Sie haben es hoffentlich nicht bemerkt, aber ich war beim vorigen Kapitel ein wenig unkonzentriert. Das tut mir leid, es soll nicht wieder vorkommen. Zu meiner Verteidigung sei erklärt: Ich hab mich während des Schreibens die ganze Zeit nervös gefragt, ob meine Tasche noch draußen im Auto liegt. Das soll man ja nicht machen – wegen der Autoknacker. Denen strömt bei solch einem Anblick vor Freude sofort der hochkriminelle Geifer die Mundwinkel herunter, weil sie denken: »Ah, eine Tasche! Da ist bestimmt eine Geldbörse drin! Kreditkarten! Vielleicht auch noch eine Videokamera, zwei Goldbarren, der Familienschmuck – und eine Segelyacht!« Gut, Letzteres denken vielleicht dann doch nur die ganz *dummen* Gangster, aber die sind bekanntlich die gefährlichsten.

Ich habe meine Freitagabende dreißig Jahre lang mit Eduard Zimmermann und »Aktenzeichen XY … ungelöst« verbracht, ich weiß, wie das Spielchen läuft. Die Filme fingen da auch immer ganz harmlos an: Ein unbekannter Mann schaut an einem herrlichen Sommertag interessiert durch eine Autoscheibe – und am Ende hört man nur noch den Sprecher über das dunkle Haus im Mondschein sagen: »Sein Mops Möppi war der Letzte, der Herrchen Bill Mockridge noch lebend gesehen hat …«

Nicht mit mir! Deshalb musste ich eben, beim Schreiben des letzten Kapitels, kurz abbrechen und zur Sicherheit draußen nachschauen. Zum Glück: Ich hatte meine Tasche *nicht* mehr im Auto. Puh. Oder etwa …, halt: Hatte ich auch *hinten* nachgeschaut? Doch, oder? Nicht? Doch? Doch nicht?

Moment, entschuldigen Sie mich kurz …

…

…

Okay, ich bin wieder da. Pardon, hat etwas länger gedauert. Also, auch hinten keine Tasche, bin gerade noch ein zweites Mal zum Auto. Merken Sie sich das bitte für mich, falls ich es wieder vergesse. Ja, das ist ein weiterer Fluch des Alters: Das Sicherheitsbedürfnis wächst. Das war früher bei mir anders. Als Achtzehnjähriger auf der Theaterschule hatte ich nie Angst, dass mir einer was klaut. Was denn auch? Ein Auto besaß ich noch nicht, und in meiner Studentenbude gab es auch nichts zu holen. Außer meinem verdammt guten Aussehen und meinem brillanten Kopf hatte ich ja nichts. Wäre ein Einbrecher nachts bei mir eingestiegen, hätte er wahrscheinlich mit Tränen des Mitleids in den Augen etwas *dagelassen*!

Inzwischen sieht das anders aus: Wenn wir heute in den Urlaub fahren, wird zuerst die Wohnung einbruchssicher gemacht. Und das kann mitunter länger dauern als der angestrebte Urlaub. Die erste Frage lautet immer: Wohin mit der TAN-Liste fürs Onlinebanking? Unters Kopfkissen? Den Kleinen schnell eine Kinderzeichnung hinten draufkritzeln lassen und an den Kühlschrank kleben? Auswendig lernen und aufessen? Nein: Am besten in ein Buch! Aber auch das ist verzwickt. Vor einigen Jahren steckte ich die Liste gerade in eine alte, verstaubte Schwarte, da sagte meine Frau Margie mir: »Einfacher kannst du es den Einbrechern nicht machen, oder?«

»Wieso?«, fragte ich noch ahnungslos, dann schaute ich auf den Einband des TAN-Buchverstecks, und ich verstand Margies Einwand: Schillers »Die Räuber«. Okay, Argument akzeptiert.

»Was nehmen wir dann?«, wollte ich wissen. »Shakespeare?«

»Natüüüüüürlich! *Das* ist schlau!« Den mitleidigen Sarkasmus in der Stimme meiner Frau hätte selbst ein Tauber gehört. »Am besten in ›Was ihr wollt‹ … Hättest du mal dein *eigenes* Buch schon fertig, da guckt garantiert keiner rein!«

»Dann nehme ich Kafka!«, sprach ich ein Machtwort und schob die TAN-Liste in eines seiner Werke. »Einbrecher lesen keinen Kafka.«

»Woher willst du das wissen?«

»Margie, denk doch nach: Bei Kafka-Titeln bekommen Einbrecher Angst! Ich sag nur: ›Der Prozess‹, ›Das Urteil‹ …«

»… ›Das Schloss‹ …« Meine Frau ahmte die Bewegung eines Dietrichs nach.

Verstanden. Ich zog die TAN-Liste leicht angenervt aus Kafkas »Verwandlung« wieder heraus. Ich würde mich hier auch gleich verwandeln, wenn das so weiterging. Das Haus musste für den Urlaub aufgerüstet werden zum Fort Knox von Bonn-Endenich, und wir waren inzwischen zwar heiße Aspiranten für eine Neuauflage des »Literarischen Quartetts«, aber immer noch erst beim Verstecken der verdammten TAN-Liste! Versteckt habe ich sie am Ende dann an einem bombensicheren Ort: im Aktenvernichter. Da kamen die Einbrecher *nie* drauf.

Hab ich eigentlich meine Tasche aus dem Auto … hab ich? Wirklich? Danke. Mann, gut, dass ich Sie habe! Wie gesagt: Das Sicherheitsbedürfnis im Alter wächst. Vor zwei Jahren habe ich eine nigelnagelneue Alarmanlage für unser

Haus gekauft. Sicherer als damit geht es wirklich nicht: Ich hatte trotz 300-seitiger Bedienungsanleitung so lange gebraucht, das Ding mit meinem gewünschten Zahlencode zu installieren (»0000« – leicht für mich zu merken, weil so auch mein Kontostand nach dem Kauf aussah), dass es sich gar nicht mehr gelohnt hatte, in den Urlaub zu fahren.

In den zwei Wochen, in denen uns wir eigentlich schön an der Riviera hatten sonnen wollen, hat es kein Einbrecher auch nur in die Nähe unseres Hauses gewagt! Zugegeben, auch wir selbst kamen, nachdem wir das Urlaubs-Methadonprogramm im Garten verbracht haben, nie in unser eigenes Haus, ohne dass das 120-Dezibel-Piepen sämtlichen Bewohnern unserer Straße die Trommelfelle gesprengt hat, aber das ist ein anderes Thema. Gut, eigentlich ist es genau *dasselbe* Thema, aber ich möchte nicht darüber sprechen. Einige jetzt schwerhörige Nachbarn sind noch immer angesäuert. Nur Friedhelm nicht. Friedhelm wohnt bei uns in der Straße nur ein paar Häuser weiter, und er hat natürlich vollstes Verständnis dafür. Er ist ja selber so ein Sicherheitsfanatiker. Rüstet auf bis zum Gehtnichtmehr, noch viel schlimmer als ich. Er hat mir neulich seine neueste Installation gezeigt: Per Fernsteuerung gehen die Rollläden dreimal am Tag auf und zu.

»So denkt jeder Einbrecher, dass jemand zu Hause ist!«, erklärte er mir stolz.

Ich war fasziniert von Friedhelms Methode: Er täuschte Leben vor, wo sonst keines ist. Das kannte ich bislang nur von meinen pubertierenden Jungs samstagmorgens am Frühstückstisch, wenn sie die Nacht vorher durchgefeiert hatten. Und bei Friedhelm geht es sogar noch weiter – nicht nur die Rollläden fahren runter, nein, es knipsen sich auch vollautomatisch alle Lichter an und aus, inklusive Radio, Fernseher und Stereoanlage. Was für ein Getöse! Trotzdem war dann, während er weg war, zweimal die Polizei bei ihm. Nicht wegen der Einbrecher, sondern wegen der vielen parkenden Autos. Die Jugendlichen aus dem Umkreis hatten gedacht, bei ihm hätte eine neue Großraumdisco eröffnet. Meine Jungs haben mit ihren Kumpels auch mitgefeiert und konnten nach durchzechter Nacht morgens direkt die hundert Meter zu unserem Frühstückstisch rübergehen. Immerhin *das* war praktisch.

Noch besser sind … aber bevor ich davon erzähle, sollte ich doch lieber noch mal gucken, ob ich auch *wirklich* meine Tasche aus meinem Au … Ja? Tatsächlich? Was Sie nicht sagen! Danke. Jedenfalls: Noch besser sind Alarmanlagen, die automatisch eine SMS auf dein Handy senden, wenn jemand Unbefugtes dein Haus betritt. Sie sitzen also auf den Malediven am Strand – in der linken Hand ein schönes Eis, in der rechten das Handy, das plötzlich piept. Sie lesen: »Es wird gerade bei dir eingebrochen!« Na, toll. Was bringt mir das? Soll ich den Einbrechern etwa zurückschreiben? »Lieber Einbrecher, vielen Dank für deinen Besuch. Bitte fühle dich wie zu Hause. Der Schmuck ist nicht echt, und kannst du bitte, wenn du eh schon gerade dabei bist, den potthässlichen Glastisch zertrümmern, das kann ich dann als Versicherungsschaden absetzen …« Oder auch: »Hallo, lieber Einbrecher, bitte Bier für die Rückkehr kaltstellen, hab ich nämlich vergessen!«

Was gegen Einbrecher natürlich auch hilft, ist ein schönes großes Schild: »Warnung vor dem Hunde!« Gerade bei solch blutrünstigen Bestien wie unseren wirkt das Wunder. Kennen Sie diesen tollwütigen Bernhardiner aus Stephen King's »Cujo«? Ein Kuscheltier gegen unsere Kampfhunde. Dementsprechend martialisch muss so ein Warnschild sein, mit abgebildeten gefletschten Zähnen, tiefen Kratzspuren einer riesigen Pranke und am besten noch ein paar Blutflecken von mindestens fünf Opfern drauf. Das Ding hab ich direkt an unseren Eingangszaun genagelt. Und es verfehlt seine Wirkung nicht: Wenn jetzt ein Einbrecher lebensmüde unser Grundstück betritt und unsere kleinen, sabbernden, keuchenden Möpse Möppi und Kenzo herantapsen sieht, erstickt er unweigerlich an seinem qualvollen Lachanfall. Das entspricht eindeutig *nicht* den Genfer Menschenrechtskonventionen, ich weiß – aber er wurde schließlich gewarnt. Don't mess with Möppi and The Kenzonator!

So sieht's aus in meinem aufgerüsteten Leben als rüstiger Senior. Oft frage ich mich selbst, warum ich mir diesen Sicherheitsirrsinn überhaupt antue. Warum fühlen wir uns so unsicher? Laut Kriminalstatistik passiert nämlich immer weniger. Wir haben anscheinend immer noch das Gefühl, früher sei alles besser gewesen. »Früher konnte ich noch mein Haus verlassen, ohne abzuschließen!«, höre ich meine Nachbarin Frau Reinecke oft sagen. »Ja, Frau Reinecke, da können Sie mal sehen, wie tief die Einbrecher gesunken sind«, würde ich immer gerne entgegnen. Tue ich aber natürlich nicht. Ich denke es nur. Und was ich ebenfalls tief im Innersten denke: eigentlich alles Quatsch mit diesem Sicherheitsgedöns. Sicher ist nur, dass wir irgendwann einmal den Löffel abgeben. Und genau deshalb sollten wir das Leben genießen und nicht ständig überall Angst haben, denn wie sagt die Oma immer so schön? Das letzte Hemd hat keine …

FIEEEEP-FIEEEEP-FIEEEEP-FIEEEEP-FIEEEEP-FIEEEEP-FIEEEEP-FIEEEEP-FIEEEEPFIEEEEP!!!

Verdammt, meine Autoalarmanlage! Moment …

…

…

…

Bin … bin … keuch … zurück … muss kurz … muss kurz Luft holen … war falscher Alarm. Es war nur Frau Reinecke von nebenan. Achtzig Jahre alt und kontrolliert Tag und Nacht unsere Straße. Wir brauchen keinen Streifenwagen – wir haben Recht-und-Ordnung-Terminator Reinecke! Sie wollte kontrollieren, ob ich meinen Wagen abgeschlossen hatte, und hat am Türgriff gezerrt. Da fühlte sich mein Auto in seiner Intimsphäre verletzt (zu Recht) und hat sich verteidigt.

Also, was ich sagen wollte: Wir alle sollten uns etwas lockerer machen. Ich eingeschlossen. Sonst klauen einem die Verbrecher dieser Welt zumindest *eines* ganz gewiss: Lebenszeit. Und die ist das Kostbarste von allem, was Sie besitzen – vertrauen Sie mir.

Jetzt muss ich rüber zu Friedhelm. Er will mir seine neueste Hightech-Sicherheitserrungenschaft zeigen: einen Roboter, der im Wohnzimmer automatisch regelmäßig am Fenster vorbeirollt, damit es so aussieht, als sei jemand zu Hause. Natürlich nur, wenn in diesem Moment nicht gerade die ebenfalls automatischen Rollläden unten sind.

Der Kerl braucht dringend wieder eine Frau.

# 29.

## Solange der Kopf mitmacht

Ich habe einen Traumberuf. Ich weiß, was Sie jetzt denken:

*Schauspieler = Sex, Drugs and Rock'n'Roll.*

Ich gebe zu: Diese Art von Schauspielern gibt es. Nur werden die selten so alt, wie ich mich manchmal jetzt schon fühle – auch ohne Drugs und Rock'n'Roll. Ich empfinde es als großes Glück, auf der Bühne stehen zu dürfen. Nach zwei Stunden gehen beide mit einem Lächeln nach Hause – das Publikum und ich. Das ist ein Grund dafür, warum ich nicht an Rente denke.

Der zweite Grund: Ich habe mir vor einigen Jahren meine Rentenansprüche ausrechnen lassen. Auf Heller und Pfennig. Vor allem auf Pfennig …

In letzter Zeit fragen mich viele Freunde und Kollegen immer häufiger: »Bill, wie lange willst du das eigentlich noch machen?«

Ich antworte immer: »Ich mache das so lange, wie der Kopf noch mitmacht.«

Auf der Bühne die Texte vergessen, das ist der absolute Horror für jeden Schauspieler. Regelmäßig wache ich nachts schweißgebadet auf, weil ich wieder und wieder diesen einen Albtraum habe: Ich stehe allein auf einer großen Bühne, trage ein albernes Kostüm (wahlweise auch einen karierten Pyjama) und halte in der rechten Hand einen Totenkopf. Die Scheinwerfer sind auf mich gerichtet, im

Publikum ist es mucksmäuschenstill. Alle warten auf meinen großen Monolog. Ich auch.

»Äh, Schwein oder nicht Schwein …«

Nee, das war es nicht.

»Äh, rein oder raus …«

Im Publikum beginnen die Ersten zu husten. Mein Kopf ist genauso hohl wie der Schädel in meiner Hand. Hinter der Bühne höre ich plötzlich eine weibliche Stimme, wahrscheinlich eines der lustigen Weiber von Windsor – so heißt doch das Stück oder?

»*Sein*, Bill, *sein*!«

Sie hat recht! Ich lasse es besser sein. Und gehe mit zwei hängenden Köpfen von der Bühne.

Aber das ist zum Glück nur ein Traum. Auf der Bühne kann ich mir meine Rollen immer noch sehr gut merken. Aber auch nur dort. Mein Problem sind nicht komplexe Texte. Ich habe Probleme mit den alltäglichen Anforderungen an das menschliche Hirn, insbesondere an meins.

Bei mir fing es mit fünfzig an. Schlagartig! Wenn Sie dieses Buch zum fünfzigsten Geburtstag geschenkt bekommen haben, kann ich Ihnen nur zurufen: Nein, es gibt keine Hoffnung!

Ein Beispiel: Meine Frau hat mir anlässlich der Feierlichkeiten zu Ehren meines fünfzigsten Geburtstags eine schöne, neue Hose gekauft. Die war leider ein bisschen zu groß (*damals*). Nach der Anprobe sagte sie: »Wir tauschen die Hose einfach um.«

Und dann die Drohung: »Aber diesmal musst du mitkommen!«

Ich antwortete betont unangestrengt: »Kein Problem, wo soll ich wann sein?«

Margies Marschbefehl lautete: »Morgen. 15:10 Uhr. Vor H&M.«

Am nächsten Morgen war ich pünktlich da: Um

10:15 Uhr. Vor C&A … Immerhin mit der Hose in der Hand, und ich dachte die ganze Zeit: Ja, wo bleibt die denn? Kann die sich denn gar nichts merken?

Auch die Namen der Kinder. Ich komme manchmal nicht auf die Namen meiner eigenen Kinder. Das ist so peinlich! Als ob ich die gar nicht kennen würde. Wenn ich unseren Jüngsten rufen will, weiß ich plötzlich nicht mehr, wie der heißt. Ich benutze dann einen einfachen Trick: Ich fange beim Ältesten an, hole tief Luft und rufe:

»Nicky, Teo, Luki, Lenny, Jeremy … LIAM!«

Ah, genau, *Liam* heißt er. YES!

Inzwischen lasse ich die Namen komplett weg. Wenn mir ein Name nicht einfällt, brülle ich einfach durchs ganze Haus: »Kommt alle her, *Himmel, Arsch* und *Zwirn*!« Oder: »Essen ist fertig, *Himmel, Arsch* und *Zwirn*!« Inzwischen glauben meine drei Großen, sie heißen »Himmel, Arsch und Zwirn!«

Die zwei in der Mitte heißen »*Verflixt*« und »*Zugenäht*«. Und der Kleine ist der »*Heilige Bimbam*«.

So weit, so gut. Nur: Auf *die* Namen muss man auch erst mal kommen. Es bleiben Namen, halt nur andere.

Vor einigen Jahren spielten zwei von meinen Jungs auf der Straße, da hörte ich von weitem ein Auto mit hoher Geschwindigkeit in unsere Richtung brausen. Als besorgter Vater rief ich: »Pass auf, *Verflixt*!«

Verflixt guckte kurz hoch und sagte: »Wer, ich? Ich bin *Zugenäht*!«

Ich rief verzweifelt: »Lauf doch los, *Heiliger Bimbam*!«

Da rannte der Kleine plötzlich aus dem Garten quer über die Straße.

Ich brüllte mit letzter Kraft: »Was macht ihr denn, *Himmel, Arsch* und *Zwirn*?«

Da tönte es aus dem Haus: »Wir gucken SIMPSONS!«

Es gibt auch andere Momente, die mich schier verzweifeln lassen. Sie kommen aus dem Nichts, und sie kommen immer öfter: Ich sitze zum Beispiel im Wohnzimmer und denke so vor mich hin. Plötzlich fällt mir siedendheiß ein: Ich brauche ganz dringend was aus dem Arbeitszimmer. Jetzt sofort und wie gesagt: ganz dringend. Ich bewege mich also so lautlos wie möglich aus dem schweren Ledersessel (»Äääärrh Pffffrrr«) und mache mich auf den Weg in mein Arbeitszimmer.

Leute, das sind zehn Schritte, keine zehn Kilometer. Ich will nur damit sagen: Ich bin jetzt nicht tagelang unterwegs. Ich brauche dazu keinen Rucksack voller Proviant oder einen Packesel für die Expeditionsausrüstung. Ich gehe also durch den Flur in mein Arbeitszimmer, stehe vor meinem Schreibtisch und denke:

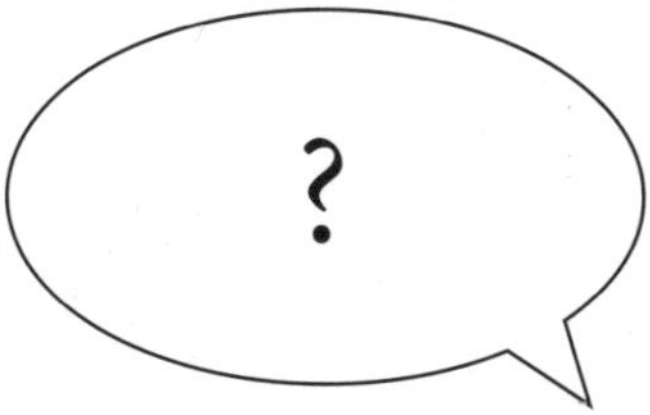


Und danach denke ich: Warum bin ich hierhergekommen? Was brauche ich so dringend? Ich weiß es nicht mehr! Vor zwei Sekunden war dieser Gegenstand noch mein ganzer Lebensinhalt. Und jetzt: einfach weg! In meinem Kopf ist ein schwarzes Loch, ein Strudel, der meine Erinnerung in die Tiefe reißt.

Früher habe ich oft Dinge vergessen, weil ich mit den Gedanken woanders war. Wenn ich heute Dinge vergesse, bin ich mit meinen Gedanken im Nirgendwo. Ich stehe mitten in meinem eigenen Arbeitszimmer, wie ein fremder Vollidiot. Meine Beine sind dann immer ganz stolz, die haben ihre Arbeit getan, die sind fertig und stehen so rum. Dann werden meine Hände tätig. Planlos fassen sie alles an, wühlen sich durch das Chaos auf meinem Schreibtisch, befummeln sogar die Gardinen.

Kurz bevor ich völlig durchdrehe, mischen sich meine Augen ein. Ich habe sehr freundliche Augen, die signalisieren mir völlig ruhig und entspannt: »Bill, mach dir keine Sorgen, entspanne dich. Wir haben einen einfachen Trick: Wir schauen wie die Kollegen des Adlers durch das ganze Zimmer. Wir werden entdecken, was du begehrst, und sei es noch so klein.«

Und meine Adleraugen schauen durch das Zimmer. Über die Regale, untern Schreibtisch, durch das Fenster, über den Boden. Ich öffne dabei meine Arme wie Schwingen, um meinen Augen ein besseres Gefühl zu geben. Und immer wieder fragen sie mich: »Und Bill? Hast du es schon gesehen?«

Ich antworte mit zittriger Stimme: »Wahas? Was soll ich gesehen haben? Ich weiß ja nicht mal, was ihr sucht!«

Und was mich völlig in den Wahnsinn treibt: Ich weiß, das Ding steht irgendwo dort im Regal, winkt mir zu und ruft: »Hallo! HAAAALLO, BI-HILL! Hiiier bin ich!«

Meine Schwiegermutter ist sechsundachtzig und voller Ratschläge (gebetene und ungebetene). Sie sagt immer: Wenn Mann etwas vergessen hat, soll Mann wieder zurückgehen. Am Ausgangspunkt fällt es einem dann wieder ein. Ich kann es ja mal probieren.

Ich verlasse, durch mich selbst gedemütigt, das Arbeitszimmer. Meine Beine sind sauer, meine Hände umgreifen langsam, aber fest meinen Hals und meine Augen tränen vor Enttäuschung. Ich gehe zurück ins Wohnzimmer und lasse mich nahezu lautlos in den Ledersessel fallen (»Fffrrrrummz!«).

In dem Moment erwacht mein Gesäß und – *verdammte*

*Hacke!* Meine Schwiegermutter hat recht! Da ist es wieder! Heller als tausend Sonnen leuchtet mein Gedächtnis! Na klar: der Flaschenöffner!

Jetzt weiß ich, warum es heißt: Mit fünfzig ist der Verstand im Arsch! Aber ich habe ein neues System entwickelt: Ich bleibe einfach auf meinem Verstand sitzen. Ich stehe gar nicht mehr auf. Ich schicke die Kinder! Die vergessen gar nichts.

Neulich kam Luki zu mir, brachte mir zum dritten Mal an dem Tag mein Drehbuch und schaute mich mitleidig an: »Dad, sei mal ganz ehrlich: Hast du sie wirklich noch alle?«

Ich antwortete mit väterlichem, aber strengem Blick: »Ja, Luki, ich benutze sie nur nicht immer! Ich möchte mir ein paar aufsparen, für später.«

Ja, meine Vergesslichkeit hat eine tiefere Dimension, sie geht ins Esoterische. Unser Pastor hat im letzten Sommer nach dem Gottesdienst zu mir gesagt: »Herr Mockridge, Sie sehen abgespannt aus. Ich glaube (*was sonst, er ist schließlich unser Pastor*), Sie arbeiten zu viel. Sie sollten sich häufiger mal die Sinnfrage stellen.«

Ich antwortete mit meiner sanftesten Dornenvögel-Stimme: »Pastor Kampmann, die Sinnfrage stelle ich mir zehnmal am Tag. Ich stehe mitten im Zimmer und frage mich: Woher komme ich? Wohin gehe ich? Gibt es Leben im Nebenzimmer?«

Die Antwort auf all diese Fragen lautet: *Ich weiß es nicht!*

Warum stehe ich in der Waschküche mit einer Luftpumpe in der Hand? Oder ich stehe mitten auf der Treppe, zwischen Erdgeschoss und erstem Stock, und ich frage mich: Wollte ich rauf- oder wollte ich runtergehen? Oder ich stehe vor meinem Bett und frage mich: Hab ich geschlafen? Oder wollte ich jetzt schlafen? Ich weiß es nicht!

Meistens lege ich mich einfach hin und schlafe. Immerhin stehen die Chancen 50:50.

Vergessen ist ein kreativer Prozess. Vergessen ist wie denken – nur umgekehrt. Und wenn Sie anfangen, vergesslich zu werden, tun Sie mir bitte einen Gefallen: Vergessen Sie das Richtige: Ärger und Sorgen – nicht Freude und den Spaß am Leben. Danke!

Ihr Bill ääääh, Dingsbums

# 30.
## Schwarz auf weiß

Ich mache Scherze über die Vergesslichkeit, aber eigentlich ist das ein ernstes Thema. Die Vergesslichkeit kann den Menschen verändern. Er wird unsicher und meidet die Öffentlichkeit. Er könnte ja ständig auf alte Bekannte, Freunde oder gar Verwandte treffen, deren Existenzen er einfach aus seinem Gedächtnis gelöscht hat. Das führt zu unangenehmen Situationen.

Vor einigen Jahren gab es einen »Tag der offenen Tür« in den Kulissen der »Lindenstraße«. Ein WDR-Mitarbeiter (*Name ist der Redaktion bekannt*), er war damals knapp über fünfzig, wurde in dem Trubel von einer älteren Dame angesprochen – sehr persönlich, mit Namen. Man sah seinem hilfesuchenden Gesicht an, dass er keine Ahnung hatte, wer da vor ihm stand. Statt sich zu entschuldigen und höflich nach dem Namen der Dame zu fragen, ruderte er planlos mit Worten durch Zeit und Raum: »Äääh, sagen Sie nichts, ich komme gleich drauf … Auch WDR? Nein, nein, … jetzt hab ich es, genau, äääh … *Mutter*!«

AUA!

Oder ein anderes Beispiel: Es gibt ein nettes älteres Ehepaar in Bonn-Endenich. Heinrich und Lisbeth Lülsdorf. Sehr feine und höfliche Leute, beide um die achtzig. Seit einigen Jahren streiten sich die beiden allerdings immer häufiger, auch in der Öffentlichkeit. Ihr Problem: Er ist vergesslich. Sie leider auch. Und keiner von beiden will es wahrhaben. Schlimmer geht es kaum.

Sie wirft es ihm allerdings ständig vor, mit Verbalattacken wie: »Du hast es wieder vergessen! Du bist ein Trottel! Ich glaube, du wirst langsam plemm-plemm!«

Er steht dann hilflos neben ihr und regt sich auf: »Ich habe überhaupt nichts vergessen! Ich weiß ganz genau, dass ich gar nichts vergessen habe! Und überhaupt: Worüber reden wir jetzt gerade?«

So geht es bei den beiden jeden Tag hoch her. Neulich habe ich die Lülsdorfs im Supermarkt getroffen. Ich hörte sie schon von weitem. Sie standen zwischen den Regalen und stritten darüber, ob sich in der heimischen Küche noch eine Packung Grießbrei befinde oder nicht. Sie: Ja! Er: Nein!

Eine unangenehme Situation für alle Anwesenden. Als harmoniebedürftiger Mensch konnte ich mir das Ganze nur schwerlich anhören. Da habe ich mir ein Herz gefasst und die beiden angesprochen: »Liebe Leute, das hat doch keinen Zweck! So kommt ihr nicht weiter! Geht doch mal zu Dr. Peters, vielleicht kann er euch bei eurer Vergesslichkeit helfen. Vielleicht gibt es irgendwelche Tropfen oder homöopathischen Kügelchen gegen das Problem. Und wenn es so was wirklich geben sollte, dann sagt mir bitte Bescheid. Das würde mich interessieren, also nur so, aus Interesse.«

Die beiden unterbrachen ihren Streit, schauten erst mich groß an und dann sich gegenseitig. Nach einer kurzen Pause sagte Frau Lülsdorf: »Ja, danke, das ist eine gute Idee.«

Und ihr Mann bestätigte: »Prima, das machen wir!«

Ich nahm eine Packung Grießbrei aus dem Regal und verabschiedete mich. Im Weggehen hörte ich Herrn Lülsdorf noch fragen: »So ein netter Mann, woher kennen wir den eigentlich?«

Seine Frau erwiderte genervt: »Du vergisst wirklich alles! Das ist Herr Schiller. Der ist doch beim Fernsehen. Der wohnt im Marienhof!«

Am nächsten Tag sind die beiden wirklich zu Dr. Peters gegangen. Nach ausgiebigen Untersuchungen stellte er seine Diagnose: »Liebe Frau Lülsdorf, lieber Herr Lülsdorf, ich habe eine gute Nachricht: Ihnen fehlt gar nichts. Sie sind beide kerngesund. So gesund müsste man sein, mit achtzig Jahren. Nur bei der Vergesslichkeit kann ich nichts für Sie tun. Ich habe aber einen Rat für Sie: Schreiben Sie die Dinge einfach auf! Dann hat man es schwarz auf weiß und kann es immer beweisen.«

Beide versprachen, sich an den Tipp von Dr. Peters zu halten.

Bei der Verabschiedung sagte Herr Lülsdorf: »Ach, Herr Doktor, könnten Sie das auch bitte dem Herrn Schiller aus dem Fernsehen sagen?«

Und seine Frau ergänzte: »Ein netter Mann, den kennen Sie doch, der hatte früher das Reisebüro bei ›Gute Zeiten, schlechte Zeiten‹.«

Dr. Peters lächelte: »Ja, den kenne ich, der kommt häufiger zu mir, zusammen mit Herrn Mockridge.«

Am selben Abend saßen Herr und Frau Lülsdorf zufrieden vor dem Fernseher. In einer Werbepause stand Herr Lülsdorf auf und ging langsam Richtung Küche.

Sie fragte: »Heinrich, wo willst du jetzt schon wieder hin?«

Er antwortete: »Ich gehe in die Küche, ein Bier holen.«

Da wurde sie ganz aufmerksam: »Ach, das trifft sich aber gut. Wenn du in die Küche gehst, kannst du mir etwas von dem Grießbrei mitbringen, den ich heute Morgen gekocht habe? Mit ein bisschen Himbeersoße oben drüber und vielleicht ein wenig Schlagsahne aus der Sprühdose. Aber bitte nicht so viel, nur einmal pfft, nicht pffffffffffffffffft. Und wenn du schon dabei bist, vielleicht eine Schattenmorelle, ohne Stein, oben auf die Schlagsahne. Ja, Schatz, bist du so lieb?«

»Ja, natürlich, Lisbeth, das mache ich für dich. Ich gehe dann jetzt.«

Bevor er weitergehen konnte, unterbrach sie ihn vehement: »Nee-nee-nee-nee! Jetzt kommst du her und schreibst das alles auf, wie Dr. Peters es uns gesagt hat.«

Er erwiderte deutlich angesäuert: »Ich denke nicht dran, das aufzuschreiben! Ich bin doch nicht plemm-plemm! Verdammt nochmal!«

Er ging schnurstracks weiter in Richtung Küche. Von dort hörte sie ihn laut und lange werkeln. Nach zwanzig Minuten kam er zurück ins Wohnzimmer mit einem Teller in der Hand. Darauf lagen zwei Wiener Würstchen.

»So, Schatz, für dich. Bitte schön!«

Als sie die Würstchen sah, verlor sie völlig die Fassung: »Ich habe dir gesagt, du sollst es aufschreiben! Siehste, *du hast den Senf vergessen*!«

Kurz darauf saßen beide zufriedener denn je auf dem Sofa und verputzten genüsslich die Würstchen. Nach einem Schluck aus seinem Bierglas sagte Herr Lülsdorf: »Schatz, dass mit den Würstchen war eine gute Idee von dir.«

Sie antwortete: »Ja, wirklich, das können wir öfters machen. Und morgen laden wir Herrn Schiller vom »Denver-Clan« ein, vielleicht isst der auch eins mit.«

»Prima, ich schreib das schon mal auf!«

# 31.

## Über Eselsbrücken musst du gehen

Was macht man gegen die Vergesslichkeit, wenn man sich nicht immer alles notieren will? Ich suche ständig nach neuen Wegen und bin immer wieder überrascht, dass es anscheinend auch ältere Menschen gibt, die das gar nicht nötig haben. Bei denen funktioniert das Gedächtnis einwandfrei, obwohl sie alte Säcke sind. Wie machen die das nur?

Nehmen wir unseren Altkanzler Helmut Schmidt. Der sitzt bei Beckmann oder Kerner und hat auf jede noch so komplizierte Frage eine perfekte Antwort. Weil er anscheinend alle Fakten fein säuberlich im Kopf abgespeichert hat. Und das in *dem* Alter. Ein Phänomen!

Helmut Schmidt weiß wahrscheinlich noch ganz genau, welche Farbe das Kleid von Margot Honecker hatte, als er im Dezember 1981 auf Staatsbesuch in der DDR war. Wenn er durch den dichten Zigarettenqualm die Farbe überhaupt erkennen konnte.

Und da kommt mir ein Verdacht: Wie heißen noch diese alten Lampen, an denen man reiben muss, und dann erscheint in dichtem Rauch ein meist freundlicher Geist? Wie? Ja, richtig: Wunderlampen!

Ich glaube, Helmut Schmidt raucht nicht, weil es ihm Spaß macht oder er einfach nur abhängig ist. Ich glaube, unser Altkanzler raucht Wunderzigaretten. Achten Sie mal drauf: Wenn Beckmann oder Kerner oder Silbereisen eine ihrer hoch investigativen Fragen stellen, was macht Schmidt? Vor jeder seiner genialen Antworten zieht er zunächst an seiner Zigarette und stößt den stinkenden Qualm durch Mund, Nase und Ohren wieder aus. Ich dachte erst, das wäre eine ganz normale Vernebelungstaktik, aber *nein* – in dem Rauch erscheint ein, wenn nicht sogar *sein* Geist und flüstert ihm alle Fakten zu: »Dezember 1981, Staatsbesuch in der DDR, saukalt war es am Flughafen, Margot hatte ein fliederfarbenes Kleid an, vom VEB ›Arbeiter- und Bauernbekleidung Rosa Luxemburg‹. Ich verziehe mich, die Luft wird dünn, bis gleich …«

Hätte Helmut Kohl geraucht, hätten wir vielleicht die Namen der Spender erfahren. Kein Rauch – kein Schall.

Ich habe neulich auch so eine Wunderzigarette probiert, aber *mein* Geist hat mir was gehustet. Uns Nichtrauchern bleibt eine andere Methode, dem Vergessen ein Schnippchen zu schlagen: Eselsbrücken! Wissen Sie, woher der Begriff »Eselsbrücken« ursprünglich stammt? Ich auch nicht, aber was man nicht im Kopf hat, hat man ja heutzutage bei Wikipedia. (Ich gebe die Quelle lieber an. Dieses Buch wird zwar keine Doktorarbeit, aber sicher ist sicher.) Esel sind nicht nur stur, sondern auch wasserscheu. Wenn sie an ein Rinnsal kommen, bleiben sie einfach stehen. Da hilft kein Schieben oder Ziehen, das sture Huftier ist nicht zu bewegen. Wie ein Mercedes mit defekter Elektronik. Daher baute man früher den Eseln in die Furten der Wasserläufe kleine Brücken, die sogenannten Eselsbrücken. Um so eine Brücke zu erreichen, mussten Esel und Besitzer meist kleine Umwege gehen, die aber sicher und trocken ans Ziel führten.

Unsere grauen Freunde sind vielleicht stur, aber anscheinend nicht doof. Eigentlich sind Esel die idealen Wappentiere und Maskottchen für Senioren. Was dem jungen Mann der Hengst, ist dem alten Sack der Esel. Und Eselsbrücken gibt es heute noch: Während der junge Hengst die

Treppen vor Rathaus oder Theater hochgaloppieren kann, nimmt der graue Esel mit seinem Rollator die Rampe. Das ist meist ein Umweg, führt aber sicher zum Ziel – wenn auch nicht immer trocken.

Eselsbrücken für den Kopf sollen dem Vergesslichen helfen, über gedankliche Umwege ans Ziel zu kommen. Es gibt einige sehr bekannte Eselsbrücken, zum Beispiel: 333 – bei Issos Keilerei!

Tja, und da hört es bei mir schon auf. Ich kann mir durch die Eselsbrücke das Jahr 333 merken, aber wer sich dort gekeilt hat und ob das vor oder nach Christus war – ich weiß es nicht. (Ich habe schnell bei Wikipedia nachgeguckt: Es waren Alexander der Große und der persische König Dareios III. Dareios hat verloren.)

So, weiter im Text, wo war ich? (Ach so: Und es war *vor* Christus, hatte ich eben vergessen nachzugucken.) Eine andere berühmte Eselsbrücke kann ich mir allerdings sehr gut merken. Die führt auf die Antwort zu der Frage: Was sind Stalaktiten und Stalagmiten? (Kleiner Tipp: Die findet man in Tropfsteinhöhlen und manchmal in den Toilettenräumen dunkler Eckkneipen in Bonn-Endenich. Aber welcher der Stalakdingsda wächst von der Decke und welcher vom Boden aus?)

Da hilft die Eselsbrücke: Titten hängen!

Also, die Stalaktiten hängen, und die Stalagmiten müssen demnach stehen. Das kann ich mir gut merken! Muss wohl am Thema liegen. Erdkunde hat mich immer schon interessiert.

Ich fange jetzt schon an, Eselsbrücken für die Zukunft zu bauen, also für die Zeit, wenn ich noch vergesslicher werde. Ich hatte Ihnen ja schon berichtet, dass ich mir die Namen meiner Kinder nicht merken kann. Was ist aber, wenn ich auch noch vergessen sollte, wie viele Kinder ich überhaupt habe? Dafür habe ich vorgesorgt, mit einer Eselsbrücke:

*Anzahl meiner Kinder = Peter Maffay: Über sieben Brücken musst du gehen*

Lösung: Sieben Kinder. Dann muss ich nur noch Peter Maffay abziehen, bleiben sechs. Genau! Sechs Kinder habe ich.

Alzheimer kann kommen, ich bin vorbereitet!

Aber ich bin ein Waisenknabe gegen meinen Freund Robert Baguette. Er ist neunundachtzig Jahre alt und ein Eselsbrückenbauer vor dem Herrn. Wir waren neulich mit unseren Frauen am Rhein spazieren. Die Mädels liefen gute zehn Meter vor uns, und wir trotteten langsam hinterher. Robert schwärmte mir von einem Restaurant vor, in dem er mit seiner Frau am Abend zuvor gegessen hatte: »Bill, das war großartig! Große Portionen, gar nicht mal so teuer und eine ganz reizende Bedienung. Da müsst ihr unbedingt mal hingehen, das lohnt sich!«

Ich sagte: »Robert, das trifft sich sehr gut. Ich will heute Abend mit meiner Frau essen gehen. Wie heißt das Lokal denn?«

Robert schaute mich zunächst erfreut, dann zunehmend verwirrter an: »Jaaa, Bill, also ja, neee, Bill, also … Ich komm nicht drauf! Aber ich habe für solche Fälle eine Eselsbrücke. Kannst du mir dabei helfen?

»Kein Problem, ich liebe Eselsbrücken. Schieß los, wie geht die?«

Robert machte einen angestrengten, aber hellwachen Eindruck: »Was ist das? Eine langstielige Blume, vorne so eine hübsche Blüte drauf. Wie heißt die, Bill?«

»Ach Robert, ich bin ganz schlecht in Botanik.«

Robert ließ nicht locker: »Komm, Bill, streng dich an! *Du* willst doch in das Lokal. Also noch mal: Langstielig, hübsche Blüte und ja, äh, Dornen dran.«

Jetzt war mein Ehrgeiz geweckt: »Eine Rose!«

Robert wäre vor Freude fast in die Luft gesprungen, aber die Hüften.

»Ja! Wir kommen der Sache jetzt näher, Bill. Jetzt mach die Rose kleiner.«

»Hä? Roslein, äääh, Röslein, Röschen …«

Jetzt hüpfte er doch: »*Röschen*! Vielen Dank Bill, das habe ich gesucht!«

Und dann brüllte er zu den Frauen rüber: »RÖSCHEN! WIE HIESS NOCH MAL DAS LOKAL, IN DEM WIR GESTERN GEGESSEN HABEN?«

Margie und ich waren noch am selben Abend in dem Lokal. Robert hatte recht: Das Essen war phantastisch, dabei gar nicht mal so teuer und die Bedienung reizend. Da müssen Sie unbedingt mal hingehen, das Lokal heißt … ääääh …

Ich sage es Ihnen später, ich muss mir dringend eine Eselsbrücke zu Margie bauen!

## Top 10 - Woran erkenne ich, dass ich vergesslich werde?

**10**

***Ich setze mich jeden Tag auf die Parkbank und warte darauf, dass mich die Tauben füttern.***

**9**

***Ich habe ein Gedächtnis wie ein Supercomputer - direkt nach dem Absturz.***

**8**

***RTL plant für mich eine neue Quizshow mit Günter Jauch: »Wer gewinnt 50 Euro?«***

**7**

***Nach dem Sex frage ich nicht mehr »Wie war ich?«, sondern: »Wer bist du?«***

**6**

***Meine Ohren sind glatt wie ein Babypopo, seitdem ich mit dem Rasierapparat telefoniere.***

**5**

***Ich habe mir meine Einkaufsliste auf den Oberarm tätowiert.***

**4**

***Vor meiner Haustür steht ein älterer Herr, der behauptet, mein Sohn zu sein.***

**3**

***Ich merke zu spät, dass mir Punkt 3 meiner Top-10-Liste fehlt.***

**2**

***Ich nenne meine Frau ständig »Schatz« - nicht weil ich sie so sehr liebe, sondern weil ich ihren Namen vergessen habe.***

**1**

***Äh, wie war die Frage noch gleich?***

# 32.
## Regeln einer Ehe

Ich bin jetzt bald seit dreißig Jahren verheiratet. Immer wieder kommen junge Menschen, die davon erfahren haben, auf mich zu und fragen mich alten Ehe-Veteran mit teils ungläubig, teils mitleidig aufgerissenen Augen: »Dreißig Jahre Bund fürs Leben – kann man das? Darf man das? *Muss* man das?«

Die Antwort auf alle drei Fragen lautet: ja. Allerdings gilt es, auf dem Weg zur goldenen Hochzeit einige streng wissenschaftliche Regeln aus selbigem Edelmetall zu beachten. Die vier wichtigsten möchte ich Ihnen im Folgenden exklusiv erläutern:

### Regel 1: Der Wechselgeld-Paradigmenwechsel

Der Übergang zum Eheleben zeigt sich im Verhältnis zum Wechselgeld. Genauer gesagt: zu *deinem* Wechselgeld. Vor der Ehe gibst du deiner Verlobten vertrauensvoll zehn Euro für eine Kugel Eis in der Waffel. Sie holt das Eis und gibt dir die 9,20 Euro Wechselgeld bis auf den letzten Cent zurück. Ich erspare Ihnen an dieser Stelle *den* verlockenden Klassiker aller Alter-Sack-Anekdoten (»*Ich* erinnere mich an die Zeit, da hat eine Kugel Eis noch *zehn Pfennig* gekostet!«), um vielmehr zu betonen: Mit der Ehe kannst du dich von deinem Wechselgeld verabschieden. Es ist so, als ob der Standesbeamte bei der Trauung gesagt hätte: »Willst du diese

Frau lieben und ehren und jetzt ein Leben lang auf Wechselgeld verzichten?« Es hört einfach auf zu existieren.

Grade letzte Woche habe ich es wieder erlebt. Für eine lange gemeinsame Autofahrt nach Frankfurt brauchte meine Frau eine »Brigitte«. Ich gab ihr einen druckfrischen Fünfzig-Euro-Schein (liebes BKA: Nicht etwa von *mir* gedruckt – aber eben noch warm aus dem Automaten), und sie verschwand damit in der Tankstelle. Als meine Frau mit der »Brigitte« zurückkehrte, nahm sie lächelnd wieder auf dem Beifahrersitz Platz.

SIE: »So, wir können fahren.«

ICH: »Ähm …?«

SIE *(in Lauerstellung)*: »Wie ›ähm‹?«

Ich wählte meine weiteren Worte vorsichtig, wollte meiner Frau nicht vorschnell unrecht tun. Schließlich hatte ich erst gestern in der »Tagesschau« gehört, dass die Inflation wieder stieg.

ICH: »Sag mal, was kostet die ›Brigitte‹ heutzutage?«

SIE: »2,80 Euro.«

Okay. An der Inflation lag es also nicht.

ICH: »Ja, das hätte ich auch ungefähr so geschätzt … Kriege ich dann kein Wechselgeld?«

SIE: »Wie, ›Wechselgeld‹?«

Meine Frau sprach »Wechselgeld« aus, als sei es irgendein völlig fremdes, unverständliches Wort einer längst ausgestorbenen Sprache. Das trifft es für die Ehe ganz gut. Ich Idiot konnte es natürlich trotzdem wieder mal nicht lassen.

ICH: »Du schuldest mir noch 47,20 Euro!«

SIE: »Was willst *du* auf einmal mit 47,20 Euro?!«

ICH *(kleinlaut)*: »Im Moment nichts.«

SIE: »Na also! Wenn du weißt, wofür du es brauchst, dann frag mich noch mal, ich leihe es dir. So, und jetzt fahr!«

Meine Schatzmeisterin hatte gesprochen. Ich verabschiedete mich innerlich von meinen 47,20 Euro, die nie die Chance gehabt hatten, meine Geldbörse wirklich kennenlernen zu dürfen, und startete den Motor. Als wir den Rasthof verließen, war mir wieder einmal das erste Gesetz der Ehe vor Augen geführt worden: Mit Geld in der Ehe ist es wie beim Fleisch auf dem Grill: Mit Schwund musst du rechnen!

### Regel 2: Die Geschmacks-Sublimierung

Frauen bringen den Geschmack in die Ehe. Was auch immer du vor dem »Ja-Wort« für deinen eigenen, ganz persönlichen Stil gehalten hast – deine Frau lässt dich schnell wissen: Du hattest keinen, und du wirst auch nie einen haben. Zum Glück gibt es jetzt *sie*, die neue Herrin deines Kleiderschrankes. Was sie rauslegt, wird getragen. Und was sie in den Altkleidersack stopft, bleibt gefälligst auch drin. Selbst wenn es deine alte Lieblingshose ist. Die, die selbst nach dem dritten Grillschnitzel obenrum immer noch so luftig-bequem sitzt.

Der Sack mit dem wertvollen Inhalt stand bereits an der Straße, da wollte ich mich nachts um halb zwei doch noch aus dem Ehebett schleichen, um meine geliebte Hose zu retten. Ich wartete lange, bis meine Frau neben mir im Schlaf ganz ruhig und gleichmäßig atmete – dann wagte ich es endlich, vorsichtig unter unserer Bettdecke hervorzukriechen. Ich rutschte langsam zur Seite, war mit einem Fuß schon fast auf dem Boden, da öffnete meine Frau ihre Augen. Ansonsten nicht die kleinste Bewegung – nur ihre Lider schnellten hoch wie zu früh losgelassene Jalousien. Ihre Pupillen leuchteten unheimlich im Mondschein durchs Fenster: »Wag es nicht, Bill …«

Ich hob mein Beine unverzüglich wieder unter die Decke. In der traurigen Gewissheit: Nie wieder würden sie das

Vergnügen haben, in meine Lieblingshose schlüpfen zu dürfen.

Wie gesagt: Die Frau will dir deinen eigenen Geschmack ja nicht nehmen. Sie will dir nur überhaupt erst mal einen geben. Wenn ich mein Programm spiele, sehe ich im Publikum lauter chic angezogene Männer. Zumindest die, die weibliche Begleitung dabei haben. Keine Fragen: *Selbst* haben die sich nicht angezogen!

Es ist für uns Männer einfach nicht leicht. Ich stehe oft vor dem Schrank und denke: Das und das und das, das sieht doch gut aus. Ich ziehe mich also an, gehe ins Bad – und meiner Frau rutscht vor Schreck fast der Lippenstift ab: »Bill, das ist doch nicht dein Ernst! Willst du etwa *so* zur Party?!«

Margies Blick hätte nicht fassungsloser ausfallen können, selbst wenn ich mit einer blauen Mülltüte bekleidet dagestanden hätte. Ich schalte blitzschnell, um vor meiner Frau nicht als völliger Mode-Legastheniker dazustehen: »Was? Wie? Wo? Nein! Neeeeeeeeeein! Du dachtest … du dachtest wirklich, ich wolle *das* hier …? Hahahahaha, köstlich, köstlich … Nein, Quatsch, das ist nur für die Altkleidersammlung. Ich wollte die Sachen bloß kurz lüften, damit die in der Dritten Welt nicht so muffig ankommen!«

Ich Fuchs ich. Schnell renne ich wieder hoch ins Schlafzimmer zu meinem Kleiderschrank. Jetzt bloß kein Risiko eingehen. Zehn Minuten später erscheine ich vor meiner Frau geschmackssicher im dunklen Anzug. Stolz posierend, dürstet es mich nach ihrem Lob, wie lernfähig ich in Sachen Mode doch bin.

»Na …?«

»Bill!« Meine Frau kriegt fast einen Herzinfarkt. »Wie siehst du *jetzt* schon wieder aus?«

»Hä? Schwarzer Anzug, schwarzes Hemd, schwarze Schuhe – was kann man da falsch machen?«

»Am Hemd fehlt ein Knopf!«, klärt meine Frau mich

auf. »Die Schuhe sind dreckig, und der Anzug sieht aus, als hättest du zwei Tage darin geschlafen!«

Dies ist der Punkt, an dem ich endgültig kapituliere. »Verdammt nochmal, ich kann das nicht!« Ich Fashion-Victim der anderen Art bin dem Nervenzusammenbruch nahe. »Dafür kann ich andere Sachen!«

»Was denn?«

»Wie ›was denn‹? Ich kann … ich kann … zum Beispiel ganz phantastisch grillen!«

»Na toll!«, entgegnet Margie. »Ich höre schon die Gäste auf Friedhelms Party bewundernd raunen: ›Also, ganz ehrlich: Bill zieht sich ja echt an wie der letzte Penner – aber egal, sein Schweinebauch ist super!‹«

Inzwischen, nach unzähligen solcher Situationen, geht meine Frau kein Risiko mehr ein und legt mir alles vorher komplett auf dem Bett zurecht. Von der Unterhose bis zur Krawatte. Das spart mir viel Zeit und Energie – und bringt mich auf Ideen: Neuerdings stelle ich mich auch beim Rasenmähen furchtbar ungeschickt an. Ich gebe ihr noch zehn Tage, dann übernimmt meine Frau auch den Garten!

## Regel 3: Das Konversations-Paradoxon

Kommunikation unter Männern ist leicht. Wir Kerle sind gesprächstechnisch recht unkompliziert. Das weiß jeder, der schon mal eine typische Männerunterhaltung am Kneipentresen belauscht hat:

MANN 1: Wie geht's so?
MANN 2: Gut. Hab geheiratet.
MANN 1: Au, das ist gut.
MANN 2: Sie ist aber eine Hexe.
MANN 1: Au, das ist schlecht.
MANN 2: Sie hat aber mächtig Kohle.
MANN 1: Au, das ist gut.

MANN 2: Aber sie ist geizig.
MANN 1: Au, das ist schlecht.
MANN 2: Sie hat uns aber eine Villa gebaut.
MANN 1: Au, das ist gut.
MANN 2: Die ist aber abgebrannt.
MANN 1: Au, das ist schlecht.
MANN 2: Sie war aber noch drin.
MANN 1: Au, das ist gut! Darauf geb ich einen aus!!

So weit Konversation unter Männern. Kommunikation zwischen Mann und Frau dagegen ist komplizierter. Ich hatte es am Anfang nicht direkt begriffen. Wenn meine Frau zu mir sagte: »Bill, wir müssen reden!«, dann stellte ich kleines naives Ehemännchen mir tatsächlich vor, wir würden gemeinsam über ein Thema sprechen. *Gemeinsam!* Verrückt, oder?

Heute weiß ich, was ein wahres, funktionierendes Ehegespräch ist: Frau redet, Mann schweigt. Es hat auch wenig Zweck, wenn ich versuche zu reden, denn nach einem Vierteljahrhundert Ehe ist selbst mir klar: Hier existieren zwei Welten völlig getrennt nebeneinander. *Ich* bin auf der klar verlaufenden, gedanklich männlichen Einbahnstraße unterwegs. Meine Frau dagegen rast auf der breiten, weiblichen achtspurigen Autobahn. Das sorgt unter anderem dafür, dass sich – abends, wenn ich von der Vorstellung nach Hause komme – in unserer Küche folgende »Gespräche« entfalten:

ICH: »Na, was war denn heute so los?«

SIE: »Ach, nicht viel ... Liam ist mit dem Fahrrad hingefallen. Hat sich das Bein aufgerissen. Und die Schenkel musste ich wegwerfen.«

*WHOOOSCH!* Sehen Sie meine Frau blitzschnell die Spur wechseln? Die hat nicht mal geblinkt. Da komme ich natürlich nicht mit.

ICH *(entsetzt)*: »Liams Schenkel? Du hast Liams Schenkel weggeworfen?«

SIE: »Doch nicht Liams Schenkel. Die Hähnchenschenkel, die du gekauft hast! Die waren abgelaufen … Deine Schuhe übrigens auch. Du, die zwei sind jetzt auseinander!«

WHOOOOOOSCH!

ICH: »Auseinander? Meine Schuhe? Die waren heute Nachmittag noch zusammen?«

SIE: »Neiiiin, Petra und Jürgen! *Die* sind auseinander, Bärchen, ich bitte dich! Da haben wir doch neulich noch drüber geredet … Oma hat Jürgen im Supermarkt getroffen, die hat sich vielleicht gefreut!«

WHOOOOOOOOOSCH!

ICH: »Weil die beiden auseinander sind?«

SIE: »Nein, weil es Rinderbraten im Sonderangebot gab. Der war so was von sauer.«

WHOOOOOOOOOOOOOOOOOOSCH!

ICH: »Der Rinderbraten?«

SIE: »Neiiiiiin, der Jürgen natürlich … Sag mal, Bill, manchmal hab ich das Gefühl, du hörst mir einfach nicht zu!«

Ich möchte festhalten: Ich *höre* meiner Frau zu! Ich *verstehe* sie nur nicht! Zumindest in solchen Momenten. Ist ja aber auch egal. Hauptsache, Liams Schenkel sind noch dran.

## Regel 4: Die »Das hab ich dir aber gesagt!«-Hypothese

»Das hab ich dir aber gesagt!« Diesen Satz, das haben wissenschaftliche Studien ergeben, hört der normale Ehemann durchschnittlich 3,971 Mal pro Tag von seiner Frau. Okay, die Zahl hab ich mir gerade eben ausgedacht, aber so ungefähr kommt das hin. Nach vielen Jahren Ehe weiß ich jedoch eines ganz definitiv: Frauen *glauben* manchmal nur, dass sie etwas gesagt haben. In Wirklichkeit haben sie es nur *gedacht*! Das ging schon damals los bei Adam und Eva:

ADAM: »Eva, warum hast du mir nicht gesagt, dass du in den Apfel beißen wolltest?«

EVA *(entrüstet)*: »Adam, das hab ich dir doch gesagt! Und überhaupt: Willst du etwa *so* zur Party? Mit *dem* alten, abgetragenen Feigenblatt?«

Wenn der liebe Gott eine Frau wäre, was für Szenen würden sich da oben abspielen! Oder, für Feministinnen: Wenn der liebe Gott *keine* Frau wäre, was für Szenen würden sich da oben *nicht* abspielen!

GOTT: »Du kommst hier nicht rein, du hast gegen das 11. Gebot verstoßen.«

MANN: »11. Gebot? Nie gehört …«

GOTT: »*Das hab ich dir aber gesagt!*«

Die feine feminine Linie zwischen Denken und Reden verschwimmt in der Eigenwahrnehmung. Daher muss der Satz »Das hab ich dir aber gesagt!« nicht unbedingt bedeuten, dass wir nicht zugehört haben, sondern lediglich, dass wir vergessen haben, ihre Gedanken zu lesen. Aber wollen Sie das? Die Gedanken Ihrer Frau tatsächlich lesen? *Ich* nicht!

Manchmal, wenn wir gemeinsam Fußball im Fernsehen schauen, gebe ich ein wenig an und kommentiere lautstark und natürlich äußerst fachmännisch das Spiel im Stadion. Sie himmelt mich in solchen Fällen immer mit ganz großen Augen an, lächelt süß zu mir herüber und schweigt voller Bewunderung. So sieht es jedenfalls äußerlich aus. Wenn ich ihre Gedanken aber lesen könnte, würde ich wahrscheinlich lesen: »Morgen muss der Gelbe Sack raus.« Das brauche ich nicht zu lesen. Sie wird es mir ja sowieso sagen.

Also, Männer: Ergebt euch eurem Schicksal, zeigt Demut – und entschuldigt euch so oft wie möglich bei euren Frauen. Das kann nie schaden. Und schließlich hat sie es euch ja gesagt. Es ist nie eine Lüge, solange man nur selbst daran glaubt …

(Für alle, die diese Regel *nicht* beherzigen und sich deshalb mächtig Ärger einhandeln: Das hab ich euch aber gesagt! Und zwar *wirklich*!)

So weit also die wichtigsten Grundregeln für ein langes, gemeinsames Eheleben. Mag es auch manchmal Disziplin erfordern, sie zu beherzigen – vertrauen Sie mir: Die Mühe ist es wert. Alte Liebe rostet nicht, das stimmt. Aber sie kann mitunter ganz schön vor sich hinmuffeln, wenn man die Beziehung nicht ab und zu an die frische Luft führt. Also: Raffen Sie sich auf! Kriegen Sie den faltigen Allerwertesten hoch! Ihre Hausaufgabe für heute Abend: Nehmen Sie Ihre Frau (oder Ihren Mann) an die Hand, und gehen sie mit ihr (oder ihm) einfach mal spontan ins Kino, ins Theater, in ein gutes Restaurant oder sonst wohin. Oder legen Sie sich in Ihrem Garten – pfeif aufs Rheuma! – einfach die ganze Nacht lang gemeinsam auf den Rasen und beobachten die Sterne. Spätestens dann wird Ihnen klar: Allein alt werden ist bescheiden – zusammen alt werden ist wunderbar. Und was sind schon 47,20 Euro verpasstes Wechselgeld gegen einen gemeinsamen, großartigen Ausflug mit der Frau fürs Leben? Auch wenn Ihre Klamotten verraten, dass Sie gelegentlich an Geschmacksverirrung leiden. Ist nicht weiter schlimm, damit können Sie wunderbar »Wetten, dass ..?« moderieren. Was bringt einem die ultrabequeme Lieblingshose, wenn man dafür nachts allein im Bett liegt? Was bedeutet ein echtes Männergespräch am Tresen, so wichtig es ab und zu auch ist, wenn einen danach nicht zu Hause die Frau erwartet? Und was bedeu…

»Biiiiill … Bring jetzt *end-lich* den Gelben Sack raus!«

Moment, meine Frau.

»Margie, Schätzchen, schrei doch nicht so. Wie soll ich das ahnen, ich bin kein Hellseher.«

»Das hab ich dir aber gesagt!«

## Top 10 - Filmklassiker für Senioren

Die Zahlen sind alarmierend: Immer weniger Kinobesucher, immer stärker einbrechende Einnahmen – die Filmindustrie steht durch illegale Downloads im Netz vor dem Wendepunkt. Auf dem letztjährigen Krisengipfel der führenden Bosse Hollywoods gab es deshalb nur ein Thema: Welche Zielgruppe können wir ansprechen, die einerseits immer größer wird und andererseits keinen blassen Schimmer hat, wie man sich auf so einer illegalen Download-Seite durch die ganzen Porno-Banner und Abo-Fallen zum Film durchklickt?

Die Lösung war bald gefunden: Hollywoods Traumfabrik macht sich den demographischen Wandel zunutze und präsentiert in diesem Sommer erstmals eine ganze Reihe Blockbuster als spezielle Senioren-Versionen. Die zehn vielversprechendsten Neustarts lesen Sie exklusiv bereits hier – demnächst auch in Ihrem Kino:

**10**

***Zahnlos in Seattle***

**9**

***Stirb seeeeeeeeeeeehr langsam***

**8**

***Das Fenster zum Hof* (»Ruhe da draußen!«)**

**7**

***Für eine Hand voll Kleingeld***

**6**

***Lola schlurft***

**5**

***Bis(s) zu den Dritten***

**4**
***Die Überreifeprüfung***

**3**
***Grauer Star Wars: Die Linsentrübung schlägt zurück***

**2**
***Die unendliche Geschichte (Opa erzählt)***

**1**
***Too fast, too furious - Rollator Drift***

# 33.

## Rhythm Of My Heart

PLOPP! – PLOPP! – PLOPP! – PLOPP! – PLOPP!

Mit jedem einzelnen »PLOPP!« zieht Dr. Peters mir eine der eiskalten Elektroden vom Oberkörper. Sie hinterlassen auf meiner Brust viele dunkelrote Knutschringe. Ich sehe aus, als hätte ich gerade mit einem Oktopus heftig Liebe gemacht. Und was in diesem Bild das glitschige Zeug darstellt, das Dr. Peters vorher draufgeschmiert hat und ich jetzt mit einem Papiertuch von meiner Haut wischen darf, möchte ich mir gar nicht erst ausmalen. Dr. Peters hat gerade ein EKG gemacht. Ein Elektrokardiogramm. Was aus dem Drucker mit den flinken Nadeln gekommen ist, ist sozusagen der Soundtrack meines Herzens. Dieser Beat gefällt Dr. Peters ganz und gar nicht.

»Oh oh …«, schaut er sich das Auf-und-Ab-Gekritzel an, massiert sich dabei das Kinn. Das wiederum gefällt *mir* ganz und gar nicht. Ich möchte nicht geohoht werden, und ganz besonders nicht von meinem Hausarzt. »Oh oh« darf man ausstoßen, wenn man wegen dieses komischen Pfeifgeräusches den Kopf hebt und von oben gerade noch die Atombombe auf einen zufallen sieht. Aber bitte nicht zu mir als Patienten. Das macht mir Bammel!

»Was ist denn?«, frage ich Dr. Peters.

»Ihr EKG befriedigt mich *gar* nicht.« Er massiert sich weiter das Kinn. Bei Dr. Peters immer ein schlechtes Zeichen.

»Tut mir leid, dass ich Sie nicht befriedigen kann«, entschuldige ich mich reflexartig. Nicht das erste Mal im Leben, dass mir dieser Satz über die Lippen kommt. »Aber was genau ist das Problem?«

»Ja, schauen Sie mal, der Herzrhythmus ist völlig durcheinander. Das ist gefährlich. Das passt mir überhaupt nicht.«

So wie Dr. Peters redet, schaut und sich dabei sein Kinn jetzt fast schon wundgerieben hat, könnte man meinen, er wird gleich sicherheitshalber das Etikett für meinen großen Zeh ausfüllen. Dabei kapiere ich ehrlich gesagt noch nicht mal richtig, was er mir da zeigt.

»Das hier ist der Schlag?«, frage ich und deute dabei auf das EKG. Dr. Peters nickt.

»Ach so«, wird es mir langsam klarer. »Und hier diese kleinen Dinger, die so unregelmäßig …«

»Ganz genau!«, nickt Dr. Peters. Keine weitere Erklärung nötig.

»Gut, das bin halt ich«, versuche ich, meine ramponierte Pumpe in Schutz zu nehmen. »Ich hatte schon immer den Rock im Herzen!« Ich fuhr das unregelmäßige Gehoppel auf dem Ausdruck mit dem Finger ab. »Sehen Sie das hier? Bum-bum-bum-bum-bum! Das ist ›Jumpin' Jack Flash‹ von den Stones!«

»Mir wäre für Ihre Gesundheit ›Ave Maria‹ lieber«, entgegnet Dr. Peters.

»Ich fürchte, das hat mein Herz nicht drauf.«

»Eben. Deshalb müssen Sie ins Krankenhaus.«

»Bitte *wo* muss ich hin?«

»Ins Krankenhaus.«

»Hören Sie!« Ich schaue Dr. Peters fest in die Hausarztaugen, damit er das kapiert. »Ich geh mit meiner Frau am langen Samstag shoppen, ich geh mit meinen Jungs in die Riesenachterbahn auf dem Jahrmarkt, wenn's gar nicht anders geht, gehe ich sogar mit meiner Schwiegermutter zum Konzert der ›Amigos‹ – aber ins Krankenhaus gehe ich *nicht*!«

»Sie gehen ins Krankenhaus. Jetzt.« Dr. Peters war wie immer stärker. »Übrigens: Die Riesenachterbahn sollten Sie mit *dem* EKG vorerst meiden. Und die ›Amigos‹ erst recht … Frau Schult macht Ihnen die Überweisung fertig, und dann fahren Sie bitte *sofort* in die Klinik.«

Dr. Peters hatte gesprochen. Na, schönen Dank. Dabei sollte das eigentlich nur eine einfache, harmlose Vorsorgeuntersuchung werden. Ich folgte Peters' Befehl und murmelte beim Verlassen des Sprechzimmers noch sauer in mich hinein: »Na warte, Herzchen – das zahl ich dir heim …«

Eine Stunde später bin ich im Krankenhaus, eine gewisse Schwester Mechthild führt mich in ein Zimmer. Wie soll ich das dort vorherrschende Ambiente adäquat beschreiben? Ich sag mal so: Taxibeige ist hier die dominante Einrichtungsfarbe, lediglich durchbrochen mit geschickten moosgrünen und grabgrauen Akzenten an den Fenstern. Über der Tür hängt ein toter, wirklich *sehr* toter Jesus als Deko. Wahrscheinlich ist hier Tine Wittler am Werk gewesen, als auch sie mal durchgecheckt werden musste.

»So, Herr Mockridge, das ist das Zimmer, das Bett, der Stuhl, der Tisch, und das ist der Schrank …«

Spielen wir hier »Ich sehe was, was du nicht siehst« oder wie?

»… Ich bin in fünf Minuten wieder da.«

Als mich Schwester Mechthild daraufhin allein lässt, liebäugele ich kurz mit dem Gedanken, zu flüchten. Sehr kurz, denn Mechthild, die Wuchtbrumme in Weiß, ist so schnell wieder da und sieht, dass ich noch genauso dastehe wie eben.

»Ohohohoho, Herr Mockridge, wollen wir uns nicht ausziehen und ins Bett gehen?«

»Zahlt das die AOK?«, frage ich. Schwester Mechthild findet das gar nicht witzig.

»Jetzt aber zack-zack!«

Mit ein paar gekonnten Judogriffen verfrachtet sie mich in die Horizontale auf das Bett. Schwester Mechthild zwackt mir Blut ab, hört mein Herz ab, prüft meinen Blutdruck und ich weiß nicht was alles. Zum Schluss reicht sie mir ein Glas mit einem Schraubverschluss obendrauf.

»So, wenn Sie bitte etwas Wasser lassen könnten. In fünf Minuten bin ich wieder da.«

Die immer mit ihren fünf Minuten. Und ausgerechnet bei solch einer epochalen Aufgabe! Ich hab es probiert. Wirklich. Erst ganz normal, dann mit etwas mehr Engagement, ich hab links gehalten, rechts gehalten, mit beiden Händen, schließlich mit den Händen wütend auf den Toilettenkasten geschlagen. Nichts hat funktioniert.

»Nicht traurig sein, Herr Mockridge«, sagt Schwester Mechthild, als sie bei ihrer Rückkehr das leere Gefäß sieht. »Das passiert vielen Männern in Ihrem Alter.«

»Was heißt hier ›in meinem Alter‹?«, entgegne ich. »Ich mache Ihnen *zehn* Gläser voll – ich krieg nur diesen gottverdammten Schraubverschluss nicht auf!«

Gleich danach kommt Dr. Frank rein. Stationsarzt Dr. Frank hat ein junges, fast bubihaftes Gesicht, nur ein paar blonde Schamhaare obendrauf. Er fängt an, mir diese Fragen zu stellen. Sollte man tatsächlich doch gesund ins Krankenhaus gekommen sein, wird man spätestens durch diese Fragen jetzt wirklich krank. Kinderkrankheiten? Allergien? Unverträglichkeiten? Epileptische Anfälle? Pest? Cholera? Schwangerschaft? (Sie merken: Ich übertreibe zur Kenntlichkeit – in Wahrheit fragt mich Dr. Frank natürlich *nicht* nach einer eventuellen Schwangerschaft – nur nach

Eierstockentzündungen.) Dann kommt der Alkohol dran: Wann, wie viel, was? Gerne oft, gerne viel, gerne alles. Dann Zigaretten. Ha, hier kriegt er mich *nicht* dran! Ich habe vor achteinhalb Jahren aufgehört zu rauchen. Nicht etwa, weil ich ständig zu besoffen war, um die Packung aufzukriegen, nein, ich wollte auch mal was für meine Gesundheit tun. Es war schwer, aber so schwer war es auch nicht. Der Edgar in meiner Boule-Gruppe raucht ja wie ein Industrieschornstein in den goldenen Jahren des Wirtschaftswunders. Der redet sich immer raus mit dem Satz: »Ich hab als Kind angefangen zu rauchen, ich kann damit nicht aufhören.« Nach der Logik müssten wir alle heute noch in die Hose scheißen. Nein, nein, das geht. Was allerdings *gar* nicht geht: Dieses knallharte Kreuzverhör von Dr. Frank über meine Lebensgewohnheiten! Jetzt fragt er mich auch noch nach meinem Sexualleben. Ich spüre, wie der tote Jesus über der Zimmertür mahnend auf mich herabschaut. »Existent«, antworte ich Dr. Frank kurz und knapp.

»Wir müssen Sie operieren«, lässt mich Dr. Frank wissen. »Um ihr Herz wieder in den richtigen Takt zu bringen. Der Sinusrhythmus ist weg.«

»Ich zeig dir gleich den Rhythmus!«, denke ich inzwischen leicht aggressiv, wenn auch nur aus Angst. Ich weiß nicht, wie es Ihnen geht, aber an mein Herz lasse ich normalerweise nur Familie und gute Freunde. Aber es hilft alles nichts: Die OP wird noch für heute angesetzt. Ich schiele hoch zum gekreuzigten Jesus über die Tür. Jetzt weiß ich, was du durchgemacht hast, alter Kumpel.

Dr. Frank geht. Pfleger Patrick, Zivildienstleistender mit Zickenbart im achten Monat (der Zivi, nicht sein Bart), kommt wenig später zur Wachablösung.

»Herr Mockridge, ich bin der Patrick. Ich soll Sie ein bisschen frisch machen.«

Gesagt, getan: Er fängt an, mir nicht nur die Brust zu rasieren, sondern bei dieser Gelegenheit gleich auch noch etwas tiefer mein Dickdicht zu trimmen, wenn Sie verstehen, was ich meine. Kurz zweifele ich, ob ich hier tatsächlich in einem Krankenhaus gelandet bin, lasse es aber über mich ergehen, nachdem »der Patrick« mir erklärt hat, dass das für die OP notwendig ist. Na gut. Vielleicht tut mir so eine Intimrasur sogar ganz gut. Wir alle wissen schließlich: Je niedriger die Hecke, desto größer erscheint das Haus – und das ist schließlich in *keinem* Alter verkehrt.

Ritsch-ratsch ist mein botanischer Garten weg. Frisch rasiert werde ich in den OP-Saal gebracht. Da liege ich also, auf dieser Schlachtbank, Dr. Frank und Schwester Mechthild, die Herrin über die Urinproben, sind auch da, ein paar andere Schwestern ebenso. Ich werde verkabelt, überall stehen Bildschirme, auf denen mein Herz blinkt, mich förmlich vorwurfsvoll anschreit: »Hol mich hier raus!« Geht aber nicht. Prof. Dr. Eisenhart – der Name ist Programm – kommt auf mich zu und sagt: »Herr Mockridge, ich möchte Ihnen erklären, was wir gleich mit Ihnen machen werden, damit Sie nicht beunruhigt sind.«

Beunruhigt? Ich? Wieso sollte *ich* denn beunruhigt sein? Man will mir doch lediglich ein klein bisschen *am Herzen rumoperieren*!

»Die Schwester wird Ihnen gleich eine Spritze geben«, fährt Prof. Dr. Eisenhart fort. Leider nur verbal, nicht aus diesem OP-Saal. »Damit Sie sich frei fühlen und nicht krampfen während des Eingriffs. Ich werde dieses Skalpell nehmen und Ihnen die Leiste hier aufschneiden. Dann werde ich diesen Draht – hier oben ist ein Sensor – unten in Ihre Leiste hineinführen, an Ihrem Körper hoch und dann in Ihr Herz hinein. Und dann werden wir versuchen, mit gezielten Stromstößen Ihr Herz dazu zu bringen, rhythmisch zu schlagen. Sollte Ihr Herz aufhören zu schlagen, ist

Dr. Frank hier. Der setzt, falls es so weit kommt, seine Elektroschocks links und rechts an, mit zwei oder drei gezielten Stößen – bumm, bumm, bumm – bringt der Sie sofort wieder dazu zu leben … Haben Sie irgendwelche Fragen?«

Ich hebe mühsam den Kopf vom Operationstisch. »Ja. Ausgang, da oder da?«

Dr. Eisenhart ignoriert mich einfach und zieht wie die anderen seine Maske hoch. Gemeinsam kommen sie auf mich zu, es ist wie in der spanischen Inquisition, nur grausamer.

Plötzlich: »Halt, Herr Doktor, Herr Doktor, stopp! Der Sinusrhythmus … Der Sinusrhythmus ist wieder da.«

Wir alle schauen verwundert die Schwester an, die das gerade gesagt hat. Schnell stellt sich heraus: Es stimmt. Mein Herz hat es sich anders überlegt. Der Rhythmus, bei dem selbst mein Hausarzt Dr. Peters immer mit muss, das »Ave Maria« ist wieder da. Vermutlich hilft die Schocktherapie hier genauso gut wie bei Schluckauf. Dr. Eisenhart und seine Komplizen ziehen ihre Masken wieder runter. Fast meine ich, enttäuschte Blicke zu erkennen, dass sie bei mir nicht zum Schnippel-Zug gekommen sind. Jetzt nur schnell raus hier, bevor es sich mein Herz wieder anders überlegt.

Zur Beobachtung muss ich zunächst im Krankenhaus bleiben. Zwei Tage später jedoch werde ich zum Glück entlassen. Das alles ist jetzt gute vierzehn Jahre her. Falls Sie dies deshalb für eine Geschichte mit rosarotem Happy End halten, irren Sie allerdings: Die Rhythmusstörungen kamen zurück. Und zwar schon bald. Mein Herz, bei allem Respekt für seine Lebensleistung, ist eine echt linke Pottsau. Mir sollte zeitweise sogar ein Schrittmacher eingesetzt werden – quasi ein Rollator fürs Herz. Nee, danke. Umso mehr freut mich, und dafür bin ich unendlich dankbar: Die

Ärzte und ich haben meine Rhythmusstörungen inzwischen gut im Griff. Darum, bei allen Witzen und Scherzen über meinen mindestens hundertköpfigen medizinischen Stab, an dieser Stelle einmal ganz aufrichtig: Danke, Dr. Peters! Danke, Dr. Röhrig, Professor Kuck, Dr. Ernst! Ihr seid schon spitze! Dank euch bin ich wieder ein taktvoller Mensch! Ich werde hauptsächlich mit Medikamenten behandelt, im Moment habe ich gar keine Probleme und nehme zur Vorsicht nur noch Blutverdünner und Betablocker (liebe ZDF-Zuschauer, nicht verwechseln mit Bella Block!).

Ich weiß: Auch diesmal werden die Rhythmusstörungen irgendwann zurückkommen – da mache ich mir nichts vor. Und das kann einen verunsichern, ängstlich machen. Ist auch okay so, denn das ist normal. Man kann es aber auch positiv sehen. Für den Anfang: Nach vierzehn Jahren mit Herz-Rhythmusstörungen lebe ich immer noch. Das ist doch schon mal ganz ordentlich, oder? Und nach fast eineinhalb Jahrzehnten kann und möchte ich mir meine Stimmung nicht mehr von meiner Pumpe diktieren lassen. Wenn mein Herz schon falsch hüpft, dann bitte nicht aus Angst, sondern vor Freude!

Und jetzt lege ich »Jumpin' Jack Flash« von den Stones auf und drehe voll auf.

# 34. Easy Raser

Wissen Sie, wo ich meinen Gedanken so richtig freien Lauf lassen kann? Am Steuer meines Autos, bei stundenlangen Fahrten auf der Autobahn – in *Kanada*. Im Land der endlosen Weiten rolle ich über den Highway, vorbei an Wäldern, Seen und saftigen Wiesen. Den Tempomat auf achtzig Meilen pro Stunde, Fuß vom Gaspedal, aus dem Radio strömt süßlicher Easy-Listening-Jazz, ab und an einem Elch ausweichen – das nennt man Cruising.

In Deutschland ist das leider nicht möglich. Auf deutschen Autobahnen herrscht Krieg. Crashing statt Cruising. PKW gegen LKW, Mercedes gegen BMW, Deutschland gegen Holland. Und wir Senioren geraten ständig zwischen die Fronten – manchmal sogar unschuldig.

Während ich diese Zeilen schreibe, befinde ich mich im Stop-and-Go-Modus auf der A1 Richtung Köln. Moment, jetzt geht es gerade weiter … Ich fahre in den Sonnenuntergang, allerdings nicht vorbei an Wäldern und Seen, sondern an Lärmschutzwänden und qualmenden LKWs aus Lettland. Vor mir geht die Sonne unter, hinter mir geht die Sonne auf. Ach nee, das sind sogar zwei Sonnen: Die Lichthupe meines Hintermanns ist im Dauerbetrieb.

Ich fahre brav auf die rechte Spur und lasse meinen Hintermann vorbei. Der schert knapp vor mir ein, um mir zu zeigen: »Rechts, Opa, rechts ist deine Spur! Und dort bleibst du gefälligst bis zur nächsten Ausfahrt!«

Mein ehemaliger Hintermann fährt einen dunkelblauen Ford (*Herstellername von der Redaktion geändert*). Der Wagen ist tiefergelegt, aus den Kotflügeln quellen Reifen, die für das Auto, nicht nur optisch, viel zu breit sind. Das sieht echt kacke aus. Daher kommt wahrscheinlich auch der Begriff »Kotflügel«.

Die Heckscheibe ist mit dunkler Folie beklebt und durch unfachmännische Anbringung mit Hunderten von Luftblasen verziert. Fachbegriff für diese Art des Autoscheiben-Tunings: Fi**folie. (*Entschuldigung, aber ich habe mir diesen Begriff nicht ausgedacht. Ehrlich nicht!*)

Eben hat mich mein Hintermann durch sein Gedrängel noch geärgert, jetzt beginnt er mir ein bisschen leid zu tun. Leider kann ich durch die getönten Scheiben den Fahrer nicht erkennen, aber seine Fahrweise und das Styling seines total verbastelten Automobils lassen darauf schließen, dass er den Vorgang, den die dunkle Folie eigentlich verbergen soll, noch nie erleben durfte. Zumindest nicht mit einer Partnerin.

Mein Mitleid schrumpft deutlich, als ich den Aufkleber entdecke, der vom Autodesigner quer über die zufolierte Heckscheibe getackert wurde:

**BÖHSE ONKELZ**

Aua! Ich habe viel Humor und versuche in allen Menschen, die mir begegnen, das Gute zu sehen. Mein Vordermann hat es diesbezüglich nun schwer. Ich werde, wenn ich aus diesem verdammten Stau jemals lebendig rauskomme, zu einer kleinen Werbeagentur in Bonn-Endenich fahren und einen großen Aufkleber in Auftrag geben:

**BÖHSE OPAZ**

Und den lasse ich auf meine Heckscheibe kleben! Fachmännisch, ohne Luftblasen.

Äääh, einen Augenblick, es rollt wieder ... In diesem Moment überkommt es mich. Ich setze den Blinker links und trete das Gaspedal bis zum Bodenblech durch. Wie ein geölter Blitz schieße ich auf die linke Spur und an meinem Ex-Vordermann vorbei.

Ha, nimm dies! Der kleine Selbstbefriediger (*Schimpfwort von der Redaktion geändert*) hat vielleicht eine gepimpte Karre, aber Opa hat mehr Pferdestärken! Und die Pferdeherde ist Opa gerade durchgegangen. Nimm es einfach hin, Bubi: Die Senioren von heute haben die Kohle, und immer weniger von uns haben wirklich Lust darauf, die zu vererben. Vor allem nicht an blöde Onkels wie dich!

Das hat auch die Autoindustrie bemerkt – also das mit den Senioren und der Kohle. Vorbei sind die Zeiten, in denen man Senioren im Straßenverkehr schon von weitem erkennen konnte, an dem kleinen Schild am Kofferraumdeckel: »OPEL«! Nur echt mit der serienmäßigen Innenausstattung: Cordhut, Wackeldackel, umhäkelte Toilettenpapierrolle, Kissen mit Bezug in den Trendfarben »Schwarz, Rot und Gold«, Christophorus-Plakette am Handschuhfach.

Wie gesagt: Vorbei sind die Zeiten. Der heutige Senior trägt eine modische Baseballkappe im Porschedesign, und wenn etwas im Auto wackelt, ist das nicht der Dackel, sondern das Dekolleté der dreißig Jahre jüngeren Beifahrerin. Und der Christophorus klebt nicht am Handschuhfach, sondern am Heck des Boliden, in Form der berühmten Zunge der Rolling Stones. Als würde diese Zunge auf der Autobahn all den jüngeren Hintermännern rausgestreckt: »Ich bin über sechzig und fahre vor euch! BÄÄÄH!«

Die Autohersteller buhlen um die Gunst der Rentner und übertreffen sich mit seniorengerechten Modellen – auch

Opel. (*Anmerkung der Redaktion: Opel baut tolle Autos!*). Es gibt schicke Autos für alle alten Säcke. Klassen, mit extra breiten Türen und hohem Einstieg – echte High-Speed-Rollatoren mit über 200 PS. Und aus den 2000-Watt-Boxen klingt selbst Florian Silbereisen wie Metallica!

In den nächsten Jahren werden sicher noch viele Seniorenmodelle erscheinen, vielleicht so was wie der »VW Golf 60Plus«, »Opel Viagra« oder »Ford Nirwana«. Ich persönlich hoffe natürlich auf den »Citroën Boule«, mit Kugelablage und Rotweinflaschenhalter.

Aber machen wir uns nichts vor: Es gibt sie immer noch, diese Rentner, die ihr Auto nur sonntags aus der Garage rollen und sich mit 50 km/h, im zweiten Gang über die Landstraße quälen, um ihren Sohn im Altersheim zu besuchen. Es werden weniger, aber sie sind zäh.

Diese rollenden Hindernisse ruinieren das Bild der Senioren im Straßenverkehr. Und schon werden in Deutschland Stimmen lauter, die anregen, dass Autofahrer ab dem sechzigsten Lebensjahr den Führerschein regelmäßig erneuern sollen. Ich war auch dafür – bis vor knapp fünf Jahren.

Sicher, das Reaktions- und Sehvermögen lässt mit zunehmendem Alter nach, und viele ältere Autofahrer sind mit Medikamenten stärker gedopt als die Fahrer der Tour de France. Aber wir verfügen über eine Eigenschaft, die uns gegenüber jüngeren Fahrern überlegen macht: Erfahrung! Wir alten Säcke können den Straßenverkehr wie indianische Fährtenleser deuten und Gefahren erkennen, bevor sie entstehen. Senioren sind keine Geisterfahrer, auch wenn manche alterstechnisch schon gefährlich nah dran kommen.

*Huch!* Entschuldigung, ich musste gerade voll in die Eisen gehen. Warum bremsen die denn so plötzlich vor mir? Wohl verrückt geworden! Mein Puls ist auf hundertachtzig. Ich wünschte, die gleiche Zahl würde mein Tacho anzeigen.

So, jetzt geht es wieder. Ich stehe auf der linken Spur und muss mit ansehen, wie die Lkws rechts an mir vorbeirollen, und jetzt auch noch der Ford Folio. Na, da hat sich mein Kickstart von eben ja so richtig gelohnt …

Und überhaupt: Wie soll denn so eine Führerscheinprüfung für Senioren aussehen? Muss man den Erste-Hilfe-Kurs an sich selbst durchführen? Haben die Fahrschulautos ein H-Kennzeichen? Und gibt es demnächst in den theoretischen Prüfungen spezielle Fragen für Senioren?

**Sie tanzen in einer Polonäse auf eine Kreuzung zu. Von rechts kommt ein Schulbus, von links ein Krankenwagen. Wer hat Vorfahrt?**

○ A: Der Schulbus. Die jungen Leute müssen sich beeilen, damit sie möglichst bald unsere Rente erarbeiten können.

○ B: Der Krankenwagen. Er könnte ja für mich sein.

○ C: Egal, der Eckes-Edelkirsch ist eh gleich alle.

Einige Verkehrspsychologen regen an, die Fahrerlaubnis auf ein bestimmtes, den Senioren gut bekanntes Gebiet einzugrenzen. Zur Apotheke und zurück, zum Arzt, zum Friedhof. Nur frage ich mich, wie man das überhaupt kontrollieren will. Gibt es demnächst die elektronische Reifenfessel für Rentner? Und wenn man den erlaubten Pfad verlässt, macht es dann »pfffffffft« und alle Reifen sind platt?

*Mannomann*, jetzt auch noch Baustelle. Das ist aber auch eng hier! Wie schnell darf ich hier eigentlich fahren? Überall stehen Schilder, die machen einen doch ganz bekloppt. Vielleicht sollte man endlich Verkehrsschilder entwickeln, die von Senioren besser erkannt werden.

Dieses hier würde bestimmt kein Rentner übersehen:

Und dieses Verkehrszeichen würde auch eher dem Erfahrungsschatz der Senioren entsprechen:

Na gut, ich gebe zu, viele Senioren sind, was neue Verkehrsschilder angeht, nicht ganz auf dem Laufenden. Da kann es schon mal zu Fehlinterpretationen kommen.

Dieses Schild bedeutet »Unfallgefahr« und nicht »Parkplatz«. Auch wenn es bei manchen Senioren auf das Gleiche hinausläuft …

Und was denken viele Senioren, wenn sie dieses Schild sehen?

Neue Viagra kaufen!

Und hier noch ein Schild, mitten aus dem Leben:

Rechts abbiegen! Oder doch links? Mist, schon vorbei!

Aber Senioren sind ja nicht nur als Autofahrer im Straßenverkehr gefährdet. In den Städten macht sich eine neue Seuche breit: Das E-Bike. Pfeilschnelle Fahrräder mit elektrischen Motoren. Eine Frau aus unserer Nachbarschaft hat sich so eine Oma-Harley angeschafft. Sie ist mit siebzig in der Innenstadt von Bonn geblitzt worden. Also meine Nachbarin ist siebzig, sie fuhr aber hundert!

*Ah, endlich!* Da vorne ist meine Ausfahrt. Geschafft. Wieder einmal mehr die deutsche Autobahn überlebt. Wieder eine Kerbe mehr im Armaturenbrett. Ich komme an einer Tanke vorbei. Oh, Diesel kostet hier nur 1,99 €. (Ich habe dieses Kapitel im Herbst 2011 geschrieben, ich weiß also noch nicht, wie hoch der Spritpreis ist, wenn Sie dieses Buch lesen. Und? Kommt hin, oder?) Da schlage ich schnell zu! Ich rolle langsam an die Zapfsäule und lasse mir das Portemonnaie leersaugen.

Na, was ist denn das? An der Zapfsäule neben mir steht ein alter Bekannter, der böse Onkel von der Autobahn. Aus dem 24 Stunden geöffneten »Hier können Sie alles kaufen«-Tanksupershop läuft eine junge Frau auf die Onkel-Karre zu. Wow! Sie ist schlank und gutaussehend, vielleicht Ende zwanzig, lass sie Anfang dreißig sein. Das gibt es doch nicht: Die kleine Katze will wirklich in den Ford einsteigen. Auf der *Fahrerseite*!

Jetzt hat sie mich gesehen und, ach du Schreck, kommt

auf mich zu. Wie peinlich, das gibt bestimmt Ärger, warum benehme ich mich auch wie ein alter Autobahnrüpel?

Sie lächelt mich an und fragt mit einer umwerfend erotischen Stimme: »Entschuldigen Sie, Herr Mockridge, ich bin ein großer Fan der ›Lindenstraße‹. Könnte ich ein Autogramm von Ihnen bekommen?«

Ich bekomme einen roten Kopf: »Ja, äääh, natürlich, sehr gerne.«

Während ich die Autogrammkarte unterschreibe, werfe ich nochmals einen kurzen Blick auf ihre Tuning-Ruine. Das Auto passt doch gar nicht zu ihr.

»Schauen Sie nicht so auf das Auto, Herr Mockridge. Das ist nicht meins. Echt peinlich! Das gehört meinem Vater, der ist gerade sechzig geworden und voll in der Midlife Crisis …« Sie unterbricht den Satz und blickt kurz auf mein rollendes Wohnzimmer, den Lexus 400 Hybrid. »Aber das kennen Sie ja.«

Sie steckt das Autogramm in ihre Jackentasche, bedankt sich und fährt davon. So sind die jungen Leute: Jetzt nehmen sie mir auch noch meine schönen Vorurteile …

# 35.

## 50 Jahre - gut gemacht!

Ich habe Ihnen ja bereits von meinem sechzigsten Geburtstag erzählt. Hoffentlich nur einmal, in bin inzwischen in dem Alter, wo ich dieselben Geschichten gerne auch mehrfach erzähle, ohne es selbst mitzukriegen. Nun gibt es aber natürlich genau wie ein Leben *nach* sechzig auch ein Leben *vor* sechzig. Zum Beispiel, als ich fünfzig wurde. Das Erschreckende: Auch da hab ich mich schon alt gefühlt! Also nicht ganz so alt wie mit sechzig – was unter Umständen daran liegen könnte, dass ich damals noch zehn Jahre jünger war. (Nur eine gewagte These …) Aber trotzdem alt. Und das lag nicht zuletzt an meinen einschneidenden Geburtstagserfahrungen. Die hatte ich auch zum Fünfzigsten. Anscheinend hält jeder höhere runde Geburtstag eine neue perfide Überraschung bereit. Zu meinem Fünfzigsten trudelte damals zwar noch keine Treppenlift- und Inkontinenzeinlagen-Werbung ein, dafür hatte ich zwei andere einschneidende Erlebnisse an meinem großen Ehrentag.

Meine Frau hatte mir zum fünfzigsten Geburtstag einen Kuchen gebacken. Man muss dazusagen: Mit dem Kuchenbacken verhält es sich bei ihr ähnlich wie bei einem Vegetarier mit dem Boulettenbraten: Es ist einfach nicht so ihr Ding. Meine Frau hat ein sehr großes Herz – aber eine verdammt kleine Kuchenform. In diese kommt die altbewährte Einheitskuchenmischung, jedes Jahr, egal, ob du fünf wirst oder fünfzig. Heraus kommt ein Sandkuchen, staubiger als die Wüste Gobi, wäre nicht zumindest die Schokoglasur oben drauf. Und Smarties. Viele, viele bunte Smarties. Einmal wollte meine Frau mir beweisen, dass sie auch ganz *andere* Kuchenrezepte drauf hat. Da hat sie statt Smarties kurzerhand M&M's genommen. Ja, da kennt meine in der Küche gleichermaßen wie im Leben wilde, vielseitige Frau nichts.

Mein Kuchen an besagtem fünfzigsten Geburtstag war dann aber doch die altbewährte Smarties-Version. Und kaum war er aus dem Ofen, kam auch schon mein ältester Sohn Nicki: »Dad, ich will fünfzig Kerzen sehen auf deinem Kuchen!«

Diese Idee fand ich zu einem solch wichtigen, runden Geburtstag mehr als angemessen. Da sollte meine Familie sich für mich mal reinhängen. Ich war schließlich heute hier das Ehrenkind. Wenn auch das zugegeben ziemlich alte, graue Ehrenkind.

»Gut, dann macht mal ...«

Ich ließ meiner Familie freien Lauf – und sie nutzte es: Überall fingen meine Frau und meine Söhne an, die kleinen Kuchenkerzchen aus der Vorratspackung (wohlgemerkt: Vorratspackung für *normale* Geburtstage – bei mir war die sofort alle) zu stecken. Als die Fläche oben auf dem Kuchen hoffnungslos überfüllt war, dichter besiedelt mit Kerzen als Monaco mit Superreichen, mussten die Seiten ausgenutzt werden. Der Kuchen sah inzwischen aus wie ein genmutierter Igel. Dennoch waren erst achtundzwanzig Kerzen drauf – meine Güte, mein achtundzwanzigster Geburtstag! Der war so ewig lange her, ich konnte nicht mal mehr sicher sagen, ob es damals überhaupt schon Kuchenkerzen gab. Es fehlten jetzt auf jeden Fall noch eine Menge dieser bunten Wachsstäbchen.

Mein Sohn Luki kickte ein paar Smarties weg, da passten dann mit viel Mühe, Not und Geschick noch mal vier Kerzen drauf. Ravensburger würde aus unserer Aktion direkt ein lustiges Familienspiel machen. Nun aber waren wir immerhin schon bei zweiunddreißig. Mein zweiunddreißigster Geburtstag – auch der lag schon so lange zurück, dass ich mich fast fragte, ob das angesichts des geschätzten Alters der Erde rein rechnerisch überhaupt hinkommt.

Diese Kerzenaktion, die mir eigentlich Freude bereiten sollte, machte mich langsam, aber sicher immer depressiver. Aber ich musste mich zusammenreißen, für schwere Gedanken war keine Zeit – wir hatten schließlich noch ganze achtzehn Kerzen zu positionieren! Teo, mein Zweitältester, hat dann einen schon steinharten Streuselkuchen im Kühlschrank gefunden, der wurde an den eigentlichen Geburtstagskuchen kurzerhand angebaut. Da passten dann noch mal – nach Anfertigung der Löcher mit meiner Schlagbohrmaschine – weitere zwölf Kerzen drauf.

Blieben noch sechs. Verdammt. Ich hatte innerlich schon aufgegeben, tatsächlich fünfzig Kerzen auf meinem schönen Geburtstagskuchen brennen zu sehen, da opferte Jeremy – und das fand ich rührend! – zwei Yes-Törtchen, die er noch ganz hinten unter seinem Bett gefunden hatte. So kamen drei Kerzen auf jedes von den beiden Dingern – und voilà, mein Geburtstagskuchen mit fünfzig rasch angezündeten Kerzen war fertig!

Und er war schön, einfach wunderschön. Nur in den Garten gehen durften wir damit aus Vorsichtsgründen nicht – die Piloten würden sonst garantiert glauben, hier sei ein Landeplatz.

»AUS-BLA-SEN! AUS-BLA-SEN! AUS-BLA-SEN!«, feuerte mich meine Familie an. Ich beugte mich über den Kuchen, holte tief Luft. Ich füllte meine Lungen mit jedem Molekül, das ich kriegen konnte. Das war mal eine echte Herausforderung für einen echten Mann wie mich. Dann fing ich an zu pusten. Ich pustete um mein Leben. Meine

Familie würde später berichten, dass sie sich noch nichts dabei gedacht hatte, als sich mein Gesicht von einem gesund schimmernden Rosa über ein kräftig leuchtendes Rot bis hin zu tiefstem Lila verfärbte. Als ich bald darauf ganz komische Geräusche zwischen Darth Vader und schwerem Asthmaanfall erzeugte, machte sie sich dann doch langsam Sorgen. Doch ich pustete weiter. Ich pustete und pustete und pustete.

Schon fünf Minuten später wachte ich aus der Bewusstlosigkeit wieder auf. Das Erste, was ich sah: Eine einzige Kerze auf dem Yes-Törtchen brannte noch. Verdammt!

Das zweite einschneidende Erlebnis an meinem fünfzigsten Geburtstag war das Geschenk meiner Frau: Sie überreichte mir an diesem besonderen Tag ein ebenso besonderes T-Shirt. Eines mit ganz persönlicher Botschaft. Nicht etwa so ein Ding wie »Ich wurde 50, und alles, was ich gekriegt habe, war dieses lausige Shirt.« Nein, viel besser. Als meine Frau mir das XXL-Stück Stoff überreichte, betrachtete ich gerührt den liebevoll im Copy-Shop um die Ecke angefertigten Aufdruck auf der Vorderseite:

Toll. Fand ich wirklich großartig. Überwältigt von Dankbarkeit, mit welch einer großartigen Frau ich Glückspilz mein Leben verbringen durfte, nahm ich sie fest in den Arm.

»Bill, nicht … so … fest … ich … krieg … keine … Luft … mehr …«

Huch. Das wollte ich nicht. Schnell ließ ich locker und streifte stattdessen das T-Shirt über. Passte perfekt. Das würde ich nie wieder ausziehen. Selbst wenn ich irgendwann roch wie der schmuddelige Pig Pen aus den »Peanuts«. Meine Kollegen in der »Lindenstraße« freilich hatten Glück: Zu denen bin ich schon gleich am nächsten Tag in meinem noch frischen neuen Lieblingshirt gefahren. Extra etwas früher, damit ich noch genug Zeit hatte, mit meinen fetten »50 Jahre – gut gemacht!« auf meiner leider nicht weniger fetten Brust den Gang entlangzustolzieren. Jedes Mal, wenn ich jemandem vom »Lindenstraßen«-Team begegnete und ihn oder sie stolz darauf hinwies, dass ich dieses T-Shirt von keiner Geringeren als meiner Frau geschenkt bekommen hatte, war die Reaktion ähnlich erbauend: »Boah, Bill, *fünfzig*? Also, das würde man echt *nie* denken! Mensch, Glückwunsch!«

»*Fünfzig*? Bill, willst du mich vergackeiern? *Keinen* Tag mehr als fünfundvierzig hätte ich geschätzt! Unglaublich, du Hecht!«

»*Fünfzig*? Mein lieber Scholli, *deine* Gene will ich haben! Respekt!«

»*Fünfzig*?«

»*Fünfzig*?«

»*Fünfzig*?«

Usw. usw. etc. pp. Den ganzen Tag lang ging das so. Ich weiß nicht mehr genau, für welche Folge »Lindenstraße« wir damals gedreht haben, aber in der grinse ich wahrscheinlich die ganze Zeit wie ein Honigkuchenpferd, selbst wenn Erich Schiller gerade erfahren haben sollte, dass Helga Beimer im Koma durch Salmonellenvergiftung vor ihren Spiegeleiern liegt. Das ist in der »Lindenstraße«, sofern ich mich korrekt erinnere, nie passiert, wäre aber durchaus im Rahmen des Möglichen. Jedenfalls erhielt ich den ganzen lieben langen Tag ein Kompliment nach dem anderen.

Am Abend, als ich wieder zu Hause war, war ich dementsprechend abgefüllt – aber ich dachte berauscht: Ein Kompliment geht noch rein. Und genau in diesem Moment klingelte es an der Tür. Ich torkelte komplimentberauscht hin und machte auf: Vor mir stand ein junges Mädchen von der Firma »Blumen Komp« und überreichte mir einen Riesenstrauß. Fünfzig Nelken von meinen »Lindenstraßen«-Kollegen. Diese Überraschung hatten sie mir nicht verraten – es war das i-Tüpfelchen eines rundum gelungenen Tages. Einfach super. Ich drückte dem Liefermädchen ein besonders großzügiges Trinkgeld in die Hand. Sie drehte sich bereits um, dann fiel ihr plötzlich etwas ein. Richtig, die Botschaft!

»Sorry …« Sie räusperte sich, setzte den ihr bestmöglichen feierlichen Ton auf. »Herr Mockridge: Herzlichen Glückwunsch zur Goldenen Hochzeit!«

Hätte sie das Trinkgeld nicht bereits eingesteckt gehabt – ich hätte mir die Hälfte wieder zurückgenommen. Sei's drum, ich freue mich schon auf die Überraschungen an meinem Siebzigsten!

# 36. Stationen einer Ehe

## Im Rausch der Gefühle

Wenn ich auf den bisherigen Verlauf meiner Ehe zurückblicke, kommt sie mir manchmal vor wie eine lange Zugfahrt durch traumschöne Landschaften. Kennen Sie diese Sendungen, nachts im Fernsehen, wenn diese endlosen Zugfahrten gezeigt werden? Toll! Die könnte ich mir stundenlang anschauen, wenn ich nicht schon immer nach fünf Minuten einschlafen würde.

Im Zugabteil meiner Ehe geht mir das ganz anders. Dort gab und gibt es auf der Strecke des Lebens immer etwas Neues zu sehen und zu entdecken. Zu Beginn der Zugfahrt hält man sich mit seinem Reisepartner am liebsten im Schlafwagen auf, später allerdings immer häufiger im Speisewagen. Mal sitzt man gemeinsam im Großraumwagen und schaut doch in verschiedene Richtungen, mal nebeneinander im Abteil – mal mit langweiligen Idioten und manchmal auch mit spannenden Menschen. Und während der Reise lernt man, dass nicht der nächste Bahnhof das Ziel ist, sondern die Fahrt dahin. Wenn wir früher mit dem Zug in den Urlaub fuhren, fragten die Kinder nach spätestens zehn Minuten: »Wann sind wir endlich da?«

Nach ein paar Fahrten hatten sie gelernt, dass der Urlaub nicht erst am Urlaubsort beginnt. Mit der Zugfahrt beginnt der Urlaub. Im Zug kann man spielen, reden, singen,

Quatsch machen – na gut, schwimmen geht da nicht so gut und Lagerfeuer auch nicht, aber sonst …

Ich hatte als kleiner Junge meine Reise noch in einer schnaufenden Dampflok gestartet. In den letzten Jahren habe ich das Gefühl, ich sitze in einem ICE auf einer Hochgeschwindigkeitsstrecke. Aber auch hier streiken zum Glück ab und zu die Lokführer. Dann steht mein Zug für einen Moment. Und ich genieße die Ruhe.

Ein schönes Bild, ich sollte Poet werden. Oder Pastor. Oder Bahnsprecher.

Was ich eigentlich sagen wollte: Meine Frau und ich verbringen trotz der vielen Ehejahre immer noch möglichst viel Zeit gemeinsam, manchmal auch auf Reisen im Zug. Und jetzt kommt mein Geständnis: Ich habe mich neu verliebt!

Keine Sorge: Ich habe mich neu in *meine Frau* verliebt. Das ist ein tolles Gefühl, das müssen Sie auch mal probieren (also in *Ihren* Partner oder *Ihre* Partnerin verlieben, nicht in *meine* Frau).

Ich glaube, ich weiß auch, woran das liegt: Ich habe nach fast dreißig Ehejahren angefangen, sie zu verstehen. In den ersten Ehejahren ist es völlig egal, ob man seine Frau versteht oder nicht. Man ist einfach nur verknallt. Ich war die ersten Wochen und Monate süchtig nach meiner Frau. Ich war voll auf Margie – der einzigen Droge ohne gesundheitsschädigende Nebenwirkungen. Ich konnte sie gar nicht oft genug sehen. Wenn ich sie zehn Minuten nicht gesehen hatte, was selten vorkam, flippte ich vor Begeisterung aus, wenn ich sie wiedersah: »Boah! Hast du die Haare anders? Oder ein neues Kleid? Mein Gott, du siehst ja fabelhaft aus!«

(So ging es mir übrigens auch als junger Mann, wenn ich mich im Spiegel sah. Ich trug dabei allerdings selten ein Kleid.)

Am Anfang einer Beziehung achtet man auch noch sehr

auf gutes Benehmen. Man will, gerade als Mann, nichts Primitives machen oder wie ein ungehobelter Volldepp dastehen. Da muss man sich wirklich unter Kontrolle haben. Ganz wichtig: Man rülpst nicht voreinander! Wenn man merkt, dass die Gase in einem aufsteigen, geht man heimlich vor die Tür. Und am besten schließt man auch die Tür, sonst kommt es zu Situationen wie: »Bill, wieso stinkt es so im Flur?«

»Äääh, ich war nur kurz draußen, das muss von dort reingezogen sein.«

»Wahrscheinlich haben die Nachbarn wieder Essensreste in die Biotonne geworfen. Ekelhaft!«

»Ja, ähm, echt schlimm. Ich geh mal draußen guc... Bööööööörpfff!«

*Und*: Man pupst auch nicht voreinander. Oh Gott, war das anstrengend! Ich bin die ersten Monate mit einem Bleistift im Hintern durchs Haus gelaufen. Ich habe nachts versucht, heimlich aufzustehen. Margie hat schon gedacht, ich schlafwandle. Und dann kam endlich der befreiende Moment: Die erste gemeinsame Blähung!

»Juhu! Jaaa! Lass krachen, Schatz!«

Das ist ein echter Meilenstein in einer Beziehung. Den feiern wir bis heute. Ich vergesse manchmal Geburtstage oder auch schon mal den Hochzeitstag, aber den habe ich noch nie vergessen: »Schatz, heute ist unser dreißigster Bläh-Day!«

»Ach, süß, dass du daran denkst. Oh, danke Bill, sind die Bohnen für mich?«

## Wir sind schwanger

Ein weiterer Meilenstein in einer Ehe ist der Moment, in dem deine Frau zum ersten Mal sagt: »Wir bekommen ein Baby!«

Das war der Wahnsinn. Ich dachte, ich gehe vor Freude in die Luft! Ich wusste sofort, dass ich in dieser Schwangerschaft alles mitmachen wollte, alles miterleben. Ich wollte ein junger, moderner Vater werden. Ich war genauso schwanger wie meine Frau. Der einzige Unterschied: Ich habe deutlich mehr zugenommen.

Ich bin nur noch mit einem Hohlkreuz durch die Stadt gelaufen, immer den Blick darauf, wo ich mich als Nächstes hinsetzen kann. Und wenn eine Parkbank durch junge Schnösel besetzt war, sagte ich mit leidendem Unterton: »Bank frei! Ihr seht doch, dass wir schwanger sind.«

Natürlich habe ich auch alle Schwangerschaftskurse mitgemacht, die angeboten wurden. Der erste war dienstags, 18 Uhr, bei Frau Schneider. Wir waren eine tolle Truppe: Meine Frau, zehn andere Frauen, Frau Schneider und ich. Am ersten Abend haben wir Presswehen gelernt. In die habe ich mich ziemlich reingekniet. Ich möchte mich nicht loben, aber ich war der *Beste*!

Frau Schneider sagte immer: »Herr Mockridge, gehen Sie noch mal nach vorne und zeigen den Frauen, wie eine Presswehe geht.«

Tja, entweder man kann's oder man kann's nicht!

Am nächsten Dienstag stand Hecheln auf dem Stundenplan. Man muss als Mann für seine Frau viel Hecheln, damit sie genug Sauerstoff zwischen den Wehen bekommt.

»Hä-Hä-Hä-Hä-Hä …«

Ich habe das Tag und Nacht zu Hause geübt. Wir mussten ständig die Fenster aufreißen, weil ich den Sauerstoff im Haus komplett weggehechelt hatte. Und vor unserer Tür lungerten immer mindestens zwanzig Hunde rum, weil die dachten: »Hey! Da drinnen hechelt unser neuer Anführer!«

Ich wollte auch unbedingt bei der Geburt dabei sein. Ich dachte mir: Wenn die Zeugung schon so klasse war, wird die Geburt bestimmt auch ein großer Spaß! Ich war sooo gut vorbereitet auf dieses Ereignis. Aber wie immer kommt es anders, als man denkt.

Eines Nachts weckte mich meine Frau. Ich war in Sekunden hellwach, stand vor dem Bett und fragte: »Was ist, Schatz? Brauchst du was? Mineralwasser, Gürkchen oder Leberwurst?«

»Nein danke, Bill, mir ist gerade die Fruchtblase geplatzt.«

Ich blieb betont cool: »Mach dir keine Sorgen, ich kann alles reparieren! Wo ist das Ding, ich krieg das irgendwie wieder zusammen! Ich hol schnell den Lötkolben und die Wasserwaage.«

»Nein, Bill! Es geht jetzt los! Wir müssen ins Krankenhaus!«

Auf der Fahrt ins Krankenhaus habe ich versucht, mich mental auf die kommenden Großereignisse einzustellen. Mein Mantra lautete: »Was jetzt kommt, ist alles Natur. Du bist Natur. Du wirst eins mit Mutter Erde. Du bist die Mutter, äääh, der Vater!«

Dreißig Minuten später waren wir beide im Kreißsaal. Es ging los. Aber so richtig. Ach du lieber Gott, auf so viel Natur war ich gar nicht eingestellt! An Details der Geburt kann ich mich nicht mehr erinnern. Ich bin zwischen der zweiten und dritten Presswehe ohnmächtig geworden. Ich hatte wohl vergessen zu hecheln …

Und dann ist plötzlich dein Baby da. Ich warf als stolzer Vater einen ersten Blick auf meinen Stammhalter und dachte: »UAAAAAAH! Wer soll das denn sein? Der sieht ja aus wie ein nasser Teebeutel! Es ist ja schön, dass die Aliens endlich die Erde besuchen, aber warum ausgerechnet heute. Und ausgerechnet *uns*?«

In welchem optischen Zustand Babys zum ersten Mal das Tageslicht erblicken, hatte mir niemand gesagt. Darauf muss man einen werdenden Vater doch vorbereiten!

Verunsichert sprach ich die Hebamme an: »Äh, Entschuldigung, das kann nicht meiner sein. Gibt es denn hier nicht ein Baby mit Zähnen oder wenigstens Haaren?«

Gab es nicht. Ich musste mich damit abfinden. Es war mein Baby. Die Beweislast war erdrückend und Umtausch ausgeschlossen.

Die Hebamme hat den Kleinen dann frisch gemacht und nett angezogen, da dachte ich mir: »Ach komm, nimmste doch mit nach Hause.«

Aber das Bild, dieser schrumpelige Teebeutel, ließ mich nicht los. Ich wollte wissen, ob alle Kinder nach der Geburt so komisch (nicht im Sinne von lustig) aussehen. Ich habe es noch fünf Mal probiert. Jungs, macht euch keine Hoffnung: Die sahen *alle* so aus.

## Baby-Party

Noch ein Meilenstein in einer Ehe: Der erste Tag mit deinem Baby in den eigenen vier Wänden. Ich bin die ersten Wochen mit unserem kleinen »Päckchen« kreuz und quer durchs Wohnzimmer gelaufen. Kilometer habe ich dabei zurückgelegt, die knöcheltiefen Fußpfade sieht man bis heute in unserem Parkett. Ich war so stolz und glücklich. Das Leben war durch das Baby von einem Tag auf den anderen komplett verändert: Mit der Frau lecker essen gehen? Vergiss es! Mit den Kumpels in die Kneipe? Denk nicht dran!

Aber das war total egal. Hauptsache, es gab Margie, das Päckchen und mich. Mir reichte es, mit dem kleinen Nicky über der Schulter durch das Wohnzimmer zu wandern. Ich habe ihm vorne mit der Hand sanft auf den Rücken geklopft und von hinten an der Schulter hörte ich: »Böööööörpfff!« Süß: So klein und schon ganz der Vater.

In dieser Zeit roch ich ständig nach säuerlicher Milch

und hatte zwei weiß bekotzte Schultern – die Uniform der jungen Väter. Aber als moderner Vater wollte ich mir nicht nur die Pullover bekotzen lassen, ich wollte in die Tiefe gehen. Ich sage nur: Babypflege. Ich legte Nicky zum ersten Mal auf die Wickelkommode, unter die Wärmelampe und die wachenden Augen von Margie. Ich habe voller Stolz die Klebestreifen der Windeln auseinandergezogen und das Produkt der Weltraumforschung geöffnet: »Boooaaah!« Das war ein Schock! *Grün!* Der Inhalt war dunkelgrün. Ich schaute Margie triumphierend an: »Siehst du? Ich hatte recht im Krankenhaus! Aliens! K – Die Besucher! Sie leben schon lange unter uns. Ihr Zeichen ist die grüne Kacke!«

Margie versuchte mich zu beruhigen: »Nein, Bill, das ist völlig normal, wirklich.«

Ich suchte die nächste Erklärung für dieses parapsychologische Phänomen: »Margie, du stillst doch, oder?«

Sie nickte und verkniff sich einen Lachanfall.

»Ja, wie denn? Hast du links Milch und rechts Waldmeister?«

»Nein«, antwortete sie, »was hättest du denn lieber? Gelb oder lila?«

Und dann war es auch noch so wenig. Da scheißt ein Spatz ja größere Haufen. Ich habe die Windel vorsichtig wieder verschlossen. »Margie, das lohnt sich heute noch nicht. Ich schau morgen früh noch mal rein.«

Margie protestierte lautstark. Ich konnte sie mit meinem messerscharfen Verstand allerdings sehr schnell beruhigen. Ich nahm den bunten Pappkarton, in dem die Windeln handelsüblich verpackt waren, und zeigte Margie einen Aufdruck. »Schau, Schatz, hier steht extra: 6–8 Kilo! Das dauert Wochen, bis das Ding wirklich voll ist.«

Ganz toll sind auch die Phasen, die die Kinder in den ersten Monaten durchgehen. Plötzlich konnte Nicky krabbeln und die Welt entdecken (leider auch meine Plattensammlung). Wir mussten alle wertvollen Gegenstände mindestens einen Meter hoch lagern, raus aus der Gefahrenzone der krabbelnden Schildkröte. Und weil es da natürlich ran will, fängt das Kleinkind irgendwann an zu stehen. Den Moment habe ich nie vergessen: Kurz vor seinem ersten Geburtstag hielt sich Nicky an einem Stuhlbein fest und zog sich langsam hoch. Und dann stand er erstmals auf eigenen Beinen, wie ein Wackeldackel am Abgrund. Ich war so fasziniert, ich habe an diesem Tag bestimmt hundertvierzig Fotos von Nicky gemacht!

Junge Eltern sind bekloppt. Wir waren vor Freude sogar so bekloppt, dass wir für Nickys ersten Geburtstag eine Einladungskarte mit Kinderschrift an elf befreudete Babys schickten.

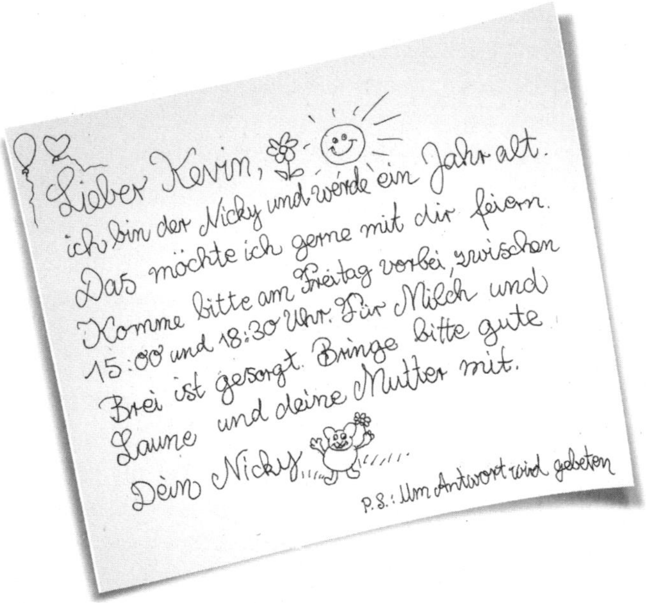
Lieber Kevin,
ich bin der Nicky und werde ein Jahr alt.
Das möchte ich gerne mit dir feiern.
Komme bitte am Freitag vorbei, zwischen
15:00 und 18:30 Uhr. Für Milch und
Brei ist gesorgt. Bringe bitte gute
Laune und deine Mutter mit.
Dein Nicky
P.S.: Um Antwort wird gebeten

Und es sind wirklich alle gekommen: elf Babys mit ihren zehn Müttern, die wir im Schwangerschaftskurs kennengelernt hatten (eine Mutter hat Zwillinge bekommen). Die eingeladenen Babys konnten natürlich auch noch nicht laufen, also wurden die Päckchen getragen oder auf Babydecken verklappt. Zwölf Päckchen – unser Wohnzimmer sah aus wie das Logistikzentrum von Amazon.

Dann stellte sich eine Mutter mit ihrem Päckchen vor Nicky und mich und sagte: »Kevin, das ist der Nicky! Der hat heute Geburtstag! Kevin, jetzt gibst du bitte dem Nicky dein Geschenk!«

Folgende Situation: Kevin hatte zum ersten Mal in seinem Leben einen Cowboy von Lego-Duplo in der Hand – der dachte nicht im Traum daran, den Nicky zu geben.

Er dachte sich vielmehr: »Ich bin doch nicht bescheuert! Ich gebe das doch nicht ab! Soll doch dein Papa dir selbst eins kaufen!«

Die Mutter ließ nicht locker: »Doch Kevin, das musst du dem Nicky geben, das ist *sein* Geschenk. Das gehört jetzt ihm!«

»Neeeee, Nee-Nee-Nee! Heul! Uääääähh!«

Wir Väter wissen, was in so einer Situation zu tun ist: Kurz den frischgefeilten Fingernagel ins Handgelenk. Zack! Lag der Cowboy auf dem Gabentisch. Das sind die kleinen Tricks, die lernt man mit den Jahren …

Ich hatte für die Feier auch noch eine Kleinigkeit vorbereitet: Unter dem Johlen und Kreischen der zehn Mütter habe ich noch mal meine besten Presswehen vorgeführt und ein Hechel-Medley gehechelt. Dann fiel mir etwas auf, etwas Schmerzliches: Die Mütter waren wieder so schlank geworden wie vor der Geburt, jedenfalls die meisten. Ich hingegen hatte das Gewicht aus meiner Schwangerschaft gehalten. Und da fiel es mir ein: Natürlich! Ich hatte die Rückbildung vergessen!

Na ja, war eh zu spät. Dann eben beim nächsten Kind.

**Pickel-Party**

Vor dem ersten Kind hatten wir mindestens sechs verschiedene Theorien über die Erziehung der Kinder. Jetzt haben wir sechs Kinder und keine Theorie. Ich kann Ihnen daher nur raten: Schmeißen Sie alle Ratgeber weg, man kann nicht gleichzeitig lesen und Kinder erziehen. Das Beste ist, wenn man sich Zeit für die Kinder nimmt, der Rest ergibt sich dann irgendwie … meistens.

Ich war bei den ersten Kids immer so vorsichtig. Wenn Nicky mal gehustet hat, rief ich gleich panisch: »Um Himmels willen! Margie, ruf du den Rettungswagen! Ich habe die Nummer vergessen.«

Inzwischen bin ich abgebrüht. Unser Jüngster hat neulich eine Zwei-Euro-Münze verschluckt. Da habe ich ganz ruhig und besonnen reagiert: »Kein Thema, Liam, das wird einfach vom Taschengeld abgezogen!«

Dann werden die Kinder älter und älter. Vom Kindergarten kommen sie in die Grundschule, von der Grundschule in die Pubertät. Eine schreckliche Zeit! Die Kinder sind dann plötzlich groß, haben den vollen Durchblick, wissen natürlich alles, können alles, und der Alte wird immer kleiner und dümmer und hat gar nichts mehr drauf. Es müsste so eine Art Ferienlager geben, in das man die Kinder mit zwölf Jahren abgibt – und mit achtzehn wieder abholen kann. Das wäre eine echte Geschäftsidee. Ich kenne viele Eltern, die hätten für so eine Institution viel Geld ausgegeben.

Und Kinder in der Pubertät sehen ja auch echt bescheuert aus. Damit meine ich nicht nur die boulekugelgroßen Pickel und fettigen Haare. In der Pubertät wächst der Körper nicht immer gleichmäßig. Mal wachsen die Ohren, dann sehen sie aus wie eine Mischung aus Westerwelle und Genscher. Dann wachsen die Beine, das sieht aus, wie ein Fliegenpilz auf Stelzen. Oder du hast einen albernen Gibbon im Wohnzimmer, weil die Arme in der letzten Woche bis auf den Boden gewachsen sind.

Und dann noch die Gerüche, die sechs pubertierende Jungs ausströmen. Manchmal halten Autofahrer bei uns in der Straße, kurbeln die Scheibe runter und sagen: »Uäääh! Wie riecht es hier denn? Gibt es in der Nähe irgendwo ein Wildgehege?«

»Ja«, antworte ich dann, »aber Vorsicht. Die sind alle in der Brunft!«

In der Pubertät fangen die Jungs auch an, sich zu schämen. Natürlich nicht über sich selbst: »Boah, wie sich der Alte wieder anzieht ... Die Musik vom Alten, äääh ... Guck mal, wie peinlich der Alte da wieder sitzt ...«

Ich, der große Dad, Held der Familie, ich wurde von meinen eigenen Jungs im eigenen Haus nur noch geduldet. Hauptsächlich aus finanziellen Gründen. Vor einigen Jahren sagte Lenny zu mir: »Ich habe heute Abend ein paar Leute eingeladen. Echt coole Freunde von mir. Kannst du mir einen Gefallen tun, Dad?«

Meine Hand griff automatisch zum Portmonee: »Klar, brauchst du Geld für Getränke und Chips?«

Lenny lächelte mich an: »Äh, ja danke, gerne. Aber ich hätte eine andere Bitte: Könntest du heute Abend einfach verschwinden?«

Ich überlegte kurz, ob ich dem frechen Knirps einfach eine knallen sollte, dann legte sich mein Zorn: »Ja, klar, ich bleibe einfach im Arbeitszimmer, da sieht mich keiner. Aber was ist, wenn ich mal zur Toilette muss, dann muss ich durchs Wohnzimmer.«

Lenny hatte für den Fall bereits eine Lösung parat: »Ja, Dad, dann sag einfach, du gehörst zum Personal.«

Da wird man plötzlich der Gärtner, der freundlicherweise abends um 22 Uhr das Klo benutzen darf.

Wenn ich einen von meinen Jungs von einer Party abholen »darf«, sage ich immer: »Ich bin der Taxifahrer und soll einen gewissen Mockrich, äääh, Mücklich oder Möckritsch abholen. Ist der da?«

Und dann kommt der Tag, ab dem die gar keinen Taxifahrer mehr brauchen, weil sie den Lappen (*mittelhochdeutsch für Führerschein-Chipkarte*) bestanden haben. Als Nicky mit seinem Führerschein nach Hause kam, war ich natürlich sehr stolz auf ihn. Bis er mich fragte: »Dad, kann ich heute Abend den Wagen haben?«

Ich hätte die Frage eigentlich ahnen können.

»Neee, Nicky, bitte nicht!«

Nicky stellte sich vor mich und blickte auf mich herab: »Dad, ich bin jetzt aber wirklich alt genug!«

So, nicht mein Freund: »Du vielleicht, aber mein Auto noch nicht!«

Ich freue mich schon auf den nächsten Meilenstein in unserer Ehe: Wenn einer meiner Jungs bei uns an der Haustür klingelt, mit einem Päckchen auf dem Arm und sagt: »Schau, das ist dein *Opa*!«

Dann wackeln zwei Wackeldackel durch unser Wohnzimmer, ein junger und ein alter. Und auf den Moment freue ich mich am meisten: Wenn ich meinem Enkel nach zwei Stunden Spielen, Lachen und Albernsein sagen kann: »Das war sehr schön mit dir, komm mich am nächsten Wochenende wieder besuchen. Tschüüüüüüß!«

Du kannst den Zwerg einfach wieder abgeben, wie einen Mietwagen. Und meinem Sohn sage ich dann zum Abschied: »Du, der Kleine hat sich da was in die Windel gedrückt. Solltest du mal sauber machen, *Dad*!«

# 37.
## Fragen Sie Dr. Bill!

In mittlerweile vier Bühnenprogrammen beschäftige ich mich mit dem Thema Älterwerden. Immer wieder erhalte ich dadurch seit Jahren Post von Fans, die mich verzweifelt um Rat bitten. Die meisten dieser Briefe versprühen die hormonelle Verwirrtheit auf der Schwelle zum Vergreisen in jeder einzelnen Zeile. Was mein ächzender Postbote tagtäglich säckeweise anschleppt, zeigt deutlich: Die zweite Pubertät verunsichert Betroffene in unserer modernen Gesellschaft wie nie zuvor. Umso schwerer fällt es mir, aus Zeitgründen nicht jeden einzelnen Hilferuf persönlich beantworten zu können. Ich möchte aber zumindest die Gelegenheit nutzen, einige der dringendsten und häufigsten Fragen in diesem Buch aufzugreifen:

*Erwin B. und Doro I. aus P. schreiben:*

*Sehr geehrter Bill Mockridge, Doro und ich sind frisch verliebt, aber beide bereits Anfang achtzig. Nun wollen wir heiraten. Finden Sie das in Ordnung?*

**Dr. Bill antwortet:**

Liebe Doro, lieber Erwin, das finde ich ganz und gar nicht »in Ordnung« – nein, das finde ich großartig! Was spricht bitte schön dagegen? Gut, sicher: Auch mit gesunder Ernährung und viel Sport ist eure Goldene Hochzeit in diesem Fall ein recht ehrgeiziges Ziel, aber darauf kommt es doch gar nicht an! Wenn man sich liebt, ist das Grund genug, um zu heiraten – egal, ob mit dreißig oder achtzig. Ich sage immer: Solange der Ring über die Falten passt, ist es nie zu spät! Bei uns in Bonn-Endenich z. B. feiern die zwei großen Seniorenheime einmal im Jahr ein Fest, damit sich die Bewohner kennenlernen. Erst letztes Jahr saßen sich zwei gegenüber, er Ende siebzig, sie Anfang achtzig – da hat es sofort gefunkt. Fünf gemeinsame Tänze später (die beiden sind noch fit auf den Beinen!) hat er ihr noch am selben Abend mit Motten im Bauch die Frage aller Fragen gestellt: »Wollen Sie mich heiraten?« Und sie hat freudig geantwortet: »Ja! Ja! Jaaaaaa!« Einziges Problem: Am nächsten Morgen, als er in seinem Zimmer erwachte, konnte er sich an ihre Antwort nicht mehr erinnern. Eine gute halbe Stunde hat der arme Mann sich rumgequält, bevor er ihre Nummer wählte und sie anrief: »Mir ist es so peinlich … Bitte verzeihen Sie, ich hab in letzter Zeit so ein schlechtes Gedächtnis: Ich weiß, dass ich gestern gefragt habe, ob Sie mich heiraten wollen – aber ich weiß nicht mehr, was Sie geantwortet haben.« Darauf ihre Stimme aus dem Hörer: »Mein Gott, ich bitte Sie … Ich habe ›ja‹ gesagt! Ja, ja, ja!! Natürlich habe ich ›ja‹ gesagt – ich weiß nur nicht mehr, wer mich gefragt hat!« Trotz dieser kleinen altersbedingten Startschwierigkeiten haben die beiden vor einigen Wochen geheiratet – wenn auch zur Sicherheit mit gleich vier Trauzeugen, die sie am nächsten Morgen an die Hochzeit erinnern können. Also: Es ist nie zu spät!

*Heinz W. aus L. schreibt:*

*Lieber Bill Mockridge, bei unserer Silberhochzeit habe ich meine Frau nach Mallorca gebracht. Morgen haben wir jetzt Goldene Hochzeit – was könnte ich diesmal mit ihr machen?*

**Dr. Bill antwortet:**

Lieber Heinz, mein Vorschlag: Hol sie langsam wieder ab!

*Hubsi H. aus L. schreibt:*

*Lieber Bill Mockridge, ich komme langsam in das Alter, in dem ich für meinen Kopf was tun muss. Ich habe gehört, dass Kreuzworträtsel geistig fit halten sollen. Ist da was dran?*

**Dr. Bill antwortet:**

Kreuzworträtsel halten geistig extrem fit! Vor allem aber trainieren sie die Stimmbänder ungemein. Meist muss ich alter Rätselfuchs aus dem Wohnzimmer den ganzen langen Weg in die Küche brüllen: »Maaaargie! Hauptstadt von Italien mit drei Buchstaben! ›R‹ am Anfang!« Meine Frau weiß das alles. Das ist schön, denn dann brauche ich es nur noch auszufüllen und bin umso schneller fertig fürs Mittagessen. Wenn es denn schon zubereitet ist, da meine Frau in der Küche ziemlich herumtrödelt, seit sie mir gleichzeitig ein klein wenig helfen muss. Dabei geben Frauen mit ihrer angeblichen Multitasking-Fähigkeit doch immer so an …
»Maaaaargie! Zahl der Kreisberechnung, zwei Buch-

staben!« – »Maaaaargie! Talentierter Mensch, acht Buchstaben, vorne ›B-E-G‹, hinten ›TER‹ – ›Begatter‹?« – »Maaaaaargie! Zufluss der Saale, zwei … nee, drei … Moment, wo ist meine Brille … vier Buchstaben! Vier! Jetzt komm schon, reiß dich zusammen, was dauert das denn so lange?! – »Maaaaaargie! Alter Kreuzworträtsel-Zausel, der nichts allein gebacken kriegt! Vier Buchstaben, hinten Doppel-L!« (Meine Frau hat mir falsch »Till« vorgesagt, um mich nicht zu verletzten.)
Also: Kreuzworträtsel halten wirklich fit. Allerdings nur, wenn Sie eine Frau haben. Bald will ich es übrigens mit Sudoku probieren. Meine Frau ist schon fleißig am Üben.

*Cosmos D. aus S. schreibt:*

*Sehr geehrter Herr Mockridge, zahlen auch* Sie *für Ihre Autoversicherung zu viel? Wussten Sie, wie viel Sie bei Deutschlands günstigstem Direktversicherer sparen können?*

**Dr. Bill antwortet:**

Lieber Cosmos, selbstverständlich kenne ich dieses Problem: Wie die Autoversicherer uns Senioren trotz jahrzehntelanger unfallfreier Fahrerfahrung immer noch abzocken, ist eine Frechheit allererster Garnitur. Doch vertrau mir: Sich stattdessen einfach direkt vom gerade volljährig gewordenen Sohn versichern zu lassen (»Keine Angst, Dad, ich fahr deine heißgeliebte Karre schon nicht zu Schrott …«) kann böse nach hinten losgehen. Besonders beim rückwärts Einparken. Ich merke das aktuell bei meinem Sohn Jeremy – just achtzehn geworden, der Führerschein noch ganz warm aus der Chipkartenpresse. Jeden Freitagabend vor der Disco versucht er mich mit seinem »Krieg ich das Auto?«-Hundeblick zu hypnotisieren – aber den kenn ich bereits von meinen drei anderen ältesten Jungs, dagegen bin ich inzwischen immun. Ich bleibe hart. Das Einzige, was ich vermisse, ist das tolle kleine Spielchen am darauffolgenden Tag: Wer findet die meisten braunen McDrive-Tüten in meinem Auto? Mein Rekord liegt bei siebzehn. Kein Wunder, ich war ja auch der Einzige, der den Wagen von innen wieder saubermachen musste. Darum: Nicht schwach werden und trotzdem weiterhin Vollkasko abschließen. Dein Auto wird es dir danken! Ein sehr schönes und beeindruckendes Briefpapier hast du übrigens, lieber Cosmos. So viele Stiftung-Warentest-Auszeichnungen – du scheinst es im Leben wirklich zu etwas gebracht zu haben, Respekt. Und sich privat eine 0800-Nummer anzuschaffen, damit Freunde und Familie fürs Anrufen nichts zahlen müssen, ist eine wirklich tolle Idee – dann können die sich gar nicht mehr rausreden, warum sie nie anrufen. Das hätte glatt von mir stammen können. Chapeau, Cosmos!

***Jürgen W. aus K. schreibt:***

*Lieber Bill Mockridge, seitdem ich alt werde, fange ich an, zu knirschen und zu knacken. Ist das normal?*

**Dr. Bill antwortet:**

Lieber Jürgen, keine Sorge, das ist völlig normal! Auch mein Körper macht inzwischen bei jeder kleinsten Bewegung Geräusche. Das bringt das Alter unweigerlich mit sich. Es heißt ja nicht umsonst »alter Knacker«. Da hilft keine Ölkanne wie beim Blechmann im »Zauberer von Oz«, da hilft kein Nachziehen – das muss man hinnehmen. Und vor allem die positiven Seiten sehen, denn es hat auch Vorteile: Meine Frau zum Beispiel weiß jetzt immer, wo ich bin. Trug ich dafür in den siebziger Jahren noch diese Jeans mit Glöckchen unten dran, erkennt sie mich inzwischen schon aus fünfhundert Metern Entfernung allein am Knirschen. Praktisch, oder? Das Knirschen und Knacken eines alten Menschen ist wie eine Schneeflocke – jedes ist einzigartig. Wir Senioren knirschen, knacken und quietschen in solch beeindruckend breiter Tonlage – mit ein paar Freunden meiner Altersklasse kann ich inzwischen nur mit unseren Körpern Beethovens »Neunte« aufführen! Wir wollten uns damit eigentlich bei »Wetten, dass ..?« bewerben, aber dann hat Thommy Gottschalk aufgehört. Den hätten wir gerne mal getroffen. Ist ja auch ein alter Knacker wie wir, auch wenn man es ihm nicht ansieht. Der macht beim Moderieren sicher tausend schlimme Geräusche, die mit millionenteurem Equipment live rausgefiltert werden müssen, so dass wir Zuschauer sie vor dem Fernseher nicht hören. Also, Jürgen, lass dich nicht verunsichern: Wir Alten machen alle Geräusche! Frohes Weiterknirschen wünscht dir dein Knackschwager Bill!

***Emmi W. aus D. schreibt:***

*Hallo Herr Mockridge, ich habe ein Problem: Meine Waschmaschine spricht mit mir. Meine Waage auch. Sogar meine Armbanduhr. Hören Sie diese Stimmen auch?*

**Dr. Bill antwortet:**

Emmi, Emmi, Emmi … Der Fall ist leider klar: Sie leiden unter akuten überfürsorglichen Kindern. Die statten Sie nach und nach mit immer weiteren sprechenden Geräten aus, die Sie den ganzen Tag lang hoffnungslos zuquatschen. Ich kenne das Problem: Auch ich habe mir ein iPhone gewünscht, und was hab ich gekriegt? Eines von diesen sprechenden Senioren-Handys, so einen Riesenknochen, jede einzelne Taste größer als ein mittelgroßer europäischer Staat! Das blöde Teil sagt mir jetzt ständig die Uhrzeit an, den Wochentag, den Akkustand, selbst die verpassten Anrufe, ob am Tag oder in der Nacht. Ich weiß einfach nicht, wie man diese verdammte Sprachausgabe ausschaltet. Vielleicht könnten sich mein Handy und Ihre Waschmaschine mal treffen, die hätten sich sicher viel zu erzählen. Nein, Scherz beiseite: Sie sollten dringend was tun. Bestellen Sie noch heute den Sperrmüll, der den ganzen sprechenden Technikschrott abtransportiert. Ihren Kindern, die Ihnen diesen Quatsch geschenkt haben, erzählen Sie einfach, dass Ihnen aus Gründen der Menschlichkeit leider keine andere Wahl geblieben ist – die Geräte wären allesamt depressiv geworden und hätten sich den Freitod gewünscht. Sie hätten es Ihnen selbst erzählt.

***Jeremy M. aus B.-E. schreibt:***

*Hey Dad, wie du mich drei Briefe zuvor als Autofahr-Gurke und McDonald's-Junkie dargestellt hast, finde ich ganz schön fies. Gehört sich denn so was für eine uralte Kalksteinhöhle auf zwei Beinen wie dich? Viele Grüße, Jeremy. P. S.: Die neue große Beule in deinem Wagen war schon drin.*

**Dr. Bill antwortet:**

Lieber Jeremy, vielen Dank für deinen Brief. Ich habe einen Sohn, der heißt auch Jeremy. Zu deiner Frage: Natürlich gehör … Moment mal … Beule? Mein Wagen? JEREMYYYYYYYYY!

# 38.
## Die letzten Dinge

Ich bin noch immer unter Schock: Mein bester Freund Hans ist tot. Ich habe es gerade erst erfahren. Hans ist sofort vorbeigekommen und hat es mir selbst aufgeregt erzählt.

Folgendes ist passiert: Hans liest jeden Morgen die Todesanzeigen in der Zeitung. Die einen schlagen als Erstes den Politteil auf, die anderen den Sportteil, wieder andere das Feuilleton – mein Freund Hans jedoch widmet sich am Frühstückstisch sofort den Todesanzeigen, liest jede einzelne sorgfältig durch. Der braucht das irgendwie, hält es in dieser Beziehung wie der amerikanische Komiker George Burns (Baujahr 1896, gestorben 1996), der mit neunzig einmal gesagt hat: »Morgens lese ich die Todesanzeigen durch. Wenn mein Name nicht dabei ist, stehe ich auf und gehe zur Arbeit.«

Nun, ausgerechnet heute *war* Hans' eigener Name dabei: Er hat seinen eigenen Namen in den Todesanzeigen gelesen! »Hans Weiß« – gestorben! Selber Jahrgang. »Hinterlässt eine Familie« – genau wie Hans! Ich brauche Ihnen wohl nicht groß zu erklären, wie verwirrt und aufgebracht mein bester Freund bei mir aufgelaufen ist. Der guckte mich kalkweiß an, als hätte er gerade einen Geist gesehen. Dabei hätte ich das umgekehrt viel eher behaupten können. Auf jeden Fall hab ich ihm erst mal einen starken Kaffee eingegossen, damit er sich wieder beruhigt. (Also nicht *zu* stark – nicht, dass Hans einen Herzkasper bekommt, auch wenn er dann zumindest das Geld für eine extra Todesanzeige gespart hätte.)

»Bill, was mach ich denn jetzt?«, stammelte Hans durcheinander. »Ich bin offiziell tot.«

»Du musst jetzt einen kühlen Kopf bewahren, Hans!«, riet ich ihm eindringlich. »Hat Bestatter Sannemann die Anzeige schon gelesen? Das müssen wir irgendwie verhindern … Wenn der *das* liest, der weicht *nie* wieder von deiner Seite! Mich verfolgt der Typ schon seit Jahren – und ich wurde noch nie für tot erklärt. Hast du dich eigentlich schon entschieden, ob du auf deine eigene Beerdigung gehst?«

»Jetzt lass den Blödsinn, Bill! Ich muss … ich muss … warte …«

Hans zog neben mir am Küchentisch sein Handy, rief seinen Direktor, Dr. Lippeheide, an. Hans ist Lehrer.

»Herr Dr. Lippeheide, guten Morgen, hier spricht … ähm … Hans Weiß. Haben Sie … haben Sie heute zufällig die Todesanzeigen im ›General-Anzeiger Bonn‹ gelesen?«

Ich konnte auf meinem Stuhl neben Hans Dr. Lippeheides Stimme aus dem Handy mithören. Selbst mir blieb so das Erstaunen des leicht erstarrten Lippeheide nicht verborgen.

»Äh, jaaaaa … ja, hab ich.«

»Ich habe gedacht, ich melde mich!«, fügte mein Freund Hans an. So ist er, der Hans – pflichtbewusst bis in den Tod.

Aus dem Handy hörte ich es stottern: »Ah, j-j-jaaaa … haben Sie … haben Sie g-g-gut gemacht, Herr Weiß. Aber sagen Sie: V-v-von *wo* genau rufen Sie gerade an?«

Der arme Dr. Lippeheide. Dabei wäre mein Freund Hans für ein solch weites Ferngespräch eh viel zu geizig. Ich habe

Hans, nachdem er aufgelegt hatte, dann erst mal mitgenommen zum Einkaufen. Wann hat man schließlich schon mal die Möglichkeit, mit einem Toten das Leergut zu Aldi zu bringen?

Falls Sie jetzt denken: Das mit Hans' Todeszeige sei nicht mehr zu toppen – Sie irren. Sie irren sogar ganz gewaltig. Unser Bonn-Endenich ist sozusagen das Epizentrum der morbiden Kuriositäten. Als die Briten vor vielen Jahren hier zu Besuch waren, sind sie auf die Idee für den schwarzen Humor gekommen. So ist hier zum Beispiel vor zehn Jahren ein Mann gestorben. Das allein ist erst mal nichts Besonderes – das kommt häufiger vor, als man denkt. Der Mann kam für seine Beerdigung in einen schönen Eichensarg (Handmade by Sannemann), ein Musikerfreund spielte die Kapellenorgel, eine sehr persönliche Messe wurde gelesen, die Witwe des Mannes war ganz vorne dabei auf den VIP-Plätzen. Kurz: Das Ganze war eine rundum gelungene Beerdigung, für die man hätte sterben können. Dann jedoch haben die Träger den Sarg angehoben und ihn durchs Hauptportal der kleinen Kapelle getragen. Als sie plötzlich gegen den Pfeiler rannten, ertönte aus dem Sarg ein leises, dumpfes Stöhnen: »Oooooohhhhhhhhhh …«

Alle bis in dieser Sekunde trauernden Gesichter richteten sich mit aufgerissenen Augen auf den Sarg. Der Deckel wurde nach der kurzen Schockstarre aller Anwesenden sofort geöffnet – Leute: Er hat gelebt! Der Mann hat noch gelebt! Die Geschichte war bei uns in allen Zeitungen, noch viel größer als die Todesanzeige vom Hans. Der Tote wider Willen hat danach noch zehn Jahre gelebt. Und mit »leben« *meine* ich »leben«! Jedes Jahr Karneval, zu dem er seine Witwe a. D. – ursprünglich aus Wiesmoor, Ostfriesland – bereits zu normalen Lebzeiten immer mitgeschleppt hat, viermal die Woche gemeinsames Nordic-Power-Walking für die Gesundheit (das mit dem versehentlich Sterben sollte ihm nicht noch einmal passieren), weite Reisen mit seiner Frau ins ewige Eis der Arktis, das er vor seinem *echten* Tod unbedingt noch mal sehen wollte etc. etc. pp. Kurz: richtig Halli-Galli, rund um die Uhr. Gut, bis zum letzten Frühjahr. Da ist der Mann dann gestorben. Also: wirklich gestorben. Er kam in dieselbe Eichenholzkiste, die unser Bestatter Sannemann für ihn extra zehn Jahre aufbewahrt und jetzt noch mal mit »Sarg-Poliboy« schön aufpoliert hatte. Wie damals spielte ein Musikerfreund dasselbe Lied (allerdings nicht derselbe Musikerfreund, der erste war inzwischen nämlich verstorben), wie damals wurde eine sehr persönliche Messe gelesen, die einfach um die zusätzlichen zehn Jahre hinten dran ergänzt wurde. Als die Sargträger den Sarg anhoben und ihn durchs Hauptportal der kleinen Kapelle trugen, hatte die doppelte Witwe hinter dem schwarzen Schleier ihres Huts nur noch einen einzigen Wunsch: »Jungs, passt bitte auf den Pfeiler auf!«

Übrigens habe auch ich vor ein paar Jahren mal in Sannemanns Bestattungsinstitut vorbeigeschaut. Zum Glück noch nicht in der Horizontalen, sondern lebend auf meinen eigenen Füßen. Ich hab mir irgendwann einfach gedacht: Man muss sich doch mal informieren, was da alles so abläuft. Also bin ich in Sannemanns dunkles Geschäft rein, hab erst mal niemanden entdeckt, worauf ich mich misstrauisch nach allen Seiten umgedreht habe – nicht, dass Bestatter Sannemann mir von hinten eins mit dem Knüppel überzieht und mich direkt dortbehält. Dem traue ich alles zu für einen guten Auftrag. Er kam dann aber doch ganz offen von vorne aus seinem Büro, streckte seine knochige Hand aus.

»Herr Mockridge, Herr Mockridge, ich grüße Sie! Ich *wusste* doch, dass wir uns bald wiedersehen! Ein weiser

Entschluss, dass Sie planen zu sterben – das werden Sie nicht bereuen!«

»Ja … nee, Herr Sannemann. Ganz so akut ist es noch nicht.«

»Ja ja, das glauben sie alle.«

»Nein, wirklich: Ich möchte einfach nur mal unverbindlich ein paar Särge gezeigt bekommen, wenn das geht.«

»Aber natürlich, natürlich! Kommen Sie!«

Bestatter Sannemann präsentierte mir daraufhin all seine Modelle für die letzte Ruhe, von der Basisausführung »Spanholz« bis hin zum funkelnd verzierten Edelsarg »Swarovski«. Schnell wurde mir klar: So ein bisschen Holz kostet richtig viel Holz. Ich zeigte schluckend auf eine der Preistafeln.

»Meinen Sie das ernst?«

»Todernst!«, bekräftigte Sannemann voller Inbrunst.

»Sie wissen aber schon, dass Ihre Särge deutlich teurer sind als bei der Konkurrenz um die Ecke?«

»Herr Mockridge, selbstverständlich weiß ich das – aber versuchen Sie bei denen mal, die Beine auszustrecken! Bei mir kriegen Sie noch Qualität, da wird nicht am falschen Ende gespart! Vor allem eben nicht an dem, wo die Füße hingehören. Kommen Sie, kommen Sie, liegen Sie ruhig mal Probe!«

»Ach, lassen Sie mal.«

»Nein, ehrlich, probieren Sie es aus! In meinen Särgen bettet man sich wie im Himmelbett! Wer sich einmal *da* reinlegt, der steht nie wieder auf. Außer natürlich wie Herr Grün, mit dem sie damals auf der Beerdigung gegen den Pfeiler gelaufen sind und der wieder aufgewacht ist. Der arme Kerl. Haben Sie diese Geschichte gehört?«

»Ja ja, hab ich … Herr Sannemann, ich glaub, ich muss jetzt gehen.«

Noch bevor Sannemann seine Pläne zu Ende ausführen

konnte, mir einen persönlichen Sarg mit »Lindenstraßen«-Logo zu zimmern, verschwand ich schnell aus seiner Gruft.

Es gibt ja viele Schauspieler, die wollen irgendwann einmal auf der Bühne abtreten. Das will ich nicht. Die Vorstellung, dass tausend unbekannte Zuschauer mir im besten Fall beim Sterben zusehen, im schlechtesten sogar noch applaudieren, fixt mich nicht an. Was ich allerdings will, und da kommt dann doch der Theatraliker in mir durch: einen guten allerletzten Satz zum Schluss. Einen, der hundertprozentig sitzt, der sich meinen Nachkommen einprägt. So was wie »Mehr Licht!« Wer hat's gesagt? Nein, nicht Stevie Wonder, der lebt noch. Goethe! Das ist für mich die Referenz. Ich würde den Satz ja einfach klauen, aber meine Familie kennt sich mit Goethe leider zu gut aus, die würden mich entlarven. Und das würde mich selbst in dieser Situation auf meinem Sterbebett noch echt wurmen. Ich könnte einfach »Mehr Wurst!« draus machen, was in meinem Fall auch der deutlich akkuratere Wunsch wäre, aber dann klingt's halt eben doch auch gleich nicht mehr so cool. Was also sagen beim Abgang? »Tschö mit ö«? – »Also, *die* Reise wollte ich mit meinen gesammelten Meilen *nicht*«? – »Ist schon okay, geht ruhig ins Wohnzimmer zum Wer-wird-Millionär-Gucken« – »Wo steh ich in der SPIEGEL-Bestsellerliste?« – »Finger weg von der Fernbedienung«?

Ich weiß es nicht. Das einzige, was ich weiß: deutlich reden! Das ist wichtig. Stellen Sie sich mal vor, ich liege in circa fünfzig, sechzig Jahren auf dem Sterbebett (ich bin optimistisch, dass die moderne Medizin sich in diesem Jahrzehnt extrem weiterentwickelt), meine Söhne, Frau und Verwandten um mich herum versammelt, und ich nuschele und röchele mir meinen wichtigen letzten Satz zurecht: »Passt auf – die 250 000 Euro sind versteckt in der Pfuafschaschapfffffkrzzzz …«

Auch ein guter letzter Satz: »Ich rieche Frikadellen.« Einfach, weil der so schön originell ist. Und tatsächlich so passiert hier in Bonn-Endenich, der Keimzelle für Abgänge mit Hindernissen. Folgendes ist passiert: Ein todkranker Endenicher Mann lag auf seinem Sterbebett, plötzlich strömt ihm aus der Küche der köstlich-würzige Bratduft in die Nase, der ihn schlagartig wieder munter macht. »Hmmmm! Ich rieche Frikadellen!« Er steht auf, schleppt sich in die Küche und sieht die noch dampfenden Frikadellen auf dem Küchentisch. Als er gerade danach greifen will, erscheint aus dem Nichts seine Frau, schlägt ihm auf die Hand und sagt: »Finger weg! Die sind für die Beerdigung!«

Daraufhin starb der Mann noch in derselben Sekunde, damit er endlich zugreifen durfte. Als ihm sein kleiner Denkfehler in diesem Plan bewusst wurde, war es bereits zu spät.

Mann, Mann, Mann … Ich merke immer mehr: Diese ganze Guter-letzter-Satz-Nummer setzt mich bereits jetzt so unter Druck, dass ich eigentlich schon gar keinen Bock mehr habe auf Sterben. Frei nach Woody Allen: Ich möchte nicht in den Herzen meiner Fans weiterleben, sondern in meinem Haus in Bonn-Endenich. Die Buddhisten, die haben es gut: mit jeder Wiedergeburt eine neue Chance. Aber wie schon angedeutet: Ich gehe in den nächsten Jahren eh von revolutionären medizinischen Fortschritten aus, die es schon bald ermöglichen, meinen Kopf auf einen rostfreien Roboterkörper zu verpflanzen. Einen Roboterkörper mit Superkräften selbstverständlich. Ich habe darüber im Internet zufällig eine Fachseite für moderne Medizintechnik gefunden, www.perry-rhodan.de heißt die. Scheint eine echte Koryphäe auf seinem Gebiet zu sein, dieser Dr. Rhodan. Bis es so weit ist, halte ich mir als guten letzten Satz sicherheitshalber »Bill Has Left The Building« parat. Copyright Bill Mockridge. Wehe, Sie klauen mir den. (Mit ihrem eigenen Namen natürlich, es sei denn, Sie heißen auch Bill.) Ich krieg das raus, und wir sehen uns im Himmel wieder, wo ich Sie, Gott ist mein Zeuge, direkt am ersten Tag verklagen und vors Petrus-Oberhimmelsgericht zerren werde. Es sei denn natürlich, Elvis kommt mir zuvor und verklagt *mich.* Aber ich glaube nicht, dass der King im Himmel gelandet ist – eher eine Stufe tiefer. Man kann über Gott viel Gutes sagen, aber: Der Teufel hat einfach den geileren Musikgeschmack. Schweife ich wieder mal ab? Rhetorische Frage – natürlich nicht.

Wo war ich stehengelieben? Ach ja: Der Teufel. Wissen Sie, was mich am Teufel fasziniert? Dass er trotz mindestens 3000 Grad Celsius in der Hölle sein Barbecue immer …

»BIIIILL! Wo sind die Autoschlüssel? Ich muss los, ich hab 'nen wichtigen Termin!«

Meine Frau. Ich muss Schluss machen. Keine Angst: nur mit diesem Kapitel. Aber immerhin: Jetzt *habe* ich einen guten letzten Satz. Danke, Margie!

## Top 10 - Bedrohte Seniorensätze

Die UNESCO stellt jedes Jahr die Liste der bedrohten Sprachen vor. Zurzeit sind darauf weltweit etwa 2500 Sprachen verzeichnet. Laut Definition gilt eine Sprache als bedrohte Sprache, wenn die Zahl der Sprecher so gering ist, dass sie möglicherweise in absehbarer Zeit außer Gebrauch kommt.

Jetzt hat die UNESCO in Zusammenarbeit mit dem Goethe-Institut ein neues Phänomen entdeckt: In Deutschland stirbt die Generation, die um die Kriegsjahre geboren wurde, langsam aber sicher aus. Da jede Generation über eigene Sprachvariationen verfügt, liegt seit Februar 2012 zum ersten Mal eine Liste mit den zehn bedrohtesten Sätzen dieser Generation vor. Damit diese Sätze nicht für immer aus dem deutschen Sprachalltag verschwinden, sollen sie bald jüngeren Senioren in vom Goethe-Institut entwickelten Sprachkursen nahegebracht werden.

Helfen auch Sie, ein Stück deutsches Kulturgut zu bewahren, und retten Sie diese Sätze:

**1**

***»Haben Sie die Jacke auch in grau?«***

**2**

***»Ich, ein Denunziant? Wer hat denn hier falsch geparkt?«***

**3**

***»Gottschalk, Elstner, Schautzer - immer nur junge Leute im Fernsehen!«***

**4**

***»Moment, ich hab's passend!«***

**5**

***»Meine Kinder haben früher auch mal Krach gemacht. Aber nicht zwischen 12 und 15 Uhr!«***

**6**

***»Es mag ja sein, dass mein Geld bei Ihrer Bank sicher ist. Ich möchte es trotzdem einfach mal sehen.«***

**7**

***»Nee, wirklich lustig, dieser Fips Asmussen!«***

**8**

***»Mach den Heizlüfter an, hier ist es ja kälter als in Stalingrad!«***

**9**

***»Mag sein, Junge, dass das dein Ball ist. Er liegt aber in meinem Garten!«***

**10**

***»FRÄULEIN! ZAHLEN BITTE!«***

# 39.
## Robert

Drei Wochen ist es jetzt her, dass ich das vorangegangene Kapitel über die »letzten Dinge« verfasst habe. Für mich alten Schreibesel eine lange Pause, in der ich gar nichts gemacht habe. Dabei ging die Arbeit an »Je oller je doller« bis dahin eigentlich hervorragend voran. Seit ich jedoch das letzte Kapitel fertig habe, habe ich das Manuskript auf meinem Computer nicht mehr geöffnet. Trotz der sehr ehrgeizigen Terminplanung meines Verlages: Ich konnte es einfach nicht öffnen. Wollte es nicht öffnen. Bis jetzt.

Folgendes ist passiert: Ich habe Ihnen ja bereits von meinem alten Boulefreund Robert Baguette erzählt. Vor gut einem Monat saß ich gerade am Schreibtisch vor meinem Notebook, kurz davor, ein weiteres großartiges, fabelhaftes, über alle Zweifel erhabenes Kapitel (Quelle: Selbsteinschätzung) zu beenden. Plötzlich jedoch, mitten in der Arbeit, klingelte das Telefon.

»Hallo, wer ist dran?«, fragte der genervte Autor in den Hörer.

»Hey, Bill, ich bin's, der Robert.«

»Robert, was gibt's?« Ich klemmte mir das Mobilteil ungeduldig zwischen Kopf und Schulter, um während des Gesprächs weitertippen zu können. Was rief Robert ausgerechnet *jetzt* an? Ich dachte, der sei im Urlaub.

»Du Bill, ich bin gerade zurückgekommen aus Tahiti und sitze seit zwei Tagen wieder hier im Altenheim …

Junge, da geht mir diese Einheitstapete so auf die Nerven. Und diese öden Gespräche! Kannst du nicht vielleicht kurz vorbeikommen und eine oder zwei von deinen witzigen Geschichten erzählen?«

»Robert, das geht überhaupt nicht!«, entgegnete ich, während ich mich auf das Dokument auf dem Bildschirm vor mir weit mehr konzentrierte als auf unser Gespräch. »Kommt gar nicht in Frage, ich bin hier gerade am Schreiben – du weißt doch, dass ich das Buch bald abgeben muss, da kann ich nicht einfach so weg, wie denkst du dir das denn?«

»Ooooch«, hörte ich Roberts enttäuschte Stimme über das Klackern meiner Tastaturtasten. »Warum denn nicht? Es ist alles so traurig hier in Deutschland, Bill, alles so depressiv. Du bist immer so lustig. Es muss ja nicht lang sein. Eine halbe Stunde reicht. Machst du das?«

»Nein, Robert!«, sprach ich noch entschiedener ins Telefon. Und lauter, als es eigentlich meine Absicht war. »Nein, ich kann das nicht machen, verstehst du mich denn nicht, Robert? Ich muss das Buch fertigkriegen! In drei oder vier Wochen kann ich mal kurz vorbeischauen, das werd ich versuchen.«

»Ja, machst du das? Kommst du dann in drei Wochen vorbei und erzählst mir eine witzige Geschichte? Versprichst du mir das, Bill?«

»Ja, ja, ja, versprech ich dir.«

»Schön, das ist schön, Bill. Ich warte dann einfach auf dich!«

»Alles klar, dann bis in drei Wochen. Tschüss!«

Und damit legte ich auf. Hach! Ich liebte den guten alten Robert – ich liebte ihn wirklich. Aber so gerne ich auch direkt zu ihm gefahren wäre: manchmal hat man einfach keine Zeit, sondern Wichtigeres zu tun. Aber mach das mal einem Robert Baguette klar, dessen größte verbleibende

Verpflichtung im Leben war, in seinem Heim pünktlich zum Mittagessen aufzutauchen. Nun ja. Wahrscheinlich war ich trotzdem zu hart gewesen, plagte mich sofort das schlechte Gewissen. Zum Glück sprangen mir meine ausgezeichneten Verdrängerqualitäten hilfreich zur Seite und verstauten dieses Gefühl in der hintersten dunklen Kammer meines Hirns mit einem dicken Sicherheitsschloss plus Zahlencode davor, den ich direkt vergaß. In vier Wochen würde ich bei Robert alles gutmachen, nahm ich mir vor. Dann würde ich zu ihm fahren und ihm seine witzige Geschichte erzählen. Aber jetzt musste ich unbedingt weiterschreiben.

Vor einer Woche dann rief mich am frühen Abend Beppo an. Im Gegensatz zu Robert erwischte mich Beppo in einem äußerst günstigen Moment. Ich hatte mein Schreibpensum für diesen Tag erledigt und es mir gerade auf dem Sofa bequem gemacht.

»Bill, hier ist der Beppo.«

»Beppo, mein Freund. Schön, dass du anrufst. Du, ich hab heute ein Kapitel geschrieben, ich glaube, das ist das bisher beste ...«

»Bill ...«

»... es geht um Schönheits-OPs, das hat schon auf der Bühne immer ganz prima funktioniert ...«

»Bill ...«

»... mit der Geschichte, wie ich Margie frage, wie ich aussehe, kennst du doch, wo Margie mich dann mit Sean Conn ...

»*Bill*! Verdammt nochmal! Robert ist tot!«

Ich war auf einen Schlag still.

»Bitte ...? Wer ist tot?«, hörte ich mich nach einer gefühlten Ewigkeit leise ins Telefon fragen.

»Der Robert. Ist vor einer Stunde gestorben. Einfach eingeschlafen. Der saß bei sich im Zimmer auf dem Stuhl – als ob er auf jemanden gewartet hätte.«

Beppo erzählte noch mehr über die Umstände, aber ich bekam das gar nicht mehr richtig mit. Während ich seine Stimme aus dem Hörer nur noch akustisch wahrnahm, starrte ich durchs Fenster raus ins Leere. Und dachte dabei nur an eines: eine versprochene, aber nicht erzählte witzige Geschichte.

Vorgestern war die Beerdigung. Pastor Kapmann hat in seiner Rede Robert so wieder aufleben lassen, als würde der, den wir eigentlich betrauerten, noch immer zwischen uns sitzen und wild an seinem Hörgerät rumfummeln, um alles Lob und alle Komplimente über sich ganz genau mitzukriegen. Nach der Messe trugen Sannemann und seine Jungs Robert auf unserem Friedhof in Bonn-Endenich zu Grabe. Wie sehr habe ich mir in diesem Moment gewünscht, die Sannemänner würden auch mit Robert gegen den Pfeiler laufen und er in seiner Kiste stöhnend wieder aufwachen (ich berichtete). Doch: Fehlanzeige. Robert war nicht mehr. Und ich war nicht mehr bei ihm gewesen.

Nachdem sie Robert ins ausgehobene Erdloch hinabgelassen hatten, Friedhelm ihm seine Boulekugeln mit ins Grab gelegt hatte, war ich an der Reihe, von unserem Freund Abschied zu nehmen. Mit feuchten Augen trat ich vor, senkte den Kopf hinunter auf den Sargdeckel.

»Tja, du alter Ötzi. Ich denke, ich schulde dir eine witzige Geschichte …«, schluckte ich. »Du bist doch so gerne skilaufen gegangen in Tirol – also, eine witzige Skilaufgeschichte: Eine fünfzigjährige Frau steht oben auf der Piste und will runterfahren ins Tal. Plötzlich aber spürt sie ein dringendes Bedürfnis. Es ist niemand zu sehen, also fährt sie auf ihren Skiern an den Rand der Piste hinter einen Baum, zieht die Hose runter, hockt sich hin und lässt der Natur freien Lauf. Zu spät merkt sie: Sie hockt ein bisschen auf einem Abhang. Langsam fängt sie an, rückwärts zu rutschen, der Abhang wird steiler und steiler, die Frau gewinnt an Fahrt, zum Schluss saust sie mit über hundert Sachen unter dem Skilift durch, über den Hügel, überschlägt sich zweimal und bricht sich den Arm. Man bringt die arme Frau ins Krankenhaus, wo der Arm eingegipst wird. Zwei Stunden später steht sie auf dem Flur und wartet auf ihren Sohn, dass er sie abholt. Plötzlich wird ein Mann im Rollstuhl neben ihr abgestellt, dem sie das Bein eingegipst haben. Die Frau fragt höflich: ›Na, wie haben Sie sich denn das Bein gebrochen?‹ Worauf der Mann entgegnet: ›Das glauben Sie mir *nie*, wenn ich Ihnen das erzähle … Ich fuhr vorhin mit dem Skilift auf die Piste – auf einmal düste eine Frau runter. So einen Fahrstil haben Sie in Ihrem Leben noch nicht gesehen! Rückwärts in der Hocke, mit blankem Hinterteil! Das wollte ich mir genauer anschauen, habe mich nach vorne gelehnt und bin aus dem Stuhl gefallen. Dabei habe ich mir das Bein gebrochen. Der ganze Urlaub im Arsch …‹ Noch bevor die Frau sich verschämt wegdrehen und schnell verschwinden konnte, fragte der Mann hinterher: ›Und wie haben Sie sich den Arm gebrochen?‹ Die Frau schaut ihn an: ›Ach … Wissen Sie: Wenn ich Ihnen *das* erzähle, kippen Sie *noch* mal aus dem Stuhl und brechen sich das zweite Bein!‹«

Ich starrte noch immer hinunter auf den Sarg, in dem Robert lag. Hinter mir warteten noch Beppo, Edgar und weitere Trauergäste, die Abschied nehmen wollten. Doch das war mir wichtig gewesen. Ich selbst hatte zu lange gewartet, Robert eine witzige Geschichte zu erzählen.

»Mach's gut, mein alter Ötzi!«, verabschiedete ich mich von Robert. Damit ging ich zur Seite und ließ die anderen Trauergäste Robert die letzte Ehre erweisen. Ich trottete ganz langsam über den Friedhof nach Hause. Ich wollte jetzt allein sein.

Das war wie gesagt vorgestern. Heute, vor ein paar Stunden, fand ich in meinem Briefkasten Post: Eine schöne Hochglanz-Ansichtskarte von Tahiti, extra groß, mit Sonne, Meer, Strand und Palmen drauf. Ich drehte sie um und mir wurde weich in den Knien. Ich erkannte sofort Roberts Handschrift:

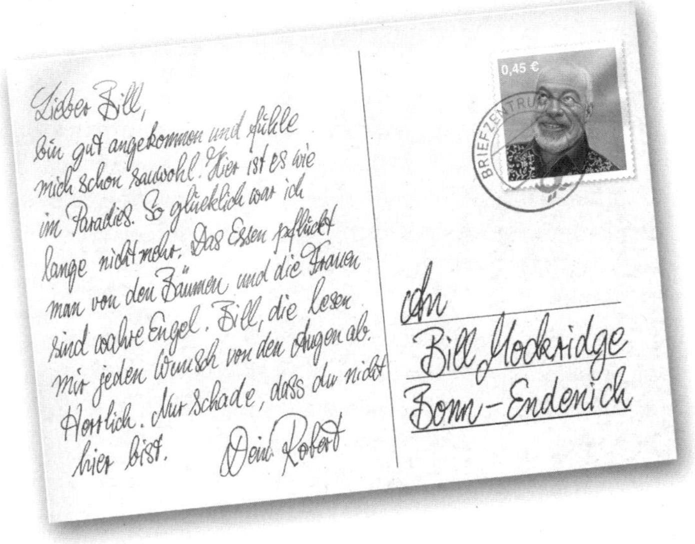
Lieber Bill,
bin gut angekommen und fühle
mich schon sauwohl. Hier ist es wie
im Paradies. So glücklich war ich
lange nicht mehr. Das Essen pflückt
man von den Bäumen und die Frauen
sind wahre Engel. Bill, die lesen
mir jeden Wunsch von den Augen ab.
Herrlich. Nur schade, dass du nicht
hier bist. Dein Robert

0,45 €
BRIEFZENTRUM

An
Bill Mockridge
Bonn-Endenich

Am Poststempel sah ich: Die Karte war vier Wochen unterwegs gewesen, bis sie dann doch noch in meinem Briefkasten gelandet war. Und das schließlich war der Moment, in dem ich mich wieder an den Schreibtisch setzte, um mein Buch weiterzuschreiben. Um Ihnen weitere kleinere oder auch größere Weisheiten übers Alter erzählen zu können. Und ganz besonders diese hier. Denn was sich verändert hat: Wenn mich jetzt ein guter Freund anruft und sagt, dass er mich braucht oder einfach nur sehen will – dann nehme mir die Zeit. Ich bin mir sicher: Ich werde das Buch schon fertigkriegen. (Wenn Sie es in diesem Moment in der Hand halten, ist das der beste Beweis dafür.) Aber ich möchte dafür nicht noch einmal etwas aufschieben, was ich nie wieder nachholen kann.

Dasselbe sollte natürlich auch für *Sie* gelten. Auch Sie werden dieses Buch schon fertigkriegen. Aber wenn ein Freund anruft und vorschlägt: »Komm doch vorbei!«, dann sagen Sie bitte nicht: »Ich hab keine Zeit, ich lese!« Legen Sie dieses Buch dann *sofort* weg, dafür haben Sie mein vollstes Einverständnis. Nein, das ist sogar ein *Befehl*! Weiterlesen können Sie später noch. Fahren Sie hin zu Ihrem Freund, verbringen Sie Zeit miteinander. Noch heute. Jetzt. Und verschieben sie es nicht auf »in vier Wochen«. Denn denken Sie dran: Jeder noch so aufrichtig versprochene Besuch, jedes noch so sehr vorgenommene Wort ist rein gar nichts wert, wenn die Chance dafür verstreicht. Dann heißt es nur noch: Hätt ich doch, wär ich doch, könnt ich doch. Dieser fiese Konjunktiv, gegen den man nichts mehr ausrichten kann, ist wie ein stumpfes Messer, das dich ständig piekst. Glauben Sie mir. Ich weiß, wovon ich rede.

*Bis irgendwann, Robert. Und pass da oben mit deinen Boulekugeln auf – wenn ich eine auf den Schädel kriege, komm ich persönlich vorbei und les dir die Leviten!*

# 40.

## Wer bis zuletzt lacht ...

Kennen Sie den? Ein junger Mann wird zwanzig. Fragen seine Freunde: »Wo möchtest du feiern?«

Er antwortet spontan: »Ach, lass uns doch in den ›Rheinblick‹ gehen. Da gibt es eine echt scharfe Kellnerin, die haben große Portionen, und das Bier ist billig.«

Zwanzig Jahre später, der immer noch junge Mann wird vierzig. Fragen seine Freunde: »Wo möchtest du denn jetzt feiern?«

Er überlegt kurz und antwortet: »Lass uns doch in den ›Rheinblick‹ gehen. Die Bedienung ist auf Zack, es gibt den besten Sauerbraten der ganzen Stadt, und die haben ausgezeichnete Rotweine.«

Zwanzig Jahre später wird er sechzig. Fragen seine Freunde: »Und? Wo willst du diesmal feiern?«

Er denkt lange nach, um nach einem kurzen Hüsteln zu antworten: »Och, lass uns doch in den ›Rheinblick‹ gehen. Die Bedienung ist sehr geduldig, da gibt es leckere Seniorenteller, und die Toilette liegt günstig im Erdgeschoss.«

Sie ahnen es schon: Zwanzig Jahre später, er wird achtzig. Fragen seine alten Freunde: »Wo wollen wir denn jetzt deinen Geburtstag feiern?«

Er denkt nicht lange nach und antwortet: »Wisst ihr was? Wir gehen in den ›Rheinblick‹! Da waren wir noch nie!«

Keine Angst, ich will Ihnen jetzt nicht den Witz erklären. Aber lustig finde ich ihn schon, auch weil er so viel Wahrheit in sich trägt. Er beschreibt die Evolution vom jungen Hengst zum alten Sack, und diesem Prozess kann sich keiner entziehen. Er wird kommen, egal auf welcher Stufe der nach oben offenen Jopi-Heesters-Skala Sie sich gerade befinden und egal welchem Geschlecht Sie angehören. Herrje, jetzt fange ich doch an, den Witz zu erklären.

Was ich Ihnen eigentlich nur mit auf den Weg geben wollte: Lachen ist sehr wichtig, und das meine ich verdammt nochmal ernst! Beim Lachen setzt der Körper Endorphine frei, echte Glückshormone. Die bekommen Sie von Ihrem Hirn ansonsten nur spendiert, wenn Sie etwas aktiv dafür tun, zum Beispiel joggen gehen, Drogen nehmen oder Sex haben. Gut, die Endorphine bekommen Sie auch, wenn Sie tonnenweise Schokolade essen oder heimlich Ihren Nachbarn beobachten, während er gerade beim Einparken mit seinem Mercedes den eigenen Jägerzaun ruiniert.

Lachen ist gesund! Wer lacht, vergisst Sorgen, Krankheit und Schmerz, zumindest für einen Moment. Und darum ist gerade für Senioren das Lachen so wichtig. Lachen ist die schönste Art, die dritten Zähne zu zeigen. Aber leider haben viele Träger dieser Zahnersätze anscheinend vergessen, wie das geht: lachen. Viele Senioren trauen sich nicht mal mehr zum Lachen in den Keller, weil sie Angst haben, sie kommen hinterher mit den morschen Knien die Treppe nicht wieder hoch. Sehr schade!

In welchem Lebensabschnitt verlernen wir eigentlich das Lachen? Meine empirischen Forschungen im heimischen Umfeld haben ergeben, dass das nicht erst im Greisenalter geschieht. Ich besuche ab und an Geschäftsfreunde des Hauses der Springmaus in Bonn-Endenich. Vor Jahren begab ich mich in eine große Tischlerei, um einige Umbaumaßnahmen in der Springmaus zu besprechen. Der Inhaber, ein Mordskerl um die fünfzig, zeigte mir voller Stolz seinen ganzen Betrieb.

Nach dem Rundgang fragte ich ihn: »Toll, wirklich beeindruckend, was du auf die Beine gestellt hast. Aber sag mal: Warum lacht hier eigentlich keiner?«

Der Chef schaute mich verständnislos an: »Weißt du eigentlich, was hier *los* ist? Wir haben hier keine Zeit zu lachen. Mein Puls ist schneller als mein Porsche! Mein Cholesterin ist höher als mein Gewinn vor Steuern! Ich habe mehr Zucker im Blut als Aktien im Depot! Ich müsste eigentlich tot sein, aber auch dazu habe ich keine Zeit! Nächste Woche habe ich Urlaub, da werde ich lachen.«

»Ach echt? Wohin fährst du denn?«

»Eine Woche Wellness, in Bad Oeynhausen.«

»Ja, könnte klappen …«

Ich weiß nicht, ob er im Urlaub wirklich lachen konnte. Ich habe ihm auf jeden Fall das Zwerchfell gedrückt.

Ich kenne viele Leute, die behaupten, sie hätten schon lange nichts mehr zu lachen. Und das Schlimme ist: Ich habe das Gefühl, die Betroffenen werden immer jünger. Dabei muss man meist gar nicht lange suchen, um etwas wirklich Komisches zu finden. Meist reicht dazu ein einfacher Spiegel. Um über sich selbst lachen zu können, muss man allerdings ein bisschen üben. Ich habe für Sie einige einfache Übungen zusammengestellt, mit denen Sie, kraft Ihrer Gedanken, mühelos die Schwierigkeiten des täglichen Wahnsinns bewältigen können:

## 1. Übung: Das Salz, welches im Wasser verschwindet und in der Sonne aufersteht

*Problemstellung*: Sie haben versehentlich Salz statt Zucker in den Kaffee gegeben. Sie merken es beim ersten Schluck und verziehen das Gesicht.

*Ergebnis*: Wut, Ärger, Enttäuschung über die eigene Schusseligkeit.

*Ausweg*: Stellen Sie sich vor, Sie sind bei »Lanz kocht« eingeladen. Thema der Sendung: »Kaffee, das schwarze Gold«. Die Fernsehköche kochen sich einen Wolf und labern um den heißen Kaffee herum. Ihre Kreation trägt den Namen »Café del Sel« oder »Sexy Muckefucker«. Und dann kommt der Moment, in dem Alfons Schubeck, Johann Lafer, Tim Mälzer und Sarah Wiener Ihre versalzene Plörre probieren müssen. Mit verzogenen Gesichtern sondern die kamerageilen Töpfeschubser dann Kommentare ab wie: »Doa koannst ned meckern!«, »Ich hätte noch ein wenig Chili dazu gegeben« oder »Das erinnert mich an meine Kindheit in Südtirol«.

Lustige Vorstellung, oder?

## 2. Übung: Der frühe Vogel, der im Bauhaus seine Kunstform findet

*Problemstellung*: Sie möchten mit Ihrem Enkelsohn ein Vogelhäuschen bauen. Leider verfügen Sie über zwei linke Hände mit insgesamt zehn Daumen, und ihr Enkel legt, statt Ihnen das Werkzeug, sein Handy nicht aus der Hand.

*Ergebnis*: Ein Haufen Holz, der an vollkommen sinnlosen Stellen durch krumme Nägel zusammengehalten wird. Sie sind kurz davor, Ihren Enkel mit einem langen Nagel in diese Installation einzubinden.

*Ausweg*: Stellen Sie sich vor, Sie streichen den Vogelhäuschen-Holzhaufen mit Goldfarbe an. Dann schreiben Sie mit schwarzer Farbe den Namen »Joseph Beuys« und den Titel »Tanz um den goldenen Star« auf eines der Brettchen. Sie besuchen eine Galerie in Düsseldorf, zeigen dem Galeristen den Holzhaufen und behaupten ahnungslos, den hätten Sie auf Ihrem Dachboden gefunden. Ein junger Mann mit großem Hut hätte das Werk Ihrem Vater aus Kleve geschenkt, weil er dem armen Künstler ein Mittagessen ausgegeben hatte. Und dann sagen Sie, dass Sie das Werk verkaufen wollen und ob hundert Euro zu viel verlangt wären.

Lustige Vorstellung, oder?

### 3. Übung: Das Wasser sucht seinen Weg auf dem Stoff, aus dem die Träume sind

*Problemstellung*: Sie probieren gegen Ihren Willen eine neue Hose an. Vor der Umkleidekabine warten Ihre Frau und eine junge, bildschöne Verkäuferin auf die Modenschau. Gerade als Sie den Reißverschluss der viel zu engen Hose schließen wollen, reißt der viel zu dünne Stoff im Gesäßbereich auf und gibt den Blick auf denselbigen frei. Vor Aufregung rudern Sie unkontrolliert mit den Armen durch die viel zu enge Umkleidekabine und stoßen dabei eine geöffnete Flasche Wasser um, die sie ständig mit sich tragen müssen, weil Ihre Frau der Meinung ist, dass Sie viel zu wenig trinken. Alkohol nicht mitgezählt. Das kalte Wasser ergießt sich über den vorderen Bereich der Hose. Kurz gesagt: Sie sehen aus wie ein alter Volldepp mit nacktem Hintern, der das Wasser nicht halten kann.

*Ergebnis*: Tiefe Scham, heftiges Erröten, starke Fluchtgedanken.

*Ausweg*: Wenn Ihnen einer einfallen sollte, schreiben Sie mir bitte: billmockridge@greisforum.de

Und möglichst schnell. Der Laden schließt in einer Stunde!

Ich muss zugeben, es gibt Situationen im Leben, die nun so gar kein Humorpotential haben. Es ist und bleibt der Alltag, der uns das Lachen nimmt. Der tägliche Trott, der volle Kalender, die Erwartungen der anderen. Und überhaupt: Die anderen sind ja auch nicht lustig, warum dann ausgerechnet ich?

Aber da lautet mein Tipp: Nicht einfach hinnehmen, sondern Initiative ergreifen! Es lohnt sich, glauben Sie mir.

Hier ein kleines Beispiel: Vor einigen Jahren ergab es sich, dass ich mit meinem jüngsten Sohn Liam an einem Montagmorgen mit dem Bus fahren musste. Liam war auf dem Weg zur Schule, ich hatte bei Dr. Peters einen Termin zur Blutprobe. Nüchtern! Und nüchtern setze ich mich grundsätzlich nicht hinters Lenkrad. Ohne meine beiden Spiegeleier im Magen verlasse ich eh nur sehr ungern das Haus. Hungrig, im Nieselregen an der Bushaltestelle – ich wusste, warum ich diese Situation die letzten zehn Jahre vermieden hatte. Um mich herum standen übermüdete Schulkinder und Berufspendler, die mit versteinerten Gesichtern der kommenden Arbeitswoche ohne Feiertag harrten. Ich fühlte mich so unpassend, wie die Rolling Stones im Musikantenstadl, oder sagen wir besser: wie Andy Borg beim Heavy-Metal-Festival in Wacken. Die Stimmung war zum Schneiden. Als der Bus endlich kam, schleppten die Anwesenden ihre feuchten, kraftlosen Körper in das Innere des öffentlichen Verkehrswalfisches. Jetzt fehlte nur noch, dass mir jemand seinen Sitzplatz anbietet. Kaum hatte ich einen bequemen, aber sehr engen Stehplatz zwischen zwei schlanken Oberstufenschülerinnen ergattert, erhob sich ein älterer Herr und murmelte mir zu: »Bitte setzen Sie sich, *ich* habe ja noch ein paar Jahre bis zur Rente.« Und schon stand der geile alte Sack statt meiner zwischen den Knospen der zarten Jungfrauen und stieß mich mit einem gespielten Lächeln auf den klebrigen Kunstledersitz. Arschloch!

Der Bus nahm Fahrt auf, die Stimmung der Insassen blieb auf dem Nullpunkt. Die Atmosphäre war kalt und feucht, selbst bei den sonst quirligen Schülern. Statt gepflegter Lästereien oder hastigem Abschreiben der dringend erforderlichen Schulaufgaben vernahm ich nur die dumpfe Kakophonie der Kopfhörer: »Dumpfske-Dumpfske-Dumpfkse-Dumpfske.«

Zu allem Überfluss drang auch noch eine schneidende Stimme in mein Ohr, die bedrohlich näher kam. Die Stimme hatte den Charme eines Drill Sergeants im siebten Einsatzjahr auf Guantánamo: »DIE FAHRKARTEN BITTE! FAHRKAAARTEN!! FAHRKAARTEN! BITTE FAAHRKAARTEN!!«

Johnny Kontrolletti war an Bord. Ich dachte: Es wäre doch schön, wenn mir jetzt ein kleiner Scherz einfallen würde, nur so, um die Situation zu entschärfen. Als der Kontrolleur zwei »FAHRKAARTEN BITTE!« vor mir war, nahm ich wie im Reflex die Fahrkarte von Liam und streckte sie dem Zeremonienmeister entgegen. Er blickte kurz auf das Ticket und sah mich finster an: »Hören Sie mal, das ist eine Kinderkarte!«

Das war mein Auftritt. Mit fester Bühnenstimme antwortete ich: »Da können Sie mal sehen, wie lange ich auf diesen Bus warten musste!«

Die ersten Grinser der Mitreisenden verwandelten sich schnell in Gekicher und lautes Gelächter. Die Knospen der bildschönen Nixen hüpften vor Freude links und rechts gegen die schlabberige Brust des geilen Greises.

Der Kopf des Kontrolleurs wurde so rot wie der »Bitte halten«-Knopf in der Haltestange vor mir. So eine Ausrede hatte er in dreißig Jahren Amtszeit bestimmt noch nicht gehört. Doch seine Miene blieb ernst: »Soll das ein Witz sein?«

Jetzt tat er mir fast leid.

»Ja, das war ein Witz!«, antwortete ich trocken.

»Darüber kann ich nicht lachen!«

*Er* nicht, alle anderen schon.

Dann erhellte sich sein Gesichtsausdruck und nahm sogar erste menschliche Busse, ääh, Züge an. »So eine Ausrede habe ich in dreißig Jahren Amtszeit noch nicht gehört. Hehe, aber nicht schlecht, nicht schlecht.« Mit einer Art Lächeln auf dem Gesicht brach er das Verhör ab und verabschiedete sich an der nächsten Haltestelle mit einem lauten »Schönen Tag noch!« von den Inhaftierten.

So geht es auch: Ein kleiner Scherz zur rechten Zeit, und selbst ein Montagmorgen im Nieselregen wird dein Freund. Hätte ja wenigstens *einer* klatschen können …

Aber manchmal braucht es nicht mal einen Scherz, um herzhaft lachen zu können. Glauben Sie nicht? Doch, das geht.

Ich wurde vor Jahren für ein Betriebsfest in Bonn gebucht. Die Firma feierte ihr einhundertjähriges Bestehen. Die Produktionshalle war festlich geschmückt, fast 2000 Mitarbeiter, Kunden und Geschäftspartner nahmen erwartungsvoll Platz, und fast alle Anwesenden freuten sich auf meinen Auftritt. Plötzlich öffnete sich die Tür meiner kleinen Garderobe, und der Firmenbesitzer höchstpersönlich trat ein. Seine ganze Ausstrahlung ließ vermuten, dass er die Gründungspapiere des Unternehmens vor hundert Jahren selbst unterschrieben hatte. Er gab mir seine kalte Hand und sagte mit tonloser Stimme: »Herr Mockridge, ich bin nicht so auf Humor konditioniert. Meine Sekretärin hat Sie gebucht. Jetzt ist es zu spät. Aber vielleicht können Sie mir helfen.«

Na, das war ja mal eine herzliche Begrüßung. Ich versuchte trotzdem zu lächeln: »Ja, gerne, was kann ich für Sie tun?«

»Wissen Sie, Herr Mockridge, ich habe Probleme mit Witzen. Ich verstehe sie einfach nicht. Ich weiß nicht, wann und vor allem warum ich über sie lachen soll. Könnten Sie mir nicht ein Zeichen geben, damit ich erkennen kann, wann Sie gerade lustig sind?«

Warum nicht, dachte ich bei mir, in vielen deutschen Fernsehserien mit mehr oder weniger humorigem Hintergrund werden ja auch Lacher eingespielt, damit jeder Volldepp merkt, wann er zu lachen hat. Allerdings hatte ich keine Lacher-CD im Koffer.

Da kam mir eine andere Idee: »Das ist kein Problem. Ich fasse mir einfach kurz an die Nase, kurz bevor sich eine Pointe nähert. Wenn ich zweimal auf die Nase tippe kommt ein echter Brüller. Ist es diese Art Hilfe, die Sie meinen?«

Der Chef nahm meinen Vorschlag sichtbar erleichtert auf. Er gab mir erneut die feuchte Flosse, blieb in der Garderobentür stehen und sprach eindringlich: »Herr Mockridge, ich verlasse mich auf Sie!«

Ich legte meine Hand auf seine rechte Schulter und blickte ihm tief in die Augen. Der Vertrag war geschlossen, seine Seele war verkauft.

Mein Auftritt verlief großartig. Dr. Faust saß in der ersten Reihe und beobachtete jede meiner Bewegungen. Wie versprochen fasste ich mir kurz vor jeder Pointe an die Nase und sofort brüllte er laut auf oder versuchte zumindest, mit gutturalen Lauten ein Lachen zu imitieren. Nach einer halben Stunde bekam ich allerdings ein Problem:

Mein inzwischen geröteter Zinken fing an, auf die Dauerberührungen meiner Fingerspitzen, mit stärker werdenden Juckreizen zu reagieren. Ich hatte nach weiteren fünf Minuten das Gefühl, ein Bienenschwarm hätte meine Nase als neue Behausung gewählt und feierte nun die Einzugsparty. Immer häufiger griffen meine Finger unkontrolliert nach meiner Nase, um den Insektenstaat zur freiwilligen Emigration zu bewegen. Jeden dieser Versuche quittierte der Chef des Hauses mit heftigem Gelächter. Leider auch den Part meines Vortrages, als ich, mit gutgewählten Worten und sehr bewegender Stimme, die schwierige Fahrt des Unternehmens durch jene dunklen Jahre der deutschen Geschichte einzubauen versuchte. Meine Nase juckte einfach wie Hölle und verlangte nach schneller Linderung. Aber es ging nicht! Wie würde der Chef dastehen? Meine Augen begannen zu tränen, meine Stimme hatte Aussetzer. Meine Zuhörer waren gerührt vor so viel Einfühlvermögen. Nur noch zwei Sätze, und ich hatte die Nachkriegszeit erreicht. Da war er! Endlich! Adenauer – meine Rettung! Ich machte einen mauen Adenauer-Scherz, täuschte einen Niesanfall vor und prügelte mit zwei Faustschlägen die Bienenbesatzer aus meinen Nasenlöchern. Der Chef verbog sich vor Lachen, krümmte sich, fiel fast vom Stuhl. Es war zu spät, ich hatte keine Möglichkeit mehr, ihn zu warnen.

Ich wusste, dass Lachen ansteckend sein kann, aber so eine Epidemie hatte ich bis dahin nicht erlebt. Das Lachen des Chefs verbreitete sich über das gesamte Publikum. Eine Lachwelle schwappte langsam nach hinten in den Saal, eine zweite ergoss sich nach vorne zurück. An den Stellen, an denen sich die Wellen trafen, zog ein Kichergewitter auf, bildete sich ein Grölsturm, gipfelte in einem tosendem Grunztsunami. Ich hatte sie alle in der Hand! Ich fühlte mich wie Hermann der Cherusker während der letzten Minuten der siegreichen Varusschlacht, wenn nicht gar wie

Jürgen Drews auf der Bühne des »Oberbayern« kurz vor der Eroberung Mallorcas.

Als ich schweißgebadet in meiner kleinen Garderobe den Triumph genoss, öffnete sich erneut die Tür, und der sichtlich verjüngte Chef betrat meine Ruhmeshalle. Er legte seine immer noch feuchte, aber immerhin warme Hand in meine und sagte: »Herr Mockridge, danke für den herrlichen Abend! Ich habe zwar keinen Ihrer Witze verstanden, aber ich habe mich noch nie so gut amüsiert wie heute!«

»Oh ja, danke! Und tut mir leid wegen Adenauer …«

Er schaute mich verständnislos an: »Äh, war das jetzt wieder, also, helfen Sie mir, war das lustig?«

Es stand um ihn schlimmer, als ich dachte. Da mir keine gute Antwort einfiel, griff ich mir einfach an die Nase.

»Ha! Herr Mockridge! Wusste ich doch! Nee, Sie sind mir einer …«

Mir sind an diesem Abend zwei Dinge bewusstgeworden: Lachen hat nicht immer etwas mit Humor zu tun. Das sieht man auch gut an Guido Westerwelle.

Und zweitens: Wenn man sich auf einer Betriebsfeier schon etwas Ansteckendes einhandelt, dann ist ansteckendes Lachen die bessere Alternative.

Wir halten fest: Ob jung, ob alt, Lachen ist gesund. Senioren sollten sich ihrer besonderen Verantwortung dem Thema gegenüber stellen, schließlich haben sie ja auch die meiste Zeit dazu. Ausreden gelten nicht! Viele Senioren gehen in den Park, Tauben füttern, um ein bisschen Freude zu erleben. Ich frage mich: Was soll das für eine Freude sein? Man wirft das teure Futter den Parasitenschleudern vor die Dreckschnäbel, und als kleinen Dank bekommt man zum Abschied ein weiß-grünes Abzeichen auf die

Schulter gezaubert. Wenn Sie wirklich Freude erleben wollen, dann füttern Sie nicht Tauben im Park, sondern Kinder auf dem Spielplatz. Kaufen Sie statt eines Sacks Taubenfutter zehn Tüten Gummibärchen, und dann ab dafür!

(*Anmerkung des Verlages: Das Füttern von Kindern sollte nur in Absprache mit den Erziehungsberechtigten erfolgen.*)

Spielverderber!

Ich muss los. Ich habe eine neue Geschäftsidee: Gummibärchen-Automaten an Kinderspielplätzen.

# 41.
## Drei Minuten aus meinem Leben

Ich hatte vor Monaten ein schreckliches Erlebnis. Es hat mein Leben verändert. Ich zittere noch heute bei dem Gedanken an jenen schicksalsschweren Tag.

Es war an einem Dienstagmorgen. Es schien ein Dienstag wie viele vor ihm zu werden. Ich hatte das Haus für mich allein, die Kinder waren in der Schule oder sonst wie beschäftigt, die Oma besuchte eine Senfausstellung in Düsseldorf, und Margie weilte beruflich in Berlin. Ich war gerade dabei, in meinem Arbeitszimmer ein Bild aufzuhängen (eine Sporturkunde aus meiner Schulzeit: vierter Platz im Einzel-Synchronschwimmen), und holte voller Konzentration mit dem Hammer zum ersten gezielten Schlag auf den Nagel aus, da hörte ich plötzlich eine Stimme.

Eine Männerstimme! In meinem Haus!

Ich umfasste den Hammer fest mit der rechten Hand und verhielt mich ganz ruhig. Da war sie wieder! Die Stimme klang weich, fast ängstlich. Und sie hatte einen leichten Akzent. Diesen Akzent kannte ich doch! Natürlich: Kanada, Toronto, Rotlichtviertel …

Jetzt konnte ich die Stimme klar hören: »Ganz ruhig, nicht nervös werden … Du musst es bis zum Telefon schaffen und die Polizei anrufen. Ganz ruhig, Bill.«

Hä? Wieso *Bill*?

Und dann kam die schreckliche Erkenntnis: *Diese Stimme! Das bin ja ich!*

An jenem Morgen wurde mir klar: Ich bin ein *Brabbler*!

Kennen Sie Brabbler? Das sind Menschen, die ständig ihr eigenes Tun kommentieren müssen: »So, was wollte ich noch? Ach ja, ins Arbeitszimmer gehen, endlich mal das Bild aufhängen. Ja, ja, gute Idee. Dann hole ich mal schnell den Hammer und einen Nagel, geht ja schlecht ohne … So, eben die Tür aufmachen. Sooo, Licht an, dann sieht man mehr … Und da ist auch schon der Hammer …«

Und so weiter und so weiter. Jeder Schritt wird mit sinnlosen Sätzen begleitet. Ich kannte dieses Phänomen bislang nur von älteren Menschen. Und jetzt? Jetzt gehörte ich auch dazu: alt und brabbelnd.

Warum hat mir das niemand gesagt? Na gut, ehrlich gesagt, *hat* es mir jemand gesagt: meine Familie, meine Nachbarschaft, meine Kollegen aus der »Lindenstraße«. Gut, meinen Boulefreunden fällt es nicht auf, weil sie auch von dem Virus befallen sind. Eine Boulerunde klingt bei uns wie ein Sonntagnachmittag im Museum. Alle brabbeln leise vor sich. Warum ist mir mein eigenes Gebrabbel nicht früher aufgefallen? Liegt wohl daran, dass man als Brabbler seine eigene Stimme nicht hört. Man nimmt sie irgendwie wahr, aber das Gehirn denkt: »Nee, ist nicht wichtig, lass den alten Mann doch brabbeln.«

Jetzt weiß ich auch, warum in den letzten Wochen ständig meine Drehs in der »Lindenstraße« abgebrochen werden mussten. Ich lief durch das Bild und brabbelte: »So, dann gehe ich jetzt mal über die Straße. Ach, da ist ja Marie-Luise. So, jetzt muss ich winken. Äääähh, Arm wieder runter. Schön weitergehen … und nicht in die Kamera schauen … So, jetzt kommt gleich mein Text …«

Und dann hörte ich kurz vor meinem entscheidenden Texteinsatz den genervten Tonmann brüllen: »AUUUUS! Das geht so nicht! Bill, können wir die Szene noch mal ohne Gebrabbel haben?«

Ich war natürlich empört: »Was? Wer brabbelt denn in meine Szene? Bin ich denn nur von Anfängern umgeben? Ich kann so nicht arbeiten!«

Mein Gott, wie peinlich!

Meine Jungs haben das netter ausgedrückt: »Dad, du musst nicht immer vorher ankündigen, wenn du dir ein Bier aus dem Kühlschrank holen willst. Wir lassen uns lieber überraschen.«

Aber ich habe mein Gebrabbel in den Griff bekommen. Ganz alleine. Ohne Selbsthilfegruppe oder »Anonyme Brabbler«. Ich habe mir nämlich in Ruhe überlegt, warum ich brabbele. Das liegt daran, dass ich mich nicht auf eine Sache konzentrieren kann. Frauen sind multitasking-fähig. Ich bin es nicht. Ich mache meist bis zu zehn verschiedene Aktionen gleichzeitig und verliere dabei vollkommen den Überblick. Darum fing ich an zu brabbeln: Um mir selbst kleine, aber klare Ansagen zu machen. Macht ja sonst keiner für mich!

Können Sie mich verstehen? Nein? Wie soll ich Ihnen das erklären? Vielleicht so: Ich beschreibe Ihnen einfach drei Minuten aus meinem Leben. Drei typische Minuten. Welche nehme ich denn? Ach, machen wir einfach bei dem Bild in meinem Arbeitszimmer weiter.

### 00:00 Minuten

Also, ich habe das Bild aufgehängt. Es hängt grade, und ich bin sehr zufrieden. Ich denke mir: So, am besten legst du den Hammer direkt wieder in die Werkzeugkiste. »Ordnung muss sein«, sage ich immer zu meinen Jungs. »Ein jedes Ding an seinem Ort, spart viel Zeit und böses Wort!« Ich bin also auf dem Weg zur Werkzeugkiste, da klingelt plötzlich das Telefon. Ich gehe zur Basisstation der Telefonanlage und finde das Telefon – *nicht!* Ist ja klar! Okay, nicht aufregen, wahrscheinlich liegt es in irgendeinem Zimmer. Dann geht die Reise los: Durch sämtliche Zimmer im Erdgeschoss, überall ist das blöde Klingeln zu hören, aber nirgends ist das Telefon zu finden. Schnell die Treppe hoch, bis in unser Schlafzimmer. Auch dort ist kein Telefon zu sehen. Ich hechte aus dem Schlafzimmer und stürze in das erste Kinderzimmer, das Klingeln ist jetzt kaum noch zu hören. Ich klappere die restlichen Kinderzimmer ab und finde das Telefon – wie konnte es anders sein – im letzten Kinderzimmer, bei Luki in der Sockenschublade.

**00:13 Minuten**

Schwer atmend nehme ich ab und röchele: »Äh, hallo Margie … Nein, hier ist keine Sex-Hotline, ich habe nur das Telefon gesucht … Was? Äh, ja … Ach so, Getränke-Vendel kommt heute Morgen. Heute oder morgen? … Heute! … Garage aufschließen, kein Problem … Schönen Dreh noch … Nein, heute gibt es Kartoffeln, habe ich schon geschält … Ich dich auch!«

**00:34 Minuten**

Es gibt also drei klare Aufträge, die abzuarbeiten sind:

1. Hammer in die Werkzeugkiste,
2. Telefon in die Basisstation,
3. Garage aufschließen für Getränke-Vendel.

Kein Thema!

Ich gehe den ganzen Weg zurück und sehe in der Küche meine Autoschlüssel auf der Kaffeemaschine liegen. Da habe ich plötzlich eine super Idee: Ich muss sowieso in die Garage, da könnte ich ja anschließend kurz mit dem Auto zur Waschanlage fahren. Dann ist es schön sauber, wenn ich Margie morgen vom Flughafen abhole.

Ich nehme die Autoschlüssel in die linke Hand, die rechte hält den Hammer. Das Telefon klemmt noch zwischen rechter Schulter und Ohr.

Ach, die Kartoffeln, die hatte ich ja schon geschält. Der Topf steht schon auf dem Herd. Wenn ich den jetzt auf mittlerer Hitze anstelle, dann sind die Kartoffeln fertig, wenn ich von der Waschanlage zurück bin. Mann, ich bin aber auch wirklich ein praktisch veranlagter Typ.

Ich stelle den Herd auf Stufe fünf, nein, doch besser sechs. Wohlan, auf zur Garage!

### 00:57 Minuten

Da fällt mein Blick auf den vollen Mülleimer. Den könnte ich ja auch gleich mit rausnehmen. Bevor ich nach ihm greifen kann, läutet es an der Tür. Ah, der Postbote.

»Guten Morgen … Ja, ich kann das Paket für den netten Herrn Weiler annehmen, stellen Sie es einfach in den Flur … Die Briefe? Einfach auf das Paket legen. Danke! … Ja, Ihnen auch!«

### 01:14 Minuten

Der oberste Brief des Stapels ist eine Rechnung von 3H Automobile, meinem Lexus-Händler. Ach, denke ich, nachdem ich mit dem Auto in der Waschanlage war, könnte ich kurz bei der Bank halten und die Überweisung einwerfen. Bei den letzten Rechnungen habe ich immer eine Mahnung bekommen, vielleicht sollte ich diesmal nicht zwei Monate warten, sondern sofort bezahlen, sonst denken die bei 3H Automobile noch, Herr Mockridge ist pleite.

Also gehe ich zurück ins Arbeitszimmer, um einen dieser schicken Überweisungsträger der Volksbank zu holen. Vielleicht sollte ich mir doch langsam mal dieses Onlinebanking einrichten. Die Installations-CD liegt schon seit Monaten auf meinem Schreibtisch.

### 01:35 Minuten

Ich nehme meine Autoschlüssel zwischen die Zähne. Mit der nun freien Hand nestele ich einen Überweisungsträger aus der Schublade meines Schreibtisches. Plötzlich erfassen meine beiden Augen zwei interessante Objekte gleichzeitig. Luki hatte einige Jahre ein Chamäleon als Haustier, von dem habe ich mir den Trick mit den Augen abgeschaut, also von dem Chamäleon, nicht von Luki.

Erstes Objekt: Die Geburtstagskarte für Beppo.

Zweites Objekt: Der volle Papierkorb.

Zu erstens: Mein Boulefreund Beppo hat morgen Geburtstag. Ich habe morgen aber Drehtag in der »Lindenstraße« und weiß nicht, ob ich es schaffe, ihn anzurufen oder zu besuchen. Außerdem schreibe ich sehr gerne Geburtstagskarten und freue mich jedes Mal, wenn ich selbst eine bekomme. Praktischerweise befindet sich die Post in Endenich direkt neben der Volksbank. Pfiffig, denn da muss ich ja sowieso hin. Warte, da muss noch eine Briefmarke drauf, die liegen in der Küche.

Zu zweitens: Heute wird die blaue Tonne abgeholt. Ich muss dringend das Altpapier rausbringen. Vor zwei Wochen hatte ich das vergessen. Nächtelang musste ich meinen Papiermüll auf die blauen Tonnen in der Nachbarschaft verteilen. Ärgerlich! Ich weiß noch, wie mich eine mir nicht bekannte Frau ansprach, drei Straßen von unserem Haus entfernt: »Herr Mockridge, wie kommt *Ihre* ADAC-Zeitschrift in *meine* Papiertonne?«

»Äh, das ist bestimmt nicht meine Zeitschrift. Der ADAC hat Millionen Mitglieder.«

»Und wieso steht dann Ihr Name auf dem Adressfeld?«

»Zeigen Sie mal ... Tatsächlich. So ein Zufall! Da wohnt noch ein Mockridge in dieser Ecke, und ich kenne ihn nicht mal. Sagen Sie ihm bitte schöne Grüße, und er soll sich mal bei mir melden ...«

## 01:47 Minuten

Ich lege den Überweisungsträger für den weiteren Transport in den vollen Papierkorb. Als ich mit der linken Hand den Korb greifen will, sehe ich etwas an der geöffneten Arbeitszimmertür vorbeihuschen. Eine Ratte? Zum Glück nicht. Es war nur ein Pantoffel mit vier Beinen. Ach so, warum auch nicht – ich werde eh gerade verrückt.

Beim zweiten Anblick entpuppt sich der Pantoffel als Liams Wasserschildkröte Speedy, die anscheinend einen geglückten Ausbruchversuch aus ihrem Guantánamo-Aquarium gestartet hat und nun die Haustür ins kubanische Asyl sucht. Ich vereitele die Flucht und greife beherzt mit der linken Hand nach dem feuchten Panzerträger. Speedy beißt ebenso beherzt in die ungeschützte, weiche und empfindliche Stelle zwischen meinem Daumen und meinem Zeigefinger. Ich habe keine Zeit für Schmerzen. Speedy ist die Enttäuschung in den Augen anzusehen. Das rabiate Reptil ergibt sich seinem Schicksal, der kanadische Grizzly hat gewonnen.

Stand der Aufträge:

1. Hammer in die Werkzeugkiste,
2. Telefon in die Basisstation,
3. Garage aufschließen für Getränke-Vendel,
4. Auto in die Waschanlage,
5. Geld für 3H Automobile überweisen,

6. Postkarte einwerfen,
7. Papiermüll rausbringen,
8. Schildkröte inhaftieren.

Geht doch!

**02 : 01 Minuten**

Da meldet sich meine Nase zu Wort: »Bill, riech doch mal! Was stinkt hier denn so?« *Uaaah!* Die Kartoffeln! Ich renne wie ein angeschossener Gepard in die Küche.

Ich habe die Kartoffeln zwar geschält, aber kein Wasser in den Topf gegossen. Jetzt ist der Topf verkokelt und die trockenen Kartoffeln kann man nicht mehr essen, nicht mal als Bratkartoffeln. Ich schmeiße den qualmenden Topf aus dem (geöffneten) Küchenfenster.

**02 : 12 Minuten**

Das Telefon läutet. Ich halte die Schildkröte ans linke Ohr und wundere mich, dass mein Ohr feucht wird. Dann fällt mir ein, dass das Telefon noch zwischen meiner rechten Schulter und meinem rechten Ohr klemmt. Ich drücke mein gut trainiertes Ohrläppchen auf die Taste mit dem grünen Hörer und sage: »Mockridge! … Ach, Frau Reinecke … Mein Auto steht vor Ihrer Tür? Ja, ach so. Stimmt, heute kommt die Kehrmaschine … Kein Problem, ich stelle das Auto weg … Bitte? Ich nachts Papier? … Nein, äh, ich trage neuerdings nachts Werbung aus, ich brauche das Geld, ich bin pleite … Ehrlich! Fragen Sie die Leute von 3H … Danke, Ihnen auch!«

**02:37 Minuten**

Jetzt meldet sich mein feuchtes Ohr zu Wort: »Äh, Bill, hör doch mal! Klingt das nicht wie der Müllwagen?« Ja sicher, die blaue Tonne wird abgeholt. Ich flitze schnell wie eine Wüstenrennmaus zurück ins Arbeitszimmer, lege Speedy auf den Überweisungsträger in den vollen Papierkorb und galoppiere wie ein altes Fohlen nach draußen. Dort kann ich noch sehr gut die Rücklichter des Müllwagens erkennen.

»*Warten Sie! Bitte!*«

Ich will gerade dem Müllwagen hinterherlaufen, da stellt sich mir ein weißer Kastenwagen in den Weg. Aufschrift: »Getränke-Vendel«.

Mit letzter Kraft rufe ich: »Bitte stellen Sie alles in die Garage rein, ich muss jetzt mit der Schildkröte in die Bank, mein Auto ist abgebrannt!«

**03:00 Minuten**

Fertig!

Das waren exakt drei Minuten aus meinem Leben. Ich weiß nicht, warum, aber ich mache mir das Leben unnötig schwer. Tag für Tag.

Keine Sorge, ich habe alles noch hinbekommen. Der Hammer lag wieder im Werkzeugkasten, das Telefon lag in der Basisstation – zumindest so lange, bis die Jungs aus der Schule kamen. Das Auto blitzte nach der Waschanlage, 3H Automobile hat pünktlich das Geld bekommen und Beppo seine Glückwunschkarte. Die Schildkröte schwimmt wieder im Aquarium, und ich habe den Papiermüll nachts erfolgreich in der Nachbarschaft verteilt. Die Kinder haben sogar ihre Kartoffeln bekommen, frisch geschält und in Salzwasser gekocht. Alle waren zufrieden.

Bis auf Liam: »Dad, was ist denn mit Speedy passiert?«

»Die war auf der Flucht, ich konnte sie aber im Flur gefangen nehmen.«

»Okay, Dad! Aber warum klebt auf ihrem Panzer eine Briefmarke?«

»Liam, hast du es etwa vergessen? Speedy hat doch heute Geburtstag!«

Ich weiß, mir hätte auch eine bessere Ausrede einfallen können. Fiel mir aber nicht. Zum Glück, denn abends habe ich spontan acht Pizzas bestellt: Sechs für meine Jungs, eine für mich und eine mit doppelt Scampi für Speedy. Und dann haben wir Speedys Geburtstag gefeiert. Meine Jungs und ich. Und die Schildkröte. Über den Abend reden wir heute noch. Man muss die Feste halt feiern, wie sie fallen.

So, fertig mit dem Kapitel. Jetzt erst mal einen Kaffee … Oder Tee? Dann gehe ich mal in die Küche … So, schön langsam … Filter aus dem Schrank nehmen. Ich mache doch Kaffee … Oder ein Bier? Nee, ist noch nicht dunkel draußen … Ach egal, mach ich eben die Rollläden runter. Wo ist denn der Öffner … Egal, Tee ist eh besser … Am besten ist Früchtetee. So, erst mal … Hä? Hallo? Ist da wer? Hallo?

*Hallo?*

# 42.
## Ich bin ein Nicker

Mir ist eben ein schönes Zitat eingefallen: »Süßer Schlaf, du kommst wie ein reines Glück ungebeten, unerfleht am willigsten.«

Von wem? Richtig: Goethe!

Das Zitat ist mir in den Kopf gekommen, weil ich in der letzten Nacht mal wieder nach Schlaf flehte, er aber nicht willig war zu kommen. Ich kann seit Jahren nachts nur schwer einschlafen. Nein, es bedrückt mich nichts. Ich bin saumüde und kann einfach nicht schlafen. Ich denke viel über den vergangenen Tag nach: Hat Liam die Schildkröte gefüttert? Habe ich die Papiertonne rausgestellt? Wie heißt die Frau, die seit Stunden neben mir schnarcht? Aber ich habe eine gute Methode entwickelt, um den süßen Schlaf, das ungebetene Glück zu locken: Ich zähle bis drei – manchmal auch bis halb vier. Und endlich schlaaaf, uuuäääh, ich ein …

Gut, dass ich nicht einschlafen kann, ist das eine Problem. Das andere ist: Ich leide unter seniler Bettflucht. Punkt sechs Uhr bin ich hellwach und denke: Wie schön wäre es, über die Felder zu gehen! Und dann gehe ich raus und laufe eine Stunde lang durch den Morgentau. Ich fühle mich topfit! Ich sehe aus wie von Gunther von Hagens frisch plastiniert, aber mein Geist tanzt Cha-Cha-Cha.

Mein Freund Hans fragte mich neulich: »Bill, wie

machst du das? Jede Nacht nur zweieinhalb Stunden Schlaf. Wie hältst du das nur durch?«

»Och, das ist kein Thema. Ich habe viele Interessen, Schlafen gehört nicht dazu.«

Hans war beeindruckt. Sollte er auch sein. Aber ich war nicht ganz ehrlich zu ihm. Na gut, ich oute mich jetzt: Ich schlafe tagsüber. Ich halte Nickerchen – und das ist auch gut so! Als junger Mann wäre ich nicht auf die Idee gekommen, tagsüber zu schlafen. Nickerchen – das war was für kleine Kinder und alte Greise. Aber irgendwann überkam es mich: Es war an einem Donnerstag vor vielen Jahren, 13:17 Uhr. Die Kinder werkelten nach dem Mittagessen bereits in ihren Zimmern an den Hausaufgaben, meine Frau telefonierte zum achten Mal mit ihrer Freundin, als mein Kopf plötzlich und kraftlos auf den Tisch fiel. Meine Stirn lag in den Resten des Schokoladenpuddings, und ich schlief tief und fest ein. Geweckt wurde ich von unseren beiden Möpsen, als sie versuchten, den Pudding von meiner Stirn zu lecken. Ich weiß nicht mehr genau, wie lange ich schlief. Aber eins weiß ich noch ganz genau: Es war herrlich!

Klar war ich früher auch müde, aber irgendwie habe ich es immer über den Tag geschafft. Ich bin oft abends eingeschlafen, wenn ich meinen Kindern Gute-Nacht-Geschichten vorgelesen habe. Die bemerkten das nicht, weil ich trotzdem weiter mit lauter Stimme vorlas. Andere Menschen sprechen im Schlaf, ich lese im Schlaf.

Inzwischen kann ich überall schlafen, solange es taghell ist. Ich nutze jede Gelegenheit, die sich mir bietet: Ich stehe mit meinem Auto vor einem geschlossenen Bahnübergang oder einer roten Ampel – Augen zu und *zack!* bin ich weg. Falls demnächst an einer roten Ampel ein schwarzer Lexus mit Bonner Kennzeichen vor Ihnen steht, hupen Sie, sobald es grün wird, sonst kommen Sie in dieser Grünphase garantiert nicht mit rüber.

Oder mit meinen Jungs im Kino. Am besten Nachmittagsvorstellung, »Star Wars – Die Rückkehr der Jedi-Ritter«. Vor dem ersten Raumschiff war ich schon eingepennt wie ein Siebenschläfer im Oktober. Je lauter die Explosionen und heftiger die Kämpfe, desto weniger fiel mein Schnarchen auf. Ich weiß bis heute nicht, wer der Sohn von Darth Vader ist.

Ich habe meine Nickerchen immer verschwiegen, ich hatte ein schlechtes Gewissen. Früher war es mir sogar peinlich, wenn ich *nachts* beim Schlafen ertappt wurde. Müdigkeit bedeutete für mich Schwäche, und ich fühlte mich sehr oft wie ein Schwächling. Etwa wenn nachts das Telefon klingelte und mich ein fröhlicher Jonny May aus Kanada fragte: »Hey Bill, altes Haus, ich habe dich doch nicht geweckt?«

Auch im Tiefschlaf funktionierten meine Reflexe: »Nein Jonny, wo denkst du hin! Ich bin hellwach! Was gibt es?«

Sogar wenn Margie mich mitten in der Nacht leise ansprach: »Bill, schläfst du?«, antwortete ich immer: »Nee, ich liege hier und warte darauf, dass du mich ansprichst.«

Dabei hat die moderne Medizin erkannt, wie gesund kurze Schlafphasen am Tage sind. Mittagsschläfchen sind cool, sie heißen neuerdings »Power Napping«. In vielen Büros wurden bereits Liegen aufgestellt, damit die Mitarbeiter mittags power-nappen können. Das gab es früher nur beim Finanzamt.

Zu Hause habe ich mich regelrecht versteckt, um ein Nickerchen machen zu können. Ich bin aufs Klo gegangen, habe die Tür abgeschlossen und dann »Zzzzzzzzz Chrrrrrrr …«. Nur eine Viertelstunde, länger nicht. Aber irgendwann wurde Margie misstrauisch: »Bill, was hast du so lange auf der Toilette gemacht? Hast du geschlafen?«

»Äääh, nee, wie kommst du da drauf?«

»Erstens hörte ich dich schnarchen, und zweitens hast

du nur den Abdruck der Fußmatte noch im Gesicht! Wenn du nickern willst, dann leg dich doch aufs Sofa.«

Da war es raus – und ich war erleichtert. Margie hatte meine Nickerchen abgenickt, und endlich durfte jeder wissen: Ick bin ein Nicker! Ich gehöre zur Bonner Nickeria! Seit diesem Tag gehören meine Nickerchen zum ganz normalen Familienleben, wie Margies Telefonate mit ihren Freundinnen.

Unangenehm ist allerdings, wenn ich wach bin, aber eines meiner Glieder schläft ein. Mein linkes Bein zum Beispiel, der Querulant meines Körpers. Pennt tief und fest vor sich hin, während ich nichtsahnend am Stammtisch sitze und von meinen sensationellen Bouleerfolgen berichte. Nach dem zweiten Weizenbier wird meine hellwache Blase von der Toilette gerufen: »Hey, wo bleibst du?« Ich entschuldige mich bei meinen Boulebrüdern und stehe leichtfüßig wie ein junges Fohlen … Hoppla! Was ist denn das? In meinem linken Bein ist überhaupt kein Gefühl, das ist nicht nur eingeschlafen, das ist ohnmächtig! Ich laufe wie Capt'n Ahab mit Holzbein. *Schlurf-Pock-Schlurf-Pock* … Ich versuche, so zu tun, als wäre alles normal bei mir, und wackle durch den voll besetzten Gastraum der »Harmonie« Richtung Toilette. Hinter mir höre ich noch die Endenicher flüstern: »Schau mal, der Bill. Der hat aber heute kräftig einen über den Durst getrunken …«

Auf der Toilette schließe ich mich ein, lasse meine Blase in Ruhe ihre Arbeit verrichten und wecke mein eingeschlafenes Bein mit leichten Schlägen auf den Oberschenkel.

»Alles klar bei dir, Bill?«, höre ich aus der Kabine nebenan meinen Boulefreund Friedhelm fragen.

»Hier ist so eine blöde Fliege, aber ich habe sie erwischt!«

»Ja, ja, die Reflexe … nach fünf Weizenbier.«

Ich warte, bis Friedhelm die Toilette verlassen hat, und

stelle mich mit verschränkten Armen vor meinem Körper auf.

»Kinder, so geht das nicht! Wir sind *ein* Körper, wir müssen zusammenhalten! Ich erwarte ab jetzt unbedingte Solidarität und Geschlossenheit! Ich sage es nur ein Mal: Wenn genickert wird, dann alle gemeinsam. Entweder *alle* oder *keiner*. Bein, hast du das verstanden? Ich dulde ab jetzt keine Einzelaktionen mehr! Gesäß, du brauchst gar nicht so dreckig zu lachen, ich meine auch dich! Was war denn neulich los, bei ›Lohengrin‹? Du hast dich nach fünf Minuten angefühlt wie Tante Lenis Sofakissen. Und jetzt gehen wir hier raus, und dann will ich jeden von euch kämpfen sehen! Leber, du übernimmst für heute das Kommando. Bein, wegtreten!«

Das saß! Ich habe meinen Körper inzwischen wie ein Penn-Meister im Griff, und ich kann Ihnen versichern, es wird immer erst dann genickert, wenn ich das Kommando gebe, und keine Sekunde eher.

An dem Abend ist übrigens noch eine andere hochinteressante Geschichte passiert. Friedhelm und Beppo haben … Zzzzzzzz Chrrrrr …

# 43.
## Seniorenschule

Ich habe einen Traum. Nicht den von Martin Luther King – aber mindestens ebenso wichtig. Jeden Samstagvormittag stehe ich am Konrad-Adenauer-Denkmal in Bonn und halte vor 250 000 Tauben meine geschichtsbuchträchtige Rede. Falls Sie mich dort sehen wollen: Kommen Sie rechtzeitig, bevor wieder mit quietschenden Reifen meine Frau vorfährt, mich ins Auto zerrt und kopfschüttelnd ermahnt: »Bill, wirklich – lass endlich den Quatsch.«

Doch das werde ich *nicht* tun. Schließlich ist es alles andere als Quatsch. Ich habe eine Vision. Es geht um nicht weniger als die Zukunft unserer Kinder. Um kleine Jungs und Mädchen, die auch irgendwann alt werden. Und die es später einmal einfacher haben sollen als wir Senioren heute.

Ich habe einen Traum!

Ich habe einen Traum, dass es eines Tages Seniorenschulen gibt. Dass eines Tages auf den Hügeln von Bad Sassendorf die Alten mit den Gerade-noch-Jungen miteinander am Tisch der Brüderlichkeit sitzen, um ihnen all das beizubringen, was sie im folgenden Lebensabschnitt erwartet.

Ich habe einen Traum, dass meine sechs Kinder eines Tages in einer Nation leben werden, in der sie auf das Seniorensein ausreichend vorbereite … – *Ring-Ring!*

Ups, kleinen Moment – Telefon.

»Mockridge? Ja? Ja, der bin ich … Ja, genau … natürlich … gar kein Problem … Alles klar, danke. Wiederhören!«

Okay, da bin ich wieder. Das waren die Nachlassverwalter von Martin Luther King – ich soll mir schleunigst was anderes einfallen lassen, sonst verklagen die mich bis auf die Feinripp-Unterhose. Haben die wirklich so gesagt. Da hätte ich ausgerechnet von denen ruhig etwas mehr Toleranz erwartet – aber egal. Ich kann's auch anders erklären. Folgendes: Wir alle sind als Kind in die Schule gegangen. Und auch wenn sich uns damals Sinn und Zweck vielleicht nicht richtig erschlossen und sich unsere Lust aufs Lernen arg in Grenzen gehalten haben – so wissen wir doch spätestens heute: Schule war wichtig. Schule hat uns aufs Erwachsenwerden vorbereitet. Viele Dinge wurden uns dort beigebracht, die später wichtig waren, um als mündiger Bürger durchs Leben gehen zu können. Dafür sind wir dankbar. Zu Recht.

Wer jedoch, frage ich Sie, bereitet uns aufs Altwerden vor? Wo können wir rechtzeitig lernen, was uns erwartet, welche Rolle wir in der Gesellschaft einzunehmen haben? Ich fordere hiermit die zweite Schulpflicht und präsentiere Ihnen exklusiv meinen ersten Entwurf mit den wichtigsten Eckdaten (geht in Kopie direkt an die Bundesregierung):

*Schulpflicht:* Schulpflichtig sind alle ab fünfzig. Ausnahmslos. Berufsjugendliche, die sich auch mit fünf Jahrzehnten Lebenserfahrung auf dem Buckel immer noch an ihre schwindende Jugendlichkeit klammern, werden notfalls gegen ihren Willen eingezogen. Gerade diese stellen sonst im späteren Alter eine erhebliche Gefahr für die Allgemeinheit dar. Das weiß jeder, der beim Spaziergang schon mal von einem siebenundachtzigjährigen, halbblinden Greis auf neonfarbenen Inline-Skates umgebrettert wurde.

## STUNDENPLAN SENIORENSCHULE

| MO | DI | MI | DO | FR | SA / SO |
|---|---|---|---|---|---|
| MATHEMATIK: Die Lehre von den unendlichen Zahlen – wie alt bin ich eigentlich? | INFORMATIK: Programmierkurs fürs Blutdruckmessgerät | SPORT: Training für Treppenlifter-Formel-1 | PHYSIK: Schwarze Löcher – eine Reise in unser Gedächtnis | MUSIK: Die Senioren-Vogelhochzeit: Amsel, Drossel, Granufink und Grauer Star | RAUM FÜR NEUES SCHAFFEN: Alles von Mo-Fr Gelernte wieder vergessen |
| SPORT: Taubenfütter-Triathlon im Park: Brot abbrechen, werfen, zuschauen | CHEMIE: Sodiumsulfate und Sodiumbicarbonate in Aktion – wie wirkt mein Kukident? | FREISTUNDE für Frühstück in der Apotheke | RELIGION: Jesus – wer kannte ihn noch persönlich? | ENGLISCH: Hä? | |
| MUSIK: Der Senioren-Schulchor probt: Herz-Rhythmus-Störungen, I. Satz in D-Dur | SEXUALKUNDE: Was ist Sex? Und wie ging das noch mal? | VERKEHRSERZIEHUNG: Deutschlands längste 30er-Zone – Senioren auf der Autobahn | MATHEMATIK: Eins, zwei oder drei? Wir berechnen unsere Pflegestufe | PRAXISSTUNDE Aufgabe: »Machen Sie einen frechen Jugendlichen zur Schnecke!« | |
| BIOLOGIE: Survival of the fattest – Darwins Theorie über meinen Bauch | WERKEN: Wir liften uns gegenseitig | WIRTSCHAFTSKUNDE: Wie viel gebe ich dem jungen Mann vor meiner Haustür, der behauptet, mein Sohn zu sein? | ERDKUNDE: Was vom Kirschbaum des Nachbarn rüberwächst, gehört mir, oder? | PHYSIK: Der Urknall – Augenzeugen berichten | |

*Kinderabend:* Zweimal jährlich findet der – für beide Seiten gleichermaßen – wichtige Kinderabend statt: Hier hat der besorgte Nachwuchs die Möglichkeit, sich im persönlichen Gespräch mit den Lehrern über den Leistungsfortschritt seiner Eltern zu erkundigen. Eklatante Defizite wie die Fünf minus in der letzten Physikarbeit (Berechnung der Senile-Bettflucht-Geschwindigkeit) können offen angesprochen werden – *aber*: Sohn oder Tochter sollten beim Kinderabend pauschale Schuldzuweisungen vermeiden. Sätze wie »Sie können meinen Vater ja sowieso nicht leiden!« oder »Bei Ihrem eintönigen Unterricht würde meine Mutter auch *ohne* Diazepam einschlafen!« sind nicht angebracht. Umgekehrt gilt selbstverständlich dasselbe – wobei die Lehrkraft bei einem betont flippigen Mittdreißiger-Sohnemann natürlich schnell (und korrekt) schlussfolgert, woher ihr Seniorenschüler die Flausen im Kopf hat. Konstruktive Hinweise wie »Ihr Vater kommt immer ohne richtiges Pausenbrot zur Schule« oder auch »Sie haben Ihre Mutter jetzt schon zum *vierten* Mal wegen angeblichen Arzttermins vom Unterricht befreit« sollen zudem pflichtschwache Kinder zum Nachdenken anregen – natürlich nur im besten Sinne ihrer schulpflichtigen Eltern.

*Klassenfahrten:* Klassenfahrten stärken das Gemeinschaftsgefühl und prägen ein gesundes soziales Miteinander – dies gilt auch für angehende Senioren. Was gäbe es da Besseres als eine gemeinsame Woche in »Old Disney World« – dem ersten Vergnügungspark für Alte! Zwischen Treppenlift-Teufelsturz aus dem 18. Stock, Senile-Bettflucht-Geisterbahn, Rollator Racing und Butterfahrt mit Heizdeckenkauf entspannen die angehenden Senioren vom Stress der vergangenen Schulmonate – inklusive Lerneffekt! (Okay, Sie haben mich ertappt: Den Alten-Vergnügungspark gibt es im Moment leider noch nicht – das ist meine zweite große

Vision direkt nach der Seniorenschule. Aber warum nicht bei dieser Gelegenheit einfach mit einwerfen, oder?)

*Abschluss:* Es wird ein feierliches Ereignis, wenn ein Jahrgang der Seniorenschule am letzten Tag seine Diplome in Großdruck überreicht bekommt – ich sehe den Moment, in dem die Absolventen ihre Hüte aus feinstem braunen Cordstoff jubelnd in die Luft werfen, schon derart bildlich vor meinem geistigen Auge, dass ich als zukünftiger Schulleiter ihnen am liebsten bereits jetzt zurufen möchte: »Breitet eure Flügel aus! Wir vom Jopi-Heesters-Gymnasium haben euch alles beigebracht, was ihr übers Altwerden wissen müsst – jetzt liegt es an *euch*, als frischgebackene Senioren aufrecht durchs Leben zu gehen! Ich bin so stolz auf euch – auf jeden einzelnen von euch. Ja, selbst auf dich, Oskar – obwohl du immer noch versuchst, im Supermarkt 9,95 Euro mit einem 10-Euro-Schein zu bezahlen und nicht mit 995 1-Cent-Stücken …«

Und dann werde ich vor Rührung weinen müssen. Genau so wird das ablaufen.

Sie sehen: Alles bereits perfekt durchdacht. Bis ins letzte Detail. Wenn es nach mir ginge, könnte das neue Senioren-Schulsystem schon direkt morgen an den Start … – *Ring-Ring!*

Ups, kleinen Moment – Telefon.

»Mockridge? Ja? Ja, der bin ich … Ja, genau … natürlich … gar kein Problem … Alles klar, danke – Wiederhören!«

Okay, da bin ich wieder. Das war diesmal die Bundesregierung – man ist in Berlin von meiner Seniorenschulen-Idee noch nicht vollständig überzeugt. Typisch Politiker. Ich hoffe, dass trotzdem noch was draus wird. Vielleicht ja per Unterschriftensammlung! Tun Sie mir doch einen kleinen Gefallen: Schneiden Sie einfach das untenstehende

Formular aus (oder kopieren es in einem dieser modernen Copy-Shops, Sie wissen schon: Copy to go), unterschreiben es und schicken es nach Berlin. Danke!

✂ ---------------------------

*An die*

*Deutsche Bundesregierung*
*in Berlin*

*Sehr geehrte Bundesregierung,*

*hiermit teile ich Ihnen mit: Bill Mockridges Idee mit der Seniorenschule ist genial. Noch nie in der Geschichte der Menschheit gab es eine schönere Vision für eine bessere Welt. Für mich ist Bill Mockridge ganz klar der Martin Luther King für uns angehende Alte!*

*Gezeichnet:*

..................................................................................

*P.S.: Wir brauchen unbedingt auch noch einen Alten-Vergnügungspark!*

## Top 10 - Weltliteratur für Senioren

Immer weniger Senioren trauen sich, ein Buch zu lesen. Gerade die Klassiker der Weltliteratur haben oft einen Umfang, vor dem viele ältere Menschen zurückschrecken: »Ein so dickes Buch lohnt sich für mich eh nicht mehr.« Jetzt haben die Verlage reagiert und einige besonders wertvolle Werke in einer Senioren-Edition herausgegeben. Mit stark gekürztem Inhalt und altengerechten Großbuchstaben. Zu finden sind diese Titel erstmalig auf der Apotheken-Umschau-Bestseller-Liste.

**10**

***Johann Wolfgang von Goethe: Die Rückenleiden des alten Werther***

**9**

***Leo Tolstoi: Nachbarkrieg und Frieden***

**8**

***Erich Maria Remarque: Im Gedächtnis nichts Neues***

**7**

***William Golding: Herr der Motten***

**6**

***Marcel Proust: Auf der Suche nach der verlorenen Brille***

**5**

***Bertolt Brecht: Dreigroschenopa (Moment, ich hab's passend!)***

**4**

***Gabriel García Marquez: Die Liebe in den Zeiten der Müdigkeit***

**3**
***William Shakespeare: Ein Sommernachtstraum***
***(dank Granufink)***

**2**
***Günter Grass: Die Rosttrommel***

**1**
***Samuel Beckett: Warten auf ... auf ... auf wen warte ich eigentlich?***

# 44.
## Glasmurmel

Wie die Zeit vergeht … Kennen Sie das auch? Dieses Gefühl, dass die Zeit scheinbar immer schneller vergeht, je älter Sie werden? Dass das Buch, welches Sie gerade erst angefangen haben zu lesen, fast schon wieder zu Ende ist?

Der Tag hat natürlich weiterhin vierundzwanzig Stunden, aber diese Stunden haben bei mir nur noch fünfzehn Minuten. Früher fühlte sich eine Stunde wie neunzig Minuten an, vor allem in der Schule oder wenn ich an Heiligabend den ganzen Tag auf die Geschenke warten musste. Jetzt geht alles so schnell. Die Zeit wird im Alter flüchtig wie ein Luftballon, aus dem man die Luft ablässt. Pfffffffrrrrrrrt! Schon wieder ein Tag vorbei, eine Woche, ein Monat, ein Jahr … Die Zeit rast. Schrecklich! Ständig nimmt man sich Dinge vor und macht sie dann nicht. »Das kann ich noch später erledigen oder morgen …«

Passen Sie auf! In zwei Tagen ist morgen schon gestern. Und wieder ist eine Gelegenheit vorbei, eine Chance oder einfach nur ein schöner, sonniger Tag, den man wieder nicht wahrgenommen hat.

Ich habe einen Bekannten, der war Banker. Eigentlich ist er es heute noch: Früher hat er in einer Bank gearbeitet, heute lebt er auf einer – einer Parkbank. Finanzkrise …

Jedenfalls sagte er früher immer zu mir: »Bill, Zeit ist Geld!«

Klar, Zeit ist Geld, aber ich würde furchtbar gerne wissen, wie viel ich dann noch auf dem Konto habe. Das kann dir nämlich keiner sagen, weder dein Banker noch dein Arzt. Vielleicht ist es gut, dass niemand genau weiß, wie lange er noch hat. Trotzdem frage ich mich oft: Würde ich anders leben, mich anders geben, wenn ich wüsste, wie viel Zeit ich noch auf dem Konto habe?

Ich habe eine Antwort auf diese Frage bekommen. Ehrlich! Hätten Sie die Zeit für meine kleine Geschichte? Schön!

Ich gehe jeden Samstag joggen – um sieben Uhr, morgens. Seit vielen Jahren mache ich das. Ich laufe von zu Hause los, über Lengsdorf hoch auf den Kreuzberg. Dort komme ich so gegen acht Uhr an. Etwas schlapp, aber glücklich, den inneren Schweinehund wieder bezwungen zu haben. Auf dem Kreuzberg steht eine Bank. Auf die setze ich mich keuchend hin und belohne mich mit einem phantastischen Blick über das Tal und auf die Stadt Bonn. Dort ist um diese Uhrzeit eine herrliche Ruhe, nur die Vögel zwitschern, und ab und zu hört man das Rascheln eines Eichhörnchens im Laub. (Ich verschweige an dieser Stelle die Flugzeuge, die den Flughafen Köln-Bonn anfliegen. Die passen nicht so gut in die Stimmung der Geschichte.) Dort kann ich ganz in Ruhe meine Gedanken ordnen und Pläne machen, für den Tag und die kommende Woche.

Vor gar nicht so langer Zeit kam ich wieder da oben an und freute mich darauf, gleich auf der Bank sitzen zu können. Meine Beine fanden die Idee auch ganz hervorragend. Aber an dem Morgen saß bereits ein älterer Herr auf der Bank. Er hatte lange, graue Haare, trug einen Panamahut und stützte sein Kinn nachdenklich auf den versilberten Knauf seines Spazierstockes. Er genoss sichtlich den Blick auf *mein* Tal und hörte *meinen* Vögeln beim Zwitschern zu.

Ich zwar zunächst enttäuscht, ich hatte mich auf *meine*

Bank gefreut, die ich *alleine* besitzen wollte. Nun war sie besetzt. Ich wusste nicht so recht, ob ich den Mann stören sollte. Ein paar Monate zuvor war die Bank schon mal besetzt gewesen, durch ein junges Pärchen – er um die fünfzig, sie auch. Die habe ich nicht gestört. Aber gut, die haben auch geknutscht.

Noch ehe mein Kopf entscheiden konnte, hatten meine Beine ihn angesprochen: »Entschuldigen Sie, darf ich mich dazusetzen?«

Der alte Mann sah mich mit wachen, freudigen Augen an. Ich merkte gleich: Das war ein ganz direkter, toller Typ.

»Ja, selbstverständlich, Junge! Komm, setz dich! Ich freue mich über ein bisschen Gesellschaft! Ein herrlicher Morgen, nicht? Sag mal, wer bist du? Was machst du denn so?«

Ich holte tief Luft und fing gleich an zu erzählen, von zu Hause, den Kindern, meinem Beruf etc. Der Mann schien aber nicht beeindruckt zu sein. Nach einer knappen Minute verlor er die Beherrschung: »Junge, *hör auf*! Ich kann mir das gar nicht anhören! Du hast ein stressiges Leben, kann das sein?«

Das hat mich so kalt erwischt. Ich antwortete kleinlaut: »Klar, mit Drehtagen, Proben, Aufführungen, Autogrammstunden, Benefizkonzerten – da kommt schon was zusammen.«

Und ich erzählte ihm, wie sehr ich mich vor einigen Monaten geärgert hatte, weil ich die Schulaufführung meines Sohnes nicht sehen konnte. Er stand zum ersten Mal auf der Bühne, und ich saß in der »NDR Talk Show«. Er mit seinen Schulfreunden und ich mit Alice Schwarzer und Florian Silbereisen.

Nach der Show saß ich allein auf dem Hotelbett, köpfte einen Rotwein aus der Minibar und dachte bei mir: Was um Himmels willen machst du da, Bill? Du hast die Prioritäten im Leben nicht mehr präsent! Ich wusste anscheinend nicht mehr, was wichtig und was unwichtig ist.

Er schaute mich an und sagte: »Ich weiß genau, wovon du redest. Ich war in deinem Alter immer unterwegs. Der nächste Kunde war sooo wichtig. Der nächste Vertrag musste unbedingt unterschrieben werden. Irgendwann habe ich in der Zeitung einen Satz gelesen, der mich nachdenklich gestimmt hat: Der Mensch wird im Durchschnitt fünfundsiebzig Jahre alt.«

Er prüfte mit schnellen Blicken meinen verschwitzten Körper. Wahrscheinlich schätzte er gerade mein Alter. Ich traute mich nicht zu fragen.

»Fünfundsiebzig Jahre«, fuhr er fort. »Ich habe immer gerne mit Zahlen gearbeitet. Da habe ich mir Stift und Papier genommen und diese fünfundsiebzig Jahre mal zweiundfünfzig Wochen genommen. Ich kam auf die Zahl 3900. Weißt du, was das ist?«

Ich schüttelte den Kopf. Dabei flogen einige Schweißtropfen auf sein sommerliches Leinen-Jackett. Ich ließ mir nichts anmerken. Er auch nicht.

»3900: Das ist die Zahl der Samstage, die ein Durchschnittsmensch im Laufe seines Durchschnittslebens erlebt. Als ich die Nachricht las, war ich Ende fünfzig. Ich hatte also schon sehr viele Samstage hinter mir, eigentlich die meisten. Dann rechnete ich aus, wie viele Samstage mir noch blieben. Es waren noch genau 1004 Samstage bis zu meinem fünfundsiebzigsten Geburtstag.«

»1004 …«, stammelte ich etwas hilflos, »das ist ja, ääh, eine ganze Menge …« Zahlen sind nicht so mein Ding.

Der alte Mann erlöste mich: »Mir ging es so wie dir, Junge. Zahlen sind zwar mein Ding, aber ich konnte mir diese 1004 nicht so richtig vorstellen. Da hatte ich eine Idee: Ich bin in die Stadt zu »Puppenkönig« gegangen, dem

Spielwarenladen, und habe zu der Verkäuferin gesagt: ›Ich hätte gerne sämtliche Glasmurmeln, die sie auf Lager haben!‹ Sie schaute mich lächelnd an. Wahrscheinlich dachte sie, ich wollte mir zu Hause in der Badewanne ein Bällchenbad für Senioren einrichten. Ich habe die Glasmurmeln bekommen, zwei große Säcke. Es war wirklich nicht leicht, die nach Hause zu schleppen. Ich habe das alte Aquarium meiner Kinder aus dem Keller geholt und es in meinem Arbeitszimmer auf das Fensterbrett gestellt. Ich öffnete die beiden Säcke und habe die Glasmurmeln einzeln in das Aquarium gefüllt – genau 1004 Stück. Die restlichen Glasmurmeln verschenkte ich an die Kinder in meiner Nachbarschaft. So, Junge und jetzt kommt's: Seit dieser Zeit nehme ich jeden Samstagmorgen, noch vor dem Frühstück, eine Glaskugel aus dem Aquarium heraus und schmeiße sie weg. Nichts rückt die Prioritäten schneller zurecht, als zu sehen, wie dein Leben Samstag für Samstag, Glaskugel für Glaskugel, weniger und weniger wird. Da bekommst du sehr schnell wieder den Blick für das Wesentliche!«

Er stand langsam auf und lächelte mich an: »Eines muss ich dir noch sagen, bevor ich nach Hause zu meiner Frau gehe. Ich habe heute Morgen meine letzte Glasmurmel rausgenommen. Mein Aquarium ist ab heute leer.«

Er griff in seine Hosentasche und zog eine Glasmurmel heraus. »Da ist sie: Das ist Nr. 1004! Und ich kann dir sagen, wenn der liebe Gott mir noch ein paar Jährchen vergönnt, wird das die schönste Zeit meines Lebens. Ich freue mich ab jetzt auf jeden einzelnen Tag. Denn ich habe ab heute ein überdurchschnittliches Leben!«

Er sah mich erwartungsvoll an, aber ich bekam kein Wort heraus. Er lachte laut auf und drückte mir die Glasmurmel in die Hand. »Komm, Junge, ich schenke sie dir. Sie soll dir Glück bringen! Vielleicht sehen wir uns am nächsten Samstag. Mach's gut!«

Er ging mit festen Schritten den Wanderweg entlang. Er hob kurz seinen Spazierstock, der silbrige Knauf glänzte in der Morgensonne. Dann verschwand er hinter der Kreuzberg-Kirche.

Und ich stand da – mit Nr. 1004 in der Hand.

Ich hatte eigentlich vor, nach Hause zu gehen und den ganzen Tag an einem neuen Programm für die Springmäuse zu arbeiten. An einem Samstag. Bekloppt!

Stattdessen bin ich zu meiner Frau ins Schlafzimmer gegangen, habe sie mit einem kurzen, zärtlichen Kuss geweckt und in ihr Ohr geflüstert: »Ich möchte mit dir, allen sechs Jungs, der Oma und den Hunden in die Stadt gehen und ganz groß frühstücken. Mit allen zusammen und ganz viel Zeit, zum Zuhören, Reden und vielleicht ein bisschen Zeitunglesen. Und danach gehe ich zu Puppenkönig! Ich glaube, ich brauche dringend Glasmurmeln.«

Das war der schönste Tag, den wir seit langem mit der Familie verbracht hatten. Seitdem nehme ich jeden Samstag in der Früh, als erste Handlung des Tages, eine Glasmurmel aus meinem Aquarium. Und ich habe festgestellt: Das funktioniert wirklich. Weil ich mich jetzt, Samstag für Samstag, auf das Positive konzentriere und nicht auf das Negative. Das Negative würde mich nur runterziehen, aber das Positive macht den Tag besonders schön.

Ich bin inzwischen ein Mensch der sagt: Ja, das Glas ist noch halb voll! Und nicht: Das Glas ist schon halb leer. Meine Kinder haben diese Einstellung noch nicht, sie sagen: »Ey, mein Glas ist schon voll leer!« Das kommt vielleicht mit dem Alter, so wie bei meinem Großvater: »Halb voll, oder halb leer – Hauptsache, meine Zähne passen da rein!«

Noch etwas haben die Glasmurmeln in meinem Leben verändert: Wenn ich mir etwas vornehme, dann mache ich es einfach. Alles kann so schnell vorbei sein, genau wie dieses Buch.

Zeit ist nicht Geld, aber Zeit ist das Wertvollste, was man im Leben zu verschenken hat – an die Familie, an Freunde und sich selbst. Es hat viel Zeit gekostet, dieses Buch zu schreiben. Danke, dass Sie sich die Zeit genommen haben, es zu lesen.

In diesem Sinne,
Ihr *Bill Mockridge*

# Epilog - oder: »Tu dir die Ruhe an«

Eben klingelt das Telefon – mein lieber Lektor Steffen ist dran. Ein super Buch sei das geworden, phänomenal, phantastisch, ganz genau so, wie es sich der Verlag gewünscht hat, lobt er mich zum wiederholten Mal. Ich höre es immer noch genauso gerne wie beim ersten Mal. Dann jedoch meint Steffen plötzlich: Es wären sechs Seiten übrig. Damit hatte ich nicht gerechnet. Zuerst hab ich ihm spendabel angeboten: »Ach, komm, behalt sie!«, worauf Steffen mir erklärt hat: »Nein, nein, das verstehst Du falsch. Wir müssen diese sechs Seiten noch füllen. Also *du*!« Ach so! Gut, gut, okay. Verstanden.

Dann mal los. Aaaaaalso … ich muss Ihnen unbedingt noch erzählen von … von … äh, von … ja, wovon eigentlich? Ich *habe* Ihnen doch alles erzählt! Wieso sind also noch sechs Seiten übrig? Ich werd bekloppt. Moment, ich muss meinen Lektor kurz zurückrufen.

»Steffen? Bill hier … ja genau, derselbe Bill wie vor fünf Minuten. Du, pass auf, wegen der sechs Seiten: Ich hab *keine* Ahnung, was ich noch schreiben soll. Ich habe alles Wichtige, was man übers Alter wissen muss, bereits berichtet!«

»Ach, Bill – irgendwas wird dir doch noch einfallen.«

»Ich wüsste nicht, was …«

»Die sechs Seiten können ja nicht einfach weiß bleiben!«, entgegnet mein Lektor Steffen mit pädagogisch leicht erzieherischem Ton. Mir steht plötzlich der Angstschweiß auf der Stirn.

»Wieso denn nicht? Können wir nicht einfach ›Raum für Notizen‹ daraus machen? Vielleicht wollen meine Leser das Buch ja zusätzlich als Einkaufszettel nutzen oder fürs Testament oder so.«

Ich höre es durchs Telefon auflachen. »Haha, Billy-Boy, netter Versuch! Aber jetzt setz dich lieber dran, du weißt, morgen ist Abgabe!« Damit legt Steffen auf. Das ist doch wohl nicht sein Ernst. Panisch renne ich in die Küche.

»Margie! Margie! Du musst mich retten!«

»Erzähl mir was Neues.«

»Margie, bitte!« Ich packe meine Frau verzweifelt an den Schultern. »Jetzt ist keine Zeit für Scherze: Es fehlen noch sechs Seiten! Schnell, sag mir: Worüber könnte ich noch schreiben?«

Meine Frau denkt kurz nach. »Vielleicht über die peinlichen Verwechslungen, seit deine Augen schlechter werden? Das mit mir und meiner Mutter?«

Ich schüttelte den Kopf. »Zu intim.«

»Wie wär's mit deinen Flop-Diäten?«

»Hab ich doch schon! Sag mal, *liest* du überhaupt, was ich dir als Bettlektüre ausdrucke?!«

»Mann, Bill!« Meine Frau kriegt ihren genervten Gesichtsausdruck. »Dann schreib halt was über die alten Schlüters von nebenan, die im Sommer immer nackt im Garten rumlaufen.«

»Über die Schlüters? Bist du wahnsinnig? Die können uns doch eh schon nicht leiden. Wenn Herr Schlüter über seine Schrumpelsackfalten im Buch liest, eröffnet der endgültig den Nachbarschaftskrieg … Ich merke schon, du *willst* mir gar nicht weiterhelfen!«

Ich lasse meine Frau Margie los, renne hoch in den ersten Stock. Ins Zimmer meines Drittältesten. »Luke!«, keuche ich tief und außer Atem vom zu schnellen Hochrennen. »Luke – ich – bin – dein – Vater! Schnell, hilf mir: Über was könnte ich in meinem Buch noch schreiben?«

»Dad, du musst *unbedingt* darüber schreiben, wie der turbokapitalistische Konsumapparat uns alle erdrückt! Es muss endlich mal jemand die Eier haben, die Wahrheiten gegen das menschenverachtende, kapitalistische Ausbeutersystem auszusprechen!«

»Luke, das wird ein Buch übers *Altwerden*! Und nebenbei, dein topmodisches Che-Guevara-Shirt für fünfunddreißig Euro plus Porto hab *ich* bezahlt.«

Ich merke: Luke kann mir jetzt auch nicht weiterhelfen. Ich laufe weiter ins Zimmer direkt nebenan. Mein Fünfzehnjähriger sitzt wie immer vor dem Rechner.

»Liam, Liam! Du geniegewordener Saft meiner Lenden, erweise deinem alten Herren Respekt: Ich brauch dringend noch sechs Seiten für mein Buch übers Altwerden!«

»Kein Problem, Dad!« Mein Sohn schnappt sich das Computerkeyboard, seine Finger fliegen in Lichtgeschwindigkeit über die Tasten. »Se-nio-ren-wit-ze ... 354 000 Einträge! Reicht das für deine sechs Seiten? Frag nicht *mich*. Du hast schon meine hochpoetische Liebeserklärung aus dem 363er-Bus verwurstet und unseren Kinobesuch von damals. Sei froh, wenn ich dir keine Rechnung schicke!«

Das Vorlaute haben meine Kinder von der Mutter, gar kein Zweifel.

Jeremy verschwindet im Bad, bevor ich ihn erwischen kann. Ich renne runter. Im Flur begegne ich der Oma.

»Bill, was schreist du denn so?«, fragt sie mich. »Da platzt einem ja das Hörgerät!«

»Sorry, Oma, ich hab meine Söhne gesucht. Ich brauche noch sechs Seiten für mein Buch!«

»Ich kann dir ein Vorwort schreiben!«, schlägt die Oma spontan vor. Ein Hoffnungsschimmer erhellt die Kalksteinhöhle in meinem Kopf. »Ehrlich? Das würdest du tun?«

»Aber sicher, Bill. Für dich tue ich doch alles! Ich sag aber gleich: Ich hab viiiiiel zu erzählen aus meinem Leben. Sechs Seiten reichen da definitiv nicht aus!«

»Ähm … okay. Wie viele brauchst du denn?«

»Lass mich überlegen: meine Geburt, die erste Liebe, der Krieg, die Geburt meiner Tochter Margie, Margies Hochzeit mit diesem komischen Kanadier, diese erotische Verwechslung, als dessen Augen schlechter wurden … Tja, ich sag mal grob: so circa 312 Seiten.«

»Wie bitte?!?!? Dann bleiben nur noch sechs für *mich*!«

»Na, anscheinend hast du ja Schwierigkeiten, selbst *die* vollzukriegen, sonst würdest du hier nicht so aufgescheucht rumlaufen. Das musst du dir schon überlegen. Mein Angebot steht!«

Da gibt es nicht viel zu überlegen: Ich schlage das Angebot der Oma aus und renne aus der Haustür hinaus zum Auto. Meine stets hilfsbereite Nachbarin Antje sieht mich beim Heckenschneiden zum Auto stolpern.

»Hey, Bill, wo brennt's?«

»Sechs Seiten!«

»Hä?«

»Brauche sechs Seiten!«

»Ich schau bei uns im Schuppen, ob wir welche haben!«, ruft sie noch rüber. Aber ich springe bereits in mein Auto und fahre los.

Wenige Minuten später klingele ich Sturm bei meinem besten Boulefreund Friedhelm, dem Sicherheitsfanatiker. Als Friedhelm nach fünf Sekunden immer noch nicht öffnet, hämmere ich mit beiden Fäusten dagegen. Plötzlich höre ich von innen dumpf seine misstrauische Stimme.

»Wer ist da?«

»Bill!«

»Welcher Bill? Ich kenne keinen Bill.«

»*Natürlich* kennst du einen Bill!«

»Okay, das war nur eine Fangfrage. Wie lautet das Codewort?«

»Dein Geburtstag: 25. April, du alter paranoider Sack! Jetzt mach schon auf!«

Ich höre von innen Friedhelms diverse Schlösser und Sicherheitsketten klicken und klappern. Als die Tür aufgeht, falle ich ihm fast in die Arme.

»Mir fehlen sechs Seiten«, stammele ich verstört.

»Bill. Was … Was ist los?«

»Sechs Seiten! Sechs Seiten! Sechs Seiten! Sechs Seiten! Sechs Sei …«

»Jetzt komm erst mal rein«, bittet Friedhelm mich in sein Haus. Er setzt mir einen Kaffee auf, während ich springende Schellackplatte ihm die Lage erkläre.

»Hast du denn unsere Boulegeschichten schon drin?«, fragt er mich.

»Natürlich!«, antworte ich. »Die sind dabei.«

»Und *du* hast dich wahrscheinlich wieder als besten Spieler dargestellt, was?«

»Friedhelm, bei allem Respekt: Das wird kein Roman, das ist ein Sachbuch! Ich muss mich schon an die Fakten halten – und die lauten eben: Ich war, bin und werde immer der technisch beste Boulespieler von uns Fünfen sein.«

»Schon klar, du alter kanadischer Laberkopf.« Friedhelm stellt mir meinen dampfenden Kaffee hin. Der tut jetzt gut. »Aber mal im Ernst: Warum sind dir diese letzten sechs Seiten so wichtig?«

»Was ist das für eine Frage?«, entgegne ich. »Die müssen halt gefüllt werden. Außerdem kann ich da noch eine weitere Botschaft übers Alter rüberbringen.«

Friedhelm schaut mich lächelnd an. »Bill, lieber Bill … Vertrau mir: Sechs leere Seiten sind doch viel mehr Botschaft übers Alter als alles, womit du sie vollschreiben könntest!«

»Hä?«

»Denk mal nach: Wenn wir Alten uns irgendwas verdient haben, dann ja wohl etwas mehr Gelassenheit. Einfach, weil wir nach so vielen Jahren wissen: Auch wenn wir mal *nicht* die Ersten, die Schnellsten und die Potentesten sind – davon geht die Welt nicht unter. Wir brauchen nicht mehr dem PS-stärksten Sportwagen hinterherjagen, dem größten Gehalt oder der jüngsten Blondine … Oder eben auch den meisten Seiten. Sechs leere Seiten – das ist *deine* Botschaft an alle Leser da draußen: Tut es euren Hüftgelenken gleich, macht euch mal etwas locker! Ihr habt es euch verdient! Sechs Seiten fehlen, so what? Ich bin alt, ich darf das. Und das ist ein verdammt entspannendes Gefühl!«

Ich schaue Friedhelm lange an. »Meinst du das ernst?«

»Natürlich«, bekräftigt er seine Ausführungen. »Sechs leere Seiten – das ist *das* ultimative Statement!«

Als ich meinen Kaffee ausgetrunken habe, fahre ich wieder los. Im Auto bin ich jetzt richtig entspannt. Friedhelm hat recht. Tu dir die Ruhe an. Von sechs weißen Seiten geht die Welt nicht unter. Wie übrigens von so ziemlich allem anderen auch nicht, selbst wenn das als junger Mensch mitunter schwer zu glauben ist. Fad gewürzte Frikadellen kommen nah dran an den Weltuntergang – zugegeben. Aber das ist es dann auch. Gerade ich mit meinen vierundsechzig Jahren sollte das eigentlich wissen. Jetzt weiß ich es wieder.

Und das ist die sechsseitige Geschichte, warum diese letzten sechs Seiten leer bleiben. Ich bitte um Ihr Verständnis.

# DANKE

Als mein Lektor Steffen mich fragte, ob ich für dieses Buch eine Danksagung schreiben möchte, brauchte ich gar nicht lange nachzudenken. »Ja, aber hallo«, sagte ich und fing sofort an zu schreiben. Denn schließlich wäre dieses Buch ohne die vielen helfenden Menschen um mich herum ganz sicher nicht zustande gekommen.

Zuerst und vor allem möchte ich mich bei meiner Frau Margie bedanken. Sie hat mir schon vor dreißig Jahren beigebracht, das halbvolle Glas zu schätzen und nicht zu fürchten. Sie hat mich das Lachen gelehrt und mich mit ihrer unbändigen Freude am Leben immer wieder angesteckt. Sie ist wie ein knallbunter Leuchtturm, der mir mit seinem Licht den Weg zeigt und den Mut gibt, immer etwas weiter zu gehen, als ich mir es selbst zutraue. Außerdem hat sie mir den Rücken freigehalten, damit diese Seiten geschrieben werden konnten.

Dann möchte ich mich bei meinen sechs Kindern bedanken, die mir seit Jahren die unterschiedlichsten Geschichten entsprechend ihrer jeweiligen Entwicklungsphase liefern und es dann auch noch ertragen, dass diese der Öffentlichkeit preisgegeben werden. Jungs, Ihr seid super, und ich möchte an dieser Stelle ganz »öffentlich« sagen, dass ich bestimmt mehr von Euch gelernt habe als Ihr von mir. Danke!

Danken möchte ich auch meinen zwei kongenialen Mitautoren Markus Paßlick und Lars Lindigkeit. Sie haben es tatsächlich geschafft, aus meinen vier Bühnenprogrammen und etwa sechzehn Kilo Aufsätzen, Anekdoten und Notizen ein richtig ordentliches Buch zu produzieren. Es war ein langer, harter Weg, der uns oft viel Kraft gekostet hat, aber es hat sich am Ende gelohnt – und das sogar doppelt. Erstens ist das Buch klasse geworden und genau so, wie ich es mir vorgestellt habe. Und zweitens ist aus der intensiven Zusammenarbeit mit den Autoren inzwischen eine wunderbare Freundschaft entstanden, die mir viel bedeutet und hoffentlich noch lange anhalten wird.

Zuletzt möchte ich mich bei meinem Manager und Freund Jürgen Hepp bedanken. Er hatte die Vision und außerdem noch die Überzeugungskraft, mich mit dem S. Fischer Verlag zusammenzubringen, und dafür bin ich ihm unendlich dankbar. Ich freue mich auf eine lange und weiterhin gute Zusammenarbeit mit ihm – wir haben noch viel vor. Denn wie heißt es doch so schön: je oller, je doller.